蜜兒的故事

幫助你結束苦難的「良方、良藥」

安安／著

本書簡介

這是一個地球人的故事，也不是一個地球人的故事，這是經歷著地球人生的成熟靈魂最後一世心靈悟道的故事。

這本書來自悟道者們的編寫，以蜜兒最後一世生活在地球的心靈成長過程爲呈現，展示了從地球心智成長爲了悟生命眞相的地球人類載具裡心靈單元的具體成長過程。透過蜜兒的這個心靈單元的成長過程闡述了眞實的生命眞相，以及如何透過心靈訓練憶起眞實的生命。從蜜兒心靈成長的實例入手闡述地球人類載具裡的心靈單元眞正沒有扭曲的悟道過程，澄清了古典書籍裡的誤解扭曲，把眞正的地球載入史冊的悟道者們的教導以最不易被歪曲誤解的方式呈現出來。

這是人類載具裡的心靈單元出離顛倒夢想幻境的眞實心靈旅程，身體層面的具體呈現是拼接起來的故事片段，目的是方便借事說理。身體層面的故事不是關注的重點，身體層面的具體描述是否合理，是否完全符合事實一點也不重要，重要的是心靈的成長過程。**心靈的成長才是此書出現的目的。**

人類發展到了一個至關重要的時間節點上，人類發展到了一個關鍵的抉擇點，是從老舊的循環中跳出來，還是依著舊的循環宿命再次走向人類的終點，這是一個關鍵的抉擇。這本書就是試圖結束人類已經循環了多次的宿命，讓人類不再重複舊循環，讓人類從舊循環之輪上飛躍到一個新的文明層面，這就是本書出現的目的。

目錄 CONTENTS

第一章

神祕體驗與婚變

這是一個地球人的故事。

追溯到十幾年前，一個兢兢業業工作生活的女人，忙忙碌碌的在單位與家庭之間兩點一線穿梭著，充實的生活工作。換句話來說，忙碌的工作生活使她覺得雖然辛苦，雖然煩惱常有，總體日子還算幸福快樂。幾十年都這樣過來了，大的坎坷沒有經歷過，大多數人經歷的坎坷，她也基本上都經歷過，比如努力學習、考試、做家務、找更好的工作、換更滿意的房子、尋覓情侶、經營家庭、撫養孩子等等。為自己定一個一個的小目標，達成後滿足快樂一段時間又開始新的計畫努力，目標達成後又一個新的計畫目標，日復一日年復一年忙碌著、辛苦著、小小的快樂著，看起來生活還混得不錯，普通人的標準，比不上高的也不算最底層的，富足算不上貧困也不挨邊，就是普羅大眾中了無人知的一員。

幾十年很快就過去了，一轉眼今生的四十年滑過了，經過了一個個小目標，最初的大目標已經實現了。她人生最大的目標實現了以後的日子，就是維持這一實現了的目標整體穩定，進一步的夯實日子，日子如往常一樣，兩點一線的生活工作，早出晚歸穿梭在家和單位之間。在單位兢兢業業還算踏實的工作，家也打理的還算乾淨整潔，對孩子和大多數人一樣充滿了高於孩子能力的期待，督促學習、照顧生活，就是這樣辛苦

著、充實著、忙碌著、小煩小惱、小歡小喜輪替著。

直到有一天，她突然有了異於往常的前所未有的體驗，她在冥冥當中感受到一股神祕的力量進入了她的身體，但是她不害怕，她好像還對這個神祕的力量很熟悉有親切感。這個神祕力量自稱為她的上師，說她以後的人生由祂來做主。她不知道為什麼冥冥當中自己渴望是這樣的，一直以來她其實很渴望這個神祕力量的到來。幾十年普羅大眾的生活，忙碌充實中那一點點深夜寂靜之時泛起的輕若游絲的情緒、內心深處的渴望：「世界不需要辛苦的勞作，不需要競爭、努力的奮鬥，全都富足幸福該有多好！」這是她很難覺察到的內心深處的渴望。神祕力量進入她之後，這種渴望被她明顯的覺察到了，神祕力量開始指引她找到她內心渴望的，不需要辛苦奮鬥競爭就可獲得幸福安寧富足的路。

自此以後她的人生被這股神祕的力量牽引著，經歷了前四十年從未經歷過的人生體驗。這個神祕的力量啟發她用另一種思維去看待生活中發生的事情，在更高的視角上重新定義人的屬性。

在更高的視角上看，人生是一場宏大的場景呈現，它不取決於人這個屬性層面的思考，人這個層面是表象的呈現，決定不了生活場景的具體呈現形式，真正起作用的是人們叫做心靈的層面。心靈是人生宏大場景的總體編劇導演，在看不到的心靈意識層面導演了人們看到的宏大人生場景，每一個細節都由心靈編導而成。事實是如此，不是通常人們認為的起作用的是身體層面，身體層面的呈現如同影子的層面，就是虛無的，

看似活靈活現實則本質上和影子沒有二致。身體層面如何呈現是心靈層面決定的，如同影子呈現的形狀是由阻擋光的物體的形狀決定的，也卽心靈層面是因，生活場景的具體呈現是果，現象世界只不過類似於心靈世界的一個投影罷了，現象世界呈現的一切都取決於心靈世界，改變現象世界只不過是在果上做文章，形式改變了但因的層面沒發生改變，生成的層面沒發生改變，問題並沒有眞正的解決，只是貌似得到了改善，因不改變，果如何會眞的改變？

　　心靈世界主宰著萬事萬物的流轉變遷，心靈世界本質上不改變的話改天換日也不可能眞的解決問題，問題換一個馬甲繼續重複登場。基於此符合實際的道理，心靈層面才是應該專注改變的層面，聚焦在現象層面的改變起不到任何實質性的作用，換湯不換藥而已。心靈才是更爲眞實的層面，儲存在心靈裡的信念認知投射在時空大舞臺上，劇情如期展開，喜怒哀樂、悲歡離合、政局變化、朝代更迭，一次又一次的換湯不換藥的重複上演著。心靈層面的信念認知不改變，呈現出來的人生場景只不過換個樣式而已，本質上沒任何改變，一如旣往喜怒哀樂、悲歡離合、苦樂酸甜。

　　身體的世界充滿了苦難，其根源在於心靈充滿了苦難，心靈世界的苦難投射出身體世界的苦難，是以，淨化心靈世界的苦難才是眞正的解決問題。身體世界重複上演的悲歡離合、戰爭疾病、天災人禍等諸多苦難，只不過是心靈世界苦難的重複放映而已。卽使在身體世界的和平時期，整體看起來還算是安定，但是細查局部也從未停止過苦難，身體世界重複上演的苦

蜜兒的故事

難生活劇情從未真的停止過，真正的苦難根源從未被整體人類重視過。極個別的人成道的人在他們的人世經歷裡把注意力轉向了心靈層面，探尋消除苦難的方法去除苦難的根源，真正清除了心靈底片上的苦難之根，才得以心靈終極安寧——永恆的安寧再無任何苦難體驗。心靈結束了苦難，世界重歸它本有的安寧，身體世界從而才會不再上演悲情劇情，終止苦難循環充滿喜樂祥和，身體世界才能真正表現出和平之日。

　　在上面一系列觸發心靈的理念被蜜兒接收到後她深受觸動，心靈的平安才是她應該追求的，改變身體世界無法真正平安，在心靈世界裡耕耘才能真正的平安。但是如何改變心靈世界呢？在接受了上述觀點之後又如何改變心靈的世界呢？神祕力量一步步指引著她開啟了通向心靈平安的旅程，在身體世界層面也經歷了劇烈大「轉彎」，對平日裡經常看的一些書籍電視沒興趣了，總是想著探尋一些通往心靈世界的答案。

　　生命的本質到底是什麼？身體背後的支撐點是什麼？有沒有一種隱匿在身體背後的存在支配著身體世界所謂的「命運」？隱匿在身體背後的存在是否才是生命的本質所在？那個所在是什麼？我的所在是什麼？我是我的身體嗎？我若不是我的身體我又是什麼？**神祕力量來自哪裡？祂被我體驗到是很明顯的存在但又無形無相，那至少非身體的層面是存在的**，非身體層面的背後又是什麼？所有一切一切的「底色」又是什麼？對這一系列問題的思索牽動著蜜兒的心，這些問題對她充滿了吸引力，她再也不對以前的書籍電視等影像資料感興趣了，她的興趣點完全被吸引到了對上面問題的探究思考方面。

一段時間的學習之後蜜兒接受了神祕力量的教誨，在心裡思索著這些她以為的全新的理念，在思索深入到一定程度後她開始出現一些奇怪的體驗。在一次出行時，她騎車走在人流川息的街道上，一種不一樣的感覺浮出，世界仿佛褪去了形式差別，在她心裡感覺同樣的事物在今天帶給的她感受完全不同，事物不是原來的事物了，事物褪去了形式的差別都一樣的讓人歡喜，事物之間的界限不存在了，全都讓她喜悅充滿，這一體驗一直持續到她到了單位以後。這一前所未有的體驗讓她很嚮往，常駐於不受事物形式的限制、喜悅滿心的感覺太美了，常駐於此體驗中那該多好！她認定這個體驗是神祕力量帶來的，對神祕力量的信任隨之增長，這次體驗深深觸動了她內心深處，對常駐於此體驗充滿期待渴望。

　　又過了些日子，她清晰的聽到這個神祕力量與她說話，提出一個要求：她要想以最快的速度常駐於喜悅中就得聽祂的安排。這個安排就是離開現在的家出去自己生活，也卻需要她結束目前的婚姻。蜜兒聽到神祕力量這個要求，實在是吃了一驚，結束現在的婚姻對她來說難度阻力太大了，她很難接受這個要求，但同時對那個美好體驗的渴望一直沒有褪去，結束婚姻阻力太大，對美好的體驗也很嚮往，何去何從？在神祕力量提出要求以後，蜜兒陷入了矛盾糾結之中，她不想結束這段還算平穩的婚姻，雖然不盡如人意，雖然自己以前對生活的一些嚮往和要求並沒有在這段婚姻裡滿足，但還是可以維持下去的，沒有到了非要離婚的地步。況且在當時的世俗情況裡，離婚是萬不得已而不能為之的事情，牽扯到家裡人的感情需要，

蜜兒的故事

牽扯到名聲利益等，離婚不到萬不得已不值得承受這麼多的壓力。思來想去蜜兒推遲了決定，她猶豫不決在世俗還算穩定的日子和常駐喜悅之境之間到底該選哪一個，更何況神祕力量只是自己的一種感受又看不見實體，雖然心裡還是很認同神祕力量的教導，但實際問題上是要切實的去經歷衝突矛盾和各種阻力的。

形式上的安穩對於人來說太重要了，不到萬不得已人是不願意去打破這個形式上的相對安穩的，儘管保持形式的安穩都是需要付出很多代價的，人們習慣了這種狀態，沒有強大的誘因是很難打破習慣了的狀態的。蜜兒也不例外，思想鬥爭激烈，但對常駐喜悅的嚮往又使她不能放棄神祕力量的指引，衝突矛盾在心裡持續著持續著。終於，那植入心底的對永恆喜悅安寧的渴望戰勝了對離婚的恐懼，她再三在心裡做準備之後毅然決然的離婚了。

身體恢復了單身自由有助於她更多的投入到心靈世界的探索中，神祕力量各種方式啟蒙她讓她堅定學習的道路，在她改變了以往的習慣之後靈性書籍就成了她最大的愛好，《與神對話》、《賽斯資料》等各種靈性書籍被她瘋狂的納入自己的意識系統。在體驗到前一次的無形體分別的喜悅之後，她再一次體驗到了神祕力量帶給她的無法言傳的美好體驗。在一天晚上，她看了一個恐怖的視頻畫面，躺下後怎麼也睡不著，恐怖的畫面不停的在腦海裡出現讓她久久不能入眠，她向神祕力量祈禱，過了一會兒，好似一團非常舒適溫柔的能量包裹了她全身，她在這個非常舒適溫柔的包裹中很快就睡著了，一覺睡到

天亮。這個體驗又一次加深了她對神祕力量的信任，她更願意聽從祂的安排指引。神祕力量指導她開始打坐靜心讓心思安靜下來去覺察內心，去體驗心思安靜下來後內心的感受。她認真的練習著，當她經過一段時間的練習之後心的位置出現了莫名的喜悅感，當她把注意力放到心的位置，她感到那裡是喜悅的，好像那裡住著一位如她第一次神祕體驗中體驗到的那樣一直在喜悅中的存在，以後她只要專注在心的位置就能感覺到那個一直喜悅的存在，她更加信任神祕力量。在日後的打坐中她接著又體驗到了頭部的喜悅，好像頭部也住著一位始終都在那兒喜悅的存在。身體感覺有能量在流動，有的地方通暢，有的地方不通暢，繼續打坐下去她進入了一種通靈的狀態，也即她忽視了頭腦念頭的干擾能接受其他維度的資訊，有些資訊是很順暢的，有些資訊不順暢。她好奇地接收著來自非三維時空傳來的資訊，離婚後她也常感到孤獨，這些資訊填補了她的孤獨感，在經歷了一段時間這樣的體驗後她也就沒有興趣了，繼續打坐靜心探索內心的世界。

在當時的社會情形下，人們只接受他們認定的體驗範圍，對他們認知以外的體驗或者說對他們認定的正常體驗以外的體驗都持懷疑排斥的態度。實際情況是，身體體驗到的或它的感知範圍十分有限，身體所體驗到的範圍只相當於表意識層面的涵蓋範圍，人大部分的意識屬於潛意識層面，表意識層面的比重十分的小。心靈涵蓋所有的意識層面，體驗到通常人們認知範圍以外的體驗只不過是心靈潛意識本有的東西罷了，任何事物體驗真正存在的地方是心靈，是在你心靈裡本有的，在你心

蜜兒的故事

靈裡根本沒有的，你是無論如何也體驗不到的，超出正常範圍的體驗只不過說明潛意識裡本有的一些東西浮現出來、提取了出來。

心靈世界才算得上是真正的世界所在，沒有一樣身體層面的經歷是心靈世界沒有的，身體層面浮現出來的、你意識到的體驗只不過是心靈世界的冰山一角而已。人生場景的線性時間展開即是潛意識陸續浮現的過程，在潛意識沒有的也絕對不會出現在你的人生場景中。**身體層面呈現的場景好像已經拍好的電影一樣是順時播放出來的畫面，底片上沒有的怎麼也放不出來，底片上有的你需要播放的時候才能播放出來，某個底片被你播放出來的時候，身體層面就會經歷這個早已製作好的場景。**在通常的人生畫面裡只播放你認為合理的內容，你接受不了的畫面是不會被播放出來的，前面的超常體驗是因為你希望它們播放出來被你體驗到，你的心靈意識更加開放的意願接受超出常規的體驗，你便體驗到了。身體層面呈現出來的都來自於心靈，隨著心靈層次不斷的深入，身體層面的超常體驗會更多，這取決於你願意體驗到的深度和廣度。通常人們體驗到的範圍是極其縮小的範圍，在體驗的最低層次，意識擴大了它的包容度才能夠體驗到超出常人體驗的層面，在你心靈信念切換頻率之後，你體驗到的會是你不敢設想的，真正體驗到了，你才會信服。

第二章

情感依賴症與路遇情緣

　　在蜜兒漸漸的轉變心靈信念一段時間後，一段意想不到的經歷開始了。她去了大理治癒離婚的傷痛，儘管她在神祕力量的引導推動下毅然決然的選擇了離婚，但在一起生活了近二十年還是有許多可圈可點的回憶，離婚恢復單身固然不受限制的接觸自己喜歡的層面，但是情感失去了依附，缺失感時常隱隱的掣肘，情緒在這隱隱的缺失感中沉溺著、痛苦著。無所依附的情感使她痛苦，她感覺到是該找一個地方散散心了，聽說大理空氣環境都比較好，適合靜靜的平復心傷，於是她動身前往大理。

　　大理的確是一個特別的山城，古建築保留的比較完整，整齊的街道布置的很有民族特色，那裡的人們很愛種花，家家戶戶的庭院裡及街道邊上都栽滿各式各樣的鮮花，這讓蜜兒感覺很舒服，她喜歡潔淨雅致鮮花鋪滿的環境。大理古城很讓她滿意，在這裡她找到了一間價格合適、位於城中心方便觀賞城市、布置乾淨的可心旅店住了下來。她先是大飽眼福的將古城獨特雅致的民族風貌收入眼底，嘗遍了幾乎所有的特色小吃。新鮮的事物總是有利於暫時放下原來的煩惱，在剛開始來到這裡時蜜兒忙碌於將美景美食收於眼底肚裡，充分滿足色味之欲。盡情體驗了這色味之欲之後憂傷重複襲來，遮蔽憂傷的新鮮感、色味之欲消退了，憂傷重又浮現出來。她深感情感失去依附的不安躁動，尤其是春節將至，人們都在忙碌著準備春

節，親朋好友伴侶準備著相聚的歡樂，而她只是孤零零的一個人。在這個時候情感缺失引起的思緒更加顯得沉重，也更容易使她不安躁動，急切的渴望有人能填補缺失的情感依附，她急切的想將情感依附到一個人身上，從而讓她的情感有個支撐點，有個存放的地方。在春節到來之際，各種情緒湧上來充滿著她，離鄉的孤獨、失去伴侶的孤獨、沒有親朋好友的孤獨都一起湧現出來。在這眾多情緒裡最讓她不能忍受的是兩性情感的缺失，她所有的情感裡兩性情感是最讓她難以放下的，親密關係是她所有關係裡最為需要的一種關係，親密關係的需要是她最強烈的一個需要，她對親密關係的依賴大過所有的關係，她曾想過如果世界上僅有兩個人的話，對她來說她最希望保留的就是一個異性伴侶。她情感的缺失主要來自兩性情感的缺失，在春節這樣一個特殊的氛圍裡，缺失感加倍的放大，她迫切的需要一個親密伴侶。

正當蜜兒在以上所述的情緒裡痛苦著渴望著期盼著，一個註定要出現的人出現了，在一個交友平臺上突然有一個人請求加蜜兒好友，他好像知道蜜兒的渴望，因蜜兒的渴望而來。兩人加為好友後便如似曾相識一見如故一樣聊起來，起初只是泛泛的聊一些日常話題，逐漸的深入到情感層面。蜜兒不加隱瞞的如實說了自己單身的情況，以及獨自一個人在他鄉過春節，對方聽到蜜兒這個情況後很體貼的關心起蜜兒來，還給她發了紅包，告訴蜜兒替他給自己買兩瓶紅酒，希望蜜兒善待自己像其他人一樣，喝喝酒慶祝新的一年開始，總之希望蜜兒幸福快樂。在這樣的氛圍裡原本孤單的一個人，收到並不曾見面的網

友這樣突然到來的體貼關懷，讓蜜兒暫時緩解了情感缺失，不由得對對方升起一絲期待希冀還有複雜的情愫，一直以來壓抑著的情感渴望被勾起的更強烈了。她不經意的想著對方長什麼樣？年齡職業單身否？她本來只想找個人聊天緩解一下一個人的春節孤獨，雖然渴望情感但她認為哪有想啥來啥的道理，還有心理的各種防範，讓她把交往定位在僅僅聊天而不能有更進一步的企圖。是的，她一直在這個範圍內與對方來往，只是把對方當一個「自來熟」的異性朋友，但是當對方給她送來這份禮物後，她不自覺的開始超出原本設定的期待範圍，不自覺的會去想其他不該想的方面。是啊！心裡非要想的事情是攔不住的呀！明知不該想可就是攔不住的想，這是通常人們常有的現象，行為容易收斂，念頭很難止住。進入這個狀況以後蜜兒心裡很期待對方給她發信息，在對方不發信息的時候雖然她表面若無其事，但心裡的期待是止不住的，蜜兒在這樣的感覺裡持續了一段時間。

　　春節過了，大理的天氣越來越暖和了，天氣一直很好，湛藍的天空透亮透亮的，天空的雲朵白的如同一堆堆棉花，花兒們開得爭奇鬥豔，古城依然磚青色淡雅的矗立在那裡，一切都很美。然而蜜兒的心和這裡的環境大相徑庭，本來是為療癒情感傷痛才來大理的，剛開始是感覺好了很多，盡情享受這裡的美景美食，被這新鮮美麗的古城吸引，情感的不適減少了很多，可是熟悉了這些之後，對這裡的新鮮感褪去之後，情感的傷痛好似從未被療癒過一樣又凸顯出來。在認識了前述的網友後不斷湧現的超出她計畫範圍的想法期待，讓蜜兒的心思更加

蜜兒的故事

不寧起來，雖表面一如既往的平靜，但在心裡翻滾的思緒壓也壓不住，無心再看當時驚豔到自己的美景美食，思緒的波濤壓過了對美景美食的欲望，蜜兒又一次難熬起來。

　　在這樣的內心狀態中蜜兒在看似無憂無慮的外表下跳動著充滿期待的心，一直在這個狀態裡整整兩個月的時間，新奇的異鄉景色最初的誘惑消失殆盡，心裡的不安躁動再也不能被掩飾住了。因此在網友不主動聯繫她的時候，她採取了突破性的主動聯繫，以前她是被動的接受問候關心從來不主動搭訕對方，主動在她的兩性關係裡是很少有的，以前的婚姻也是她被動開始的。在她的內心深處總害怕別人以為她不是個穩重自律的女人，她對異性是否對她感興趣毫無判斷能力。她即使在接受一個異性的關心但她無法明白對方真實的情感，關心一個人可以是出於同情，可以是出於喜歡，僅僅是喜歡，還可以是想深入的與對方交往。在蜜兒的觀點中就是這樣的，她判斷不出在一個關心她的人心中的真實情感，因此她在接受異性關心這方面總是很被動，不求對方給自己什麼，也不超出正常交往的表達，更難往深入發展這方面想，她不想冒誤解對方心思的風險。在以上三種關係的動機裡，她著重的選擇相信第二種：喜歡，這讓她既感到不是被同情接受自己弱勢地位，也避免了自己落入「單相思」的風險，「喜歡」既讓自己感覺到被認可也不會落入深入接觸無果的痛苦當中，暢想毫無結果的關係更大的可能性是處於一種雖然並無開始，但好像是被拋棄的失望中。基於在蜜兒的心裡這樣衡量得失，使她不會主動的對異性表達超出禮節的情誼，被動的接受著異性對她的關切。

這一次她打算嘗試著改變一點策略，試探著瞭解一下對方的真實想法，在以往的和異性的交往裡她從不問對方私人的事情、家庭的事情，這讓她覺得對方會有她試圖和對方建立深入交往的嫌疑，她很注意避免讓對方有這種想法。但這一次她想看一看對方的真實企圖，在深思熟慮後她主動但裝得很無聊很隨意的向對方提問了，先是假定對方有老婆孩子怕對方看出她的企圖，她裝著她一直是知道他有老婆孩子的，因此對他並無企圖只是聊聊天而已。她裝著就是實在無聊隨意的問問他，問他有幾個孩子、男孩女孩、老婆幹什麼的等她認為讓對方覺得她是無聊才問的問題。當她問出第一個問題：「你孩子多大了？」對方沉默了良久：「上小學了。」這一回答拋過來之後蜜兒深感自己的矜持不超邊界的聊天內容是很明智的，但是還是有一絲失望被她覺察到了，裝作沒事似的繼續打聽孩子的性別、老婆工作等無聊的問題，在得知對方有家庭之後蜜兒也就漸漸失去了和這個網友聊天的興趣。期待很容易造成失落，在事情未果前人們常常充滿了各種期待，在多數情況下期待都會落空，即使期待得到滿足那也只是一時的，過不了多久當初熱切期待的到手後也會常常「悔不當初」，對某個事物的滿足感很短暫，很快對這個充滿期待的事物失去興趣，沒有滿足期待的經歷失望，期待得到滿足的又常常「悔不當初」，人們總是處在不是現在失望就是延遲失望的狀態裡。

　　在與這個網友處了一段時間之後蜜兒決定不蹚這渾水，雖然還是有些不想徹底斷了聯繫，再三衡量決定斷了關係永不再見。空落落的心對這段充滿了一絲希望又徹底失望的反思：若

有期待必會失望，若有所求必會有苦。在反思過後決定不再陷入情感的誘惑裡，可偏偏就是在蜜兒轉變了心態之後，一天早晨她去附近的山上爬山巧遇了下一段情緣。

那天她怎麼也睡不著，天微微亮就去爬山，到山腳時天已經亮了，她看到已經有不少人往山上走。清新的空氣，蒼翠的山巒，路邊盛開的野花，三三兩兩結伴爬山的人們，蜜兒感覺已經丟棄了那段網路情絲，開心的呼吸著清涼宜人的空氣，開心的邁著歡快的步伐，隨著三三兩兩的人群往山上走去，不時的還停下來採一些路邊的野花，哼著調不準的歌兒，看上去無憂無慮青春可愛，如同涉事未深的女孩子。逐漸的感覺有些累了，山越往上越陡，已經快到山頂了，蜜兒實在有些堅持不住了便停下來稍作休息。她並沒有坐在路邊的石頭上休息，在靠路邊一點，以站立的姿勢把腰彎下去，雙手放在膝蓋上，手腿相互支撐著，實在太累了，這樣的姿勢讓她感覺到舒服，就這樣休息。突然身邊停下來一個人，大概是看她太累了想關切一下吧，她沒在意繼續休息也沒抬頭看此人，此人看她沒反應就開口和她說話了：「走累了吧？怎麼也不坐下休息，這樣不累嗎？」她聽到聲音才開始直起腰來抬起頭去看說話的人，她一抬頭映入眼簾的是一個上了年紀但挺利索的男人，她一下就對這個男人產生了一點興趣，但她覺得這就是個路遇沒有多想，禮貌性的回答了他的問題之後就徑直向前走去。她向前走著並不想和這個男人同行，看起來他的年齡比她大十幾歲，她從來沒想找和她年齡相差太多的男友，雖然對此人印象還可以。但是她發現走了一段路之後此人跟了上來，她原本是想著快走一段和他拉開距離的，他又主動和她說話了，問

她是否一個人住在這裡、多長時間了等等。蜜兒不想和他產生深入的交往，隨口胡亂回答了一通，半真半假半開玩笑，誰知此人竟喋喋不休的拉開話腔緊跟著蜜兒的腳步一路到了山頂，此是奇遇的開始。

到了山頂蜜兒找了一個僻靜的地方休息，此人也跟了過來坐在她旁邊不停的跟她聊著，蜜兒有一句沒一句的保持禮貌性的回著。在聊了一會兒之後此人有意加蜜兒的微信聯繫方式，蜜兒沒有答應，她清楚沒有結果的交往根本就是浪費時間，又不是聊得來，只是東拉西扯的無聊話題罷了。剛從前面一段似有似無的狀態裡走出來，從剛深入瞭解一下就陷入失望的境遇裡走出來，她好不容易感覺一個人也挺開心根本無意接觸來歷不明的男人，她只想安安靜靜的一個人，經過了情感的打擊她無心再去碰觸哪怕有一點可能就會陷入相似境地的機會。她拒絕了互加微信的請求起身往回走，此人趕忙跟了上來緊隨著蜜兒的腳步，還是喋喋不休的東拉西扯。蜜兒只是不想深入接觸，倒不是反對與路人的暫時相聊，遇到即是遇到，相互在遇到的當時互動交流隨緣而起，該離開了不必留後手隨緣而散，只經驗隨緣而遇的機遇無需刻意延長機遇的時間，僅此而已。在一起彼此善待該分開了不必留戀彼此，只存留在緣起緣滅之間無需刻意保持緣分不去，這是蜜兒通常的一個與人相處的原則，在她處於冷靜狀態的時候沒有企圖的時候，路遇相談一程，岔路該分手那就果斷分手，不牽扯不期待來日如何如何，蜜兒的行事作風都是以此為基調。在出行到一個陌生的地方蜜兒尤其注意提醒自己，自己只是路過此地不是在此地長時間留

駐的，更無需放出多個友情之線把自己牽掛於此，這是蜜兒對友情都能很輕鬆的劃過的心靈基礎。這樣的心態使蜜兒面對友情時都能從容滑過，在緣分來時敞開心扉真心面對，在緣分結束時不留戀難捨，友情對蜜兒來說不會讓她痛苦難過，但愛情則讓她沉浸其中不容易滑過，因此蜜兒對愛情的執著大於所有其他情感的執著，對愛情的需要也大於其他所有情感的需要。她處理友情簡單明快，可處理起愛情這個層面往往很難徹底割捨，因此她不輕易的讓自己進入一段不會長久的感情，不會輕易的去玩這個遊戲，一旦自己陷入了進去難以自拔而又不得不拔時就會讓她很痛苦。

　　前一段婚姻她是陷進去了的，即使歲月繁雜的生活磨去了不少情感的熱度，但仍然在神祕力量要她離婚時陷入痛苦中，她長時間都難以徹底清除這段情感。實際上她雖然基於對心靈永恆平安的渴望，聽從了神祕力量的安排義無反顧的辦了離婚手續，但情感並不是隨著離婚手續而離開，情感的牽扯一直都不曾真的徹底消失，痛依然存在，所以蜜兒離婚之後一直處在一個情感撕裂的缺失與傷痛之中。生活的忙碌暫時淡化了這一傷痛，並不意味著它真的消失了，因此才需要療癒，但是環境的改變從一開始都沒有真的療癒她，只不過是新環境的新鮮感再次遮蔽了蜜兒的傷痛罷了。在那個網遇事件裡她也暫時緩解了一下痛苦，緊接著的失望使她對涉入情感很謹慎，她不想一次又一次的陷入那個對她來講誘惑力很大的情感遊戲，每出來一次都被刮出很多傷痛來。在情感遊戲中情絲緊緊的勾連在遊戲場景中，太認真當一旦要拔出來割斷情絲，黏連太痛太

痛了，或許蜜兒某個層面是深知其痛的，比她感受到的還要痛上許多倍，傷口很難癒合，認真的對待感情就會陷入這樣的處境。在蜜兒的心靈深處知道這個處境對她來說是很難處理的，但這個遊戲對她的吸引力太大了，暫時停止這個遊戲讓她輕鬆一下，她恐懼一旦陷入一段終究還是要分手的情感遊戲的痛苦，她剛剛淺嘗即止都讓她很失落何況進入的更深呢？她總是要回到家的，她不能帶著情傷回到家裡。

　　人生無常流轉，你以為不會發生的可能無法預料的發生，你希望發生的常不會發生。你控制不了事情的出現與消失，你計畫歸計畫，籌謀歸籌謀，但是它們並不會按你計畫籌謀的展現，不可預見性是人生的常態，出乎意料從不出乎意料，無常從不無常，身體層面的人生就是如此。

　　蜜兒的這一個事件就是如此呈現的，拒絕了熱情的路遇者，誰曾想事情並不是這樣設定的。在又過了幾天之後蜜兒在一個花店裡買花，正在挑揀的時候一個男人走進花店打問花的價格，蜜兒回頭一看就是那個爬山路遇者，那個人也看見了蜜兒馬上開口打招呼：「好巧啊，你也買花？」蜜兒禮貌性的「嗯」。看到蜜兒買花這位路遇者抓緊機會搶著給蜜兒付款，還不等蜜兒反應過來他就把錢付了，蜜兒趕緊的說要把錢轉給他，他客氣的說不用不用，蜜兒堅持要轉給他，路遇者不再推辭說：「那這回必須加微信了。」蜜兒自然同意，現在大家都微信轉賬必須得加微信。掃碼互加後蜜兒馬上把錢轉了過去，那人當時沒收，蜜兒覺得反正自己轉過去了他收不收自己也管不了，總之自己對得住自己的良心無愧即可。就這樣蜜兒本以

為再無交集的事情無法預料的又有了交集，無數情感故事就是這樣無法預料的上演。

在加了路遇者（在這裡我們給他起名叫墨）的微信號後，墨加了微信後就精心展開了攻勢對蜜兒狂轟濫炸，錢收下了後以此為藉口喋喋不休的又開始聊了，蜜兒還是那樣客氣的聽著。墨密集的攻勢雖然讓蜜兒有點煩但又有些掩飾不住的竊喜，這個墨看起來是比她歲數大了點，五官很耐看勻稱白淨，人也收拾得清爽利索看起來不土氣，並且這個男人主動的性格對上蜜兒被動的性情。墨的主動讓蜜兒自我感覺良好，從他的主動中蜜兒不太自信的慣性得到了找補，她覺得是因為自己還算有吸引力才讓墨對她狂轟濫炸式的追求示好。這一次蜜兒打算不再重蹈以前的覆轍，浪費了時間感情期待結果對方有家庭。她很理性的詢問了對方的情況，墨很熱情的回答了她：墨，浙江人、剛辦了退休，在國企工作年薪三十萬，妻子去世。這樣的條件對蜜兒還是有吸引力的，年紀大是大了些但自己也四十多歲了比他小十幾歲，這是她還算可以接受的年齡，在她的預設裡上下差十來歲都可以接受，社會上對伴侶年齡差的接受度比以前尺度大多了，上下差十來歲都是常人能接受的。蜜兒對自己不是太有信心，自己離婚，從事一份穩定的事業單位的工作收入平平，因急於離婚房產上做了很大的退讓，只有一個一室的房子，沒存款，相比較墨的條件自己算差的那一方。

處在蜜兒的年齡，社會上相似年齡的單身男性很稀缺，自己又不是富婆一類的，找年齡小的、長相順意的幾率很小，算起來找年齡大一些的、長相條件好一些的比較容易，這個墨

正好符合蜜兒心中的一個設想。在瞭解了墨的大致狀況後蜜兒是又欣喜又顧慮，欣喜的是在她這一生的經歷中都處在拮据中總是錢去的比來的快，在她前半生的人生中不停的努力追求更好的工作層次，原本她住在一個小城鎮，努力的在小城鎮買了房子，剛還清買房子的錢她又折騰著到省一級城市。她工作還算出色，也因著想到更高一級層次的工作單位，她平時在工作中特別細緻認真以提高自己的業務能力，以便在應聘更好的工作單位時有把握。她剛還完了在城鎮買房子的錢就又想著換工作。機會終於來了，她所在的省會城市的一所學校招聘教師，她很幸運的被招聘去了。省會城市的房價比小城鎮高出了好幾倍，為了生活方便她與前夫使出渾身解數東拼西湊借錢買了房子，剛還完債務還沒得空喘息，債務又背在了身上，省吃儉用又開始了，在她剛還完債務不長時間，神祕力量替她做主離婚，為離婚得更快更順利她放棄了房產清門出戶，好在不久之後又攢了一些錢首付了一個一室的小房子。總之她這一路的人生錢上是比較拮据的，也夢想著有一天能生活的寬裕一些，起碼不用再省吃儉用。在她離婚之後也沒少琢磨過再找一個伴侶，並且要比以前的經濟條件好，不想再過拮据的日子。在這一個機遇裡她滿意墨的長相收入，雖然一開始很謹慎但因墨對她太緊追了，因著她的一個綜合考慮就漸漸的鬆動了提防的念頭，開始有意識的表示對墨的興趣，很精明的墨捕捉到這個資訊提出約蜜兒吃飯，蜜兒推辭了一下後表現的禁不住墨的再三邀請只好答應（的一個場景）。吃飯安排在一個環境非常優美的餐廳，在用餐期間墨很周到的給蜜兒倒水夾菜，這是蜜兒見

蜜兒的故事

到的最殷勤的男人，心裡竊自滿足歡喜。

在這次開場之後接下來兩人見面就很自然了，爬山吃飯去風景好的地方玩，再接下來墨邀請蜜兒去他住的地方。墨自己在大理買了房子住，住得很寬敞，蜜兒很喜歡他的居住環境，在這樣舒適的住所在墨殷勤的照顧下，蜜兒的防衛全部除去自然的兩個人在一起了。正如前面所說，你以為不可能的或許就是那樣安排的，蜜兒一開始拒絕加墨的微信但是仿佛冥冥中有一條線牽著他們又一次的遇到，開始了兩個人的故事。

生活場景如何展開確實不是人的頭腦層面能決定的，主宰人生場景的是來自於你無法探知的心靈潛意識，身體只是心靈潛意識的影子而已，身體層面的一切都取決於心靈潛意識主宰。人類生活的一切取決於人類集體潛意識，個體潛意識掌管著個體的一切經歷，看似毫無關聯的兩個人潛意識會把他們拽到一起，總而言之，人生不是頭腦決定的，是心靈的潛意識層面決定的。

在蜜兒與墨在一起後的一段日子裡相處的還算是幸福融洽，蜜兒如同一個孩子一樣被照顧得很周到，無論大小事情墨都不讓她做，洗碗做飯掃地等墨都自己來。蜜兒也很享受這種事事不用操心的生活，這種生活是蜜兒以前從來沒有過的，她從小時候就開始操持家務，一直到離婚恢復單身才結束這種總是要操心別人的生活，這讓蜜兒的身心在一定程度上得到充分的休息。但是世間總是無法讓人都滿意，看似墨不讓蜜兒幹活，實際上墨也有自己的打算，在現實的狀況裡他比蜜兒大不少，在他更老一些的時候身體有可能不能自理，趁著自己現在

身體好多幹些活兒，如果到了自己不能幹的時候蜜兒可以多幹一些，還有看起來蜜兒質樸爽朗不提特別的要求，但她絕不是一個處處依賴的人。他雖然很喜歡蜜兒但即使自己有財產方面的優勢，他也不確定蜜兒能和他相伴終生。蜜兒無求的性格下面讓墨有一種恐懼感，一個不提要求的女人、太過自我的女人，不需要經濟上依賴的女人反而是不好駕馭的，如果一個女人至少在經濟上有所依賴的話他反而好駕馭。

墨對人性的洞察力是準確的，蜜兒看起來樸素樂觀開朗，不像一些女人那樣想辦法多從伴侶手中拿錢，但她的內心深處有一個很自我的東西，她不需要在精神上依附於任何人，她一直固守的不可妥協的一個層面，就是沒有任何人能讓她在這一點上妥協，任何物質財富名利誘惑都不能碰觸到她的這一邊界。雖然墨也算是成功人士，不菲的存款和固定的收入，這只不過是滿足了蜜兒在上一次伴侶關係中的缺憾，前一次婚姻中伴侶的收入還不如她，這是她一直覺得遺憾的一個點，蜜兒雖然如上所說，錢財名利都不能碰觸她心中的那一個堅守，但也希望日子過得稍微寬裕一些，也希望自己不是家裡掙錢的主力，本來自己掙的錢也不多。這一點墨滿全了她的願望，她和墨在一起自己任何事都不用花錢，除了她單獨在自己家人身上花錢外。蜜兒真的如同一個小孩子被大人全方位的照顧著，這種狀態開始的一段時間讓蜜兒感覺很舒服，她一下子長胖了不少，但是不久之後蜜兒就對這種生活煩悶起來，這生活太單調了，墨是在過退休的生活，除了吃飯睡覺做家務鍛煉身體以外不需要做其他事情，每天重複的秩序讓蜜兒煩悶起來，一開始

蜜兒的故事

蜜兒並不表達這種情緒，她說不出墨有什麼不周到的地方，她就是覺得煩悶。難道以後的生活就是這樣不斷的重複一天又一天嗎？難道自己也要進入退休模式嗎？難道這就是已經看到盡頭的生活？蜜兒內心開始翻滾著，這內心的翻滾必然會導致身體層面的動變，時機到了必然會顯現出來。

身體層面的表象是心靈決定的，事情如何呈現全在於心靈意識的選擇，心靈在你不知道的層面主宰著你的一切經歷，身體層面是心靈意識的具體表現，心靈意識決定著每一個細節，整體呈現宏觀、微觀、質變、量變等身體層面的所有。意識決定物質，物質世界聽從你心靈意識，身體層面是心靈意識的投射，全部的心靈意識浮現的頻率此起彼伏，這部分心靈意識此時占主導，那部分心靈意識彼時占主導。心靈意識起起伏伏運作，它存在於你的潛意識層面，你全部的心靈意識主導部分主要存在於你潛意識層面起起伏伏來回切換，這一階段這部分意識為主導，另一階段換另一部分意識主導，整體看起來身體層面都是能夠承受的，你感到難以承受的事情在事情到來時你發現居然挺過來了。

身體只要還有利於心靈意識的成長就會繼續存活於世，它是用來服務於心靈意識成長的，借由身體體驗觸發心靈意識的不同層面覺悟，每一個身體層面的體驗都服務於心靈意識的拓寬改變，經由身體層面各種各樣的經歷體驗觸動到心靈意識的各個層面，喚醒相應的意識覺悟點。身體層面的設計安排都是用來服務於這個目的的，觸發相應意識層面的覺悟，這是身體被安排各種經歷體驗的目的。蜜兒體驗的與墨前所未有的生

活，觸動了她認定的幸福觀念改變。蜜兒前半生的經歷很辛苦，一直在不停的奮鬥中，她很努力的在她的角色裡做好每一個角色應該做的，很投入認真，女兒、姐姐、母親、妻子、同事等這些角色讓她覺得太辛苦，她想如果有一天能不用負擔任何人，那一定是非常輕鬆自在的、幸福的，在她的前半生一直都有一個只管自己無需照顧任何人的心願，幸福對她來說就是不用負擔任何人只負擔她自己就可以。這一心願在她與墨的這一段時間實現了，墨反過來照顧她的生活不用她承擔任何生活費用，她自己的錢都存了起來，墨無微不至的照顧她如同對待一個幾歲的孩童。蜜兒確實體驗到了什麼都不用負擔的輕鬆愉快，但是正如前面提到的，這樣的日子持續了一段時間之後蜜兒開始感覺到無聊煩悶，她開始嚮往找點事情做，不這麼無所事事，但是她需要做什麼呢？墨包攬了一切，她什麼都不需要做。這時候觸動到她心靈意識對幸福的認知轉變，辛苦固然不幸福，無所事事什麼都不需要做也好不到哪兒去。不像她以前想像的那樣，不用為生計起早貪黑，不用負擔他人的生活起居，不用為工作辛苦努力，錢不再成為奮鬥的動力，沒有這些就自由了，日子就過得太美妙了。這一認知在她與墨在一起的這段體驗讓她動搖了對幸福的認知，辛苦也罷，什麼都不需要做也罷，都不能讓她幸福滿足。

　　這一點意識的覺悟觸動她去反思前半生，到底在這前半生中有什麼讓自己覺得永不厭倦的？沒有什麼！青春的軀體、家人的認可、工作中的佼佼者，被別人羨慕成功的跳槽進入省會城市，男人、孩子、工作永不厭倦的是哪一個？暫時的目標

達成帶來的滿足轉瞬即逝，那可是辛苦好長時間才掙來的呀，即使看似容易，得來的背後也是付出了不為人知的很大努力，被羨慕的代價是巨大的，有什麼好追求的？經歷了幾十年的種種，哪一樣真的讓自己心滿意足心安了呢？沒有！真的沒有！過去的幾十年充實艱辛，苦中作樂，樂是在苦中啊！樂是在苦中啊！可是苦中怎麼會有樂呢？苦中怎麼會有樂呢？若是苦中有樂那怎麼會是真樂呢？苦與樂應該是不同的呀，那苦是真苦，樂不過是自己掩蓋苦的麻醉劑而已，苦即是苦，不可能是別的也生不出別的。苦裡來的樂怎麼會是真的了呢？變態的苦而已，如同香菜臭變態為香，蜜兒小時候吃香菜不知道那是什麼，大人們很愛吃但她吃起來就是有一種不好的味道，臭蟲式的味道，每每吃到的時候都悄悄的吐了，太難吃了。長大後大家都說香菜好吃，蜜兒似乎不再堅持自己的感覺，她感覺香菜吃起來真的說不上什麼好吃但它又有一種吸引力，這一點吸引力加上大家都愛吃，她不知怎的也就很接受了，大家都認為好吃都喜歡放在飯菜裡吃，這就是它好的理由。苦難被認為是值得讚揚的，苦被認為是美好的，若苦不被認為是美好的何以人們不停止受苦呢？何以人們不停止避免苦難的機會呢？人們為何要苦中作樂呢？一直樂不是很好嗎？為什麼不讓自己一直樂下去呢？苦是樂，樂是苦嗎？兩種貌似不同的狀態，是否其實是同一種呢？苦樂是同一種的兩面嗎？這才能苦中作樂，苦與樂為同一種「東西」，苦中才會生出樂，樂是苦的另一種表現而已，樂既然是苦的另一面就算不上真正的樂，若苦是樂的另一面，苦就不算真正的苦。

是苦是樂是心靈定義的，它想體驗苦就想像那「東西」是苦，它想體驗樂就想像那「東西」是樂。苦還是樂不是客觀的，是心靈定義的，它取決於心靈的主觀認知，苦還是樂亦或是苦樂都是心靈主觀定義的。認知決定了感受情緒，認知是情緒感受的主體。體驗認知，體驗的僅僅是心靈的認知而已，體驗的不是客體。在同一個事件裡認知不同、感受情緒不同，苦還是樂，喜還是悲，不取決於事件本身，取決於主觀認知，在認知事件於己有益時喜，在認知事件無益於自己時悲，主觀認知決定體驗到的情緒感受。

　　蜜兒的經歷使她領悟到這一點，是喜是悲，是苦是樂，不在於具體經歷的事情，而是取決於主觀對這些事情是否有益於自己的評估。主觀認知取決於心靈潛意識的信念——什麼是好的，什麼是不好的，主觀認知在頑固的信念裡生出，體現雖有不同但根信念卻相同，根信念牢固的盤踞在潛意識中，分支出看似不同的認知理念應對不同的情景。總之在所有的人生體驗中，體驗的不是具體的事物，體驗的是盤踞在潛意識裡的信念系統，這一領悟是蜜兒在這段情感體驗中很深刻的體會。主體與客體是鏡像關係，主體——心靈意識，客體——附著在鏡像時空裡的身體層面的一切事物，**主體與客體是身體與影子的關係，看似體驗的是具體的事物客體，實則體驗的是主體信念認知**。心靈意識從鏡子裡看到自己，以為那是客體無關於自己的客體，如同嬰兒時期孩童看到鏡子裡的自己，並不知道那是自己，認為那是另一個孩子，會有防範心理，這與心靈意識不清楚物質顯像世界是自己的鏡像一樣，物質顯像世界無一不是心

靈世界的鏡像。在蜜兒比較前半生辛苦奮鬥中苦中有樂，與墨在一起的安逸無所事事樂中有苦，不同的具體事件但是同樣的苦樂參半，不管哪一個生活場景，辛苦的還是安逸的，都是相同的體驗，事件本身無關乎具體的體驗，心靈認知才是決定體驗到什麼的根源。

在蜜兒意識轉變的同時身體層面的變動也觸發了，一天蜜兒收到一個同事的資訊，單位調整工作，蜜兒要回去處理工作上的事宜。墨在某個層面早就在擔心蜜兒不會踏實的和他在一起，他看出蜜兒從表面上看似隨和不計較，但骨子裡有一個不可碰觸的層面，這個無形的層面讓墨不由得擔心，興許墨並不是一個很明確的覺察，但隱隱的這個感覺是在的。人是能夠從第六感覺察到視覺不能觸及的範圍的，第六感超出感官所觸及的範圍，墨基於這個隱隱的「看透」其實心裡也早已在預期兩個人關係的結局。人習慣性的把將來的事情根據現在的資訊綜合評估預想，這個是發生在心智比較成熟的人身上，在他不是很執著的時候理性的預估未來。墨是心智成熟的，他雖然喜歡蜜兒，有蜜兒的陪伴生活豐富了不少，在他這個年紀遇到蜜兒是很珍惜的，蜜兒在他的評估裡，有許多他喜歡的性格特質是他心裡沒有的。蜜兒簡單爽朗，心裡除了那個他後來覺察到的深不可測的層面以外，算是這個年齡很單純的，功利性少，對物質欲求少，很容易滿足，陽光，愛笑，不繞彎子，不算計，這都是讓他很喜歡的，他心裡的某一個層面希望蜜兒能和他白頭到老，但大半輩子的豐富閱歷讓他又能夠理智的從多個角度去評估利益。蜜兒是難得的，但倘若蜜兒不能夠安下心來和他

過退休的生活這也不是他想要的。蜜兒的那個層面對他來說有種莫名的不可侵犯強制的感覺，熟悉蜜兒的性格身體習慣，但對蜜兒不可侵犯的那個層面是無力的，這也讓他提前做好了與蜜兒結束的準備。機緣果然到了，蜜兒要回單位處理事情，聽到這個消息後墨已經預感到蜜兒會就此消失在自己的視線裡。他想阻攔，可憑什麼阻攔？阻攔真的有用嗎？心不在他身上，在一起只為了一具身體在一起又有什麼用呢？情緒被他的理性平息，他默默的為蜜兒準備路上要用到的東西，心裡雖然非常的不捨，但他還是一如既往像照顧一個孩子一樣給蜜兒收拾好行李，表現的如沒什麼事情一樣。他歷經世間的人心詭譎複雜多變，雖然洞察人性世事，但蜜兒確實帶給他不一樣的感覺，在他對蜜兒的體驗裡雖然蜜兒年紀也不小了，但蜜兒給他的感覺就像一個孩童單純清澈，同時又具有與她身體年齡相符的智慧見地，甚至是超出常人的見地，她是單純可愛的又有超出常人的智慧見地。他喜歡她也不得不尊敬她，還有她測不透的那個層面，讓他不敢碰觸的威嚴，總之墨對蜜兒的感覺是喜歡她、呵護她，但不能也做不到強留她。

　　蜜兒其實也不確定她與墨的下一步，眼下必須去處理單位的事情，也沒確定就是要跟墨分開，她不確定，她還要細查自己以後的人生路，是和墨一起進入養老模式，還是更有興趣從事那個神祕力量在教導的事情。神祕力量一直在照看著她，她體驗著人世間世俗情感，同時又能經常體驗到神祕力量的教導。神祕力量試圖引導她注重心靈意識的改變去探尋身體背後的東西，但是蜜兒是無法完全專注在這個層面的，她作為一個

女人層面的需求使她無法專注於心靈層面，道理上她很接受神祕力量的教導，但實際上無法實實在在的做到道理所說的。神祕力量不干涉她身體層面的需求，祂仿佛知道蜜兒在身體層面需要經歷的，在祂的照看下蜜兒經歷身體層面的一切，關鍵點上祂會提醒蜜兒使她不至於太過深陷於不再需要的經歷。

　　經歷是為心靈成長服務的，心靈領悟到某個道理就不再需要繼續經歷。這在蜜兒的體驗就是在糾結的時候不知往左往右，但是糾結一段時間突然就知道該如何選擇了。在與墨的問題上，蜜兒當前就處於這樣的狀態裡糾結不確定，接下來的安排該如何蜜兒也無暇多想了，在當下最重要的事情就是回單位。正如開始時的不確定一樣，結束也是從不確定開始的，看似不確定其實是準備不充分，開始和結束在心靈層面都有一個預先考量機制，考量明晰了在形式上就表現為確定。因著內在對事物的利弊衡量，確定是需要時間的，因著不確定的心靈內部不同的觀點，處於針對的狀態沒有統一起來，在反覆比較利弊，最後才會做出認為對自己有益的決定，心靈在你不知道的層面比對著可能出現的走勢，最終認定一個使心靈成長最有利的終端結果輸出，那就是某人在糾結一段時間後突然就覺得「確定」了。蜜兒在出發的時候這個「確定」還沒來，暫時不去想這個事情了，她回到了工作的地方處理了一些遺留的事情。

　　這裡該交代一下蜜兒工作上的事情，蜜兒是某所學校的老師，學校不是管理特別嚴格的是可以請長假的，總之蜜兒可以不去學校工作。這也是蜜兒意想不到的一個安排，蜜兒從來沒想過不上班還能拿部分工資，機緣使她如此，因著蜜兒突然

離婚，周圍的人誤以為她精神可能出了問題，單位的人自然也會往這方面猜測。這使得蜜兒請假的時候審批很容易通過，這也使得蜜兒明白一個道理：看似不好的事情會意想不到的在某個方面對你有幫助。就是這樣一個機緣使蜜兒從此告別工作。一系列的變化發展都不是蜜兒提前想過的，機緣看似不期而遇實際上也離不開心靈潛意識的安排，不能從狹隘的邏輯角度去看，潛意識安排要發生的必然會呈現出來。事物的發展變化過程在於心靈層面一次又一次的調整到不同的意識頻道，以人的角度來看事物循著可被接受的軌跡運行鋪展，但實際改變的是心靈頻道，如同在看電視的時候你可以挑著觀看不同的頻道，一部電影看了半截你不想看了，你撥拉撥拉影視庫重新選擇你喜歡看的。人生場景的重大改變如同你換了一部與以前風格大相徑庭的電視劇來看，看似不太連續但都在你的掌控範圍內，身體層面巨大的場景調整類似你換了不同的電影來看。

　　蜜兒突然離開學校結束了兩點一線的老套路去體驗與以前不一樣的生活歷程，在於她的心靈頻道作出了調整大的調整，以往的劇情呈現對她繼續心靈的成長沒有用了，她已經圓滿的完成通過了以前人生場景學習的功課，需要調整生活課堂，心靈洞悉這個程度的適當點。蜜兒看似以一個不符合常規邏輯的呈現轉變了劇情場景，在蜜兒的心靈頻率大幅度提升時呈現的生活場景突然轉換了，聽起來神祕兮兮的只不過就是換了個電影看而已。一些人一生頻率沒大幅度調整過，體驗的跨度在小頻段範圍內，不同的人心靈頻率可接受的頻率範圍大不相同，無所謂好壞優劣，全憑心靈願意體驗的頻率而定。不同心靈頻

蜜兒的故事

率的人在一個閾值內共存，超出這個閾值則不會出現在一個人生場景中，蜜兒的心靈頻率提升到超出原來生活場景的頻率閾值很快轉化了生活場景，這一次蜜兒又要轉換生活場景了。

　　處理完學校的事情蜜兒無心逗留在原住地，她這一次離開墨，不確定是不是永久離開他，試圖再經歷一下去看看和墨還能不能在一起，於是她回到了大理。墨對她的離開傷心痛苦的幾乎不能承受，他這一生經歷過了複雜的人生變遷、種種危機複雜的人事，但從沒有像蜜兒的離開這樣讓他深感痛苦失落。他反思自己，倘若蜜兒不曾出現過，也許不會有這樣的痛苦失落，平靜枯燥的生活雖然乏味兒少了很多樂趣，但不至於痛苦到這種程度，難以釋懷的深層痛苦猶如天塌下來一樣的恐懼不安，讓他實在是難以承受。蜜兒像天使一樣帶給他這一生從未有過的幸福滿足，孩子般的單純，少女般的情懷，智慧的見地，在他的人生裡從未見過這樣的人。他無法進入蜜兒不在的日子，可是他不可能固執的左右她，他不可能像養一只可愛的鳥兒一樣把她關在籠子裡供自己欣賞滿足自己的心靈，他深知蜜兒不會長期和他住在一起，她是來療傷的不是來共度餘生的。這個反思讓墨痛下決心斬斷和蜜兒的情誼，他過往的經驗告訴他，明知不會持續下去的關係快刀斬亂麻是最好的方式，不捨雖然很痛，糾纏只會讓痛繼續，痛過了回到以前平淡無聊的日子至少比現在的痛好多了，他快刀斬亂麻打算好了不再讓蜜兒回來了。蜜兒回到大理後住到了旅店，她尊重墨的處理方式，墨不是她的什麼，她在墨不同意的情況下無權住在墨的家裡，她住下後開始進一步的反思人生過往，昇華對往日發生的

事情的頻率視角，這也是她下一個大調整的預備期。

　　在蜜兒的視角，她與墨的頻率不是同一個層面，墨給她的是身體物質層面的供養，而蜜兒給他的主要是精神層面的供養，因為蜜兒身體層面不需要其他人供養，她需要體驗的就是在別人提供供養的時候自己的心裡體驗，是不是像她想的那樣是非常舒服的、滿足的、是自己真想要的。墨提供的物質條件可以完全滿足她的這一體驗，但是墨不能夠在精神層面扶持她，甚至連接受她的精神探索都不可能。墨是體驗著人這個層面的極致的，在單純的這個人（物質）的層面是成功的佼佼者，但情感缺失，很少體驗到真情實意，過往的生活皆是利益算計，在情感這個層面感受不到真心實意，也不信任有真情實意。蜜兒進入他的視野後他很快從蜜兒的身上捕捉到他渴望但從未感受到的純粹之意，在他的洞察裡，蜜兒簡直是世間少有的不受世俗浸染的出塵脫俗，她基本上沒有世俗人的粗濁氣息。墨看見蜜兒的第一眼就覺察到了蜜兒這一個他非常嚮往的特質——出塵脫俗，他如獲珍寶，蜜兒對他而言是天使般的存在，他經歷的世俗紅塵皆是粗濁的利益爭鬥，不管是家裡還是生意場充斥著算計、功利自私，每一個動作都是在心裡算計來算計去後的呈現，他太熟悉這樣的場了，氣味兒聞得太多太多了。蜜兒在他心裡簡直就是奇珍異寶，所以才不顧一切的想接近蜜兒，可是蜜兒的心志不在這個世界，擁有她、匹配她是很難很難的，這是墨的體悟。

　　於蜜兒而言，從一開始她並沒打算與墨在一起，她知道自己不尋常的追求不能被大眾接受，親密伴侶在選擇的時候不能

蜜兒的故事

隨便選，可是墨瘋狂熱烈的追求同時還有她情感的缺失還是讓她屈服了，她是屈服在了渴望情感的寄居地與彌補前一段婚姻的物質匱乏上。雖然她不需要太多的物質金錢，但以前的日子連富裕都算不上，過的是精打細算的牙縫裡省錢的日子，物質層面她還是希望至少不用精打細算牙縫裡省錢過日子。墨至少讓她不用再經歷過去的物質匱乏，墨在人的層面至少算得上富人階層，基於這些，墨符合她心理的這個小小的需求。錢不是她最渴望的，心靈層面的富足平安才是她最渴望的，這不同於大多數人的追求，這是從墨看來最讓他動心的點。事實如此，蜜兒在和他生活的日子裡不曾額外提出超出日常生活需要的金錢需要，基本上都是墨提供什麼她就用什麼，墨的生活算不上豪氣但對蜜兒來說已經很好了，不需要自己花錢，比自己以前都吃得好用得好，還有什麼不滿足的？這就是蜜兒與墨在各自視角體驗的彼此。

　　自蜜兒重回大理後一直在反思與墨的體驗，她再次體驗了與墨的續緣。自從蜜兒走後墨痛定思痛快刀斬亂麻，決定結束與蜜兒在一起的生活，以不讓蜜兒進門兒試圖強行割斷與蜜兒的糾纏，痛太深了折騰不起了，還不如枯燥的安度晚年。蜜兒他駕馭不了，早晚肯定會分開，不能下不了決心斬不斷理還亂，心裡是這樣想的，可情感的牽扯哪是阻止蜜兒進家就可以斬斷的？蜜兒思索的結果是，墨是難得的伴兒，金錢方面令人高枕無憂又體貼周到，實在再難遇到像墨這樣的人了，於是試圖再維繫與墨的關係。她以拿剩下的東西為藉口去找墨，墨開始不願給她開門，可是堅持不到一會兒還是給蜜兒開了門，蜜

兒進門之後墨如同以往一樣趕緊給她倒水拿吃食，如同一個在外呆了很長時間的孩子一回到家被對待的情形一樣。墨矜持又欣喜，嘴上說讓蜜兒拿了東西就要走，可心裡是多麼希望一如從前啊！蜜兒進衛生間，墨一如從前一樣保留著她的擦臉巾等洗漱用品，蜜兒心裡一陣感激。如從前一樣，墨伺候蜜兒喝水吃飯吃水果，吃完飯後蜜兒如從前一樣被墨安排看電視，他負責洗碗不讓蜜兒沾手。允許我解釋幾句，墨在以往的人生中感情坎坷並沒有體驗過正常的夫妻家庭生活，結婚後就進入了分居狀態，其中緣由不再贅述，總之墨並沒有體驗大多數人那樣的夫妻生活，與蜜兒在一起算是填補了他這一缺失的部分。

　　蜜兒情感這塊兒要比墨豐富的多，她主要對情感感興趣。墨是情感匱乏的，只知道如何掙錢，拼命的想辦法多掙錢，積累了超過上億的資產，在他的工作之外他擅長投資理財運氣也算不錯，退休後他很理智的清算了長線投資贖回了大部分錢收入囊中，炒股方面，在股市低迷時及時撤出資金損失很小。理財方面墨是一把好手，感情上基本空白。他主要的專注點是錢財，蜜兒則把感情放在第一位，這兩個人是各自填補對方缺失部分的，蜜兒最看重的是感情，墨之前最看重的是錢財，兩個人在一起滿足了彼此的缺憾。蜜兒雖然四十多歲了但感情上依然是少女情愫，喜歡和心愛的人在一起卿卿我我來點浪漫，其實墨需要的就是這些，在嘴上說怕別人笑話，心裡其實很享受蜜兒主動對他摟摟抱抱的親密舉動。蜜兒喜歡墨雖然不似年輕時的激情心動，蜜兒也曾想過如果早遇到墨該多好啊！她是渴望一個富裕豐盈的家的，過去拮据的日子不是蜜兒真心想要

蜜兒的故事

的，但是現狀就是如此，她沒有太大的能力掙錢，只能拿死工資精打細算的過日子苦中作樂，其實只是無奈中還不算悲觀而已。墨除了年齡大一些外實在是太理想了，她真心的喜歡墨，如果不是內心堅定了另一個目標的話，與墨相伴終身在世人眼裡是多麼幸運的事情啊！可是內心深處那仿佛來自靈魂的召喚，對心靈永恆安寧的渴望，已經在她的心裡深植，她不能貪圖世間的富貴，她不能停下自己的追尋，這是她今生必定要完成的任務，也許世人不理解人真正的目的是什麼，蜜兒在某個層面是很清楚的。永恆的幸福平安是她今生一定要達成的目標！富貴動搖不了她！一切世俗情感終究也限制不了她！她在某個層面堅定的信念無任何能動搖！付出再大的世俗代價也阻攔不了她！經歷生死也阻止不了她！

如果心靈平安的話還有什麼可顧慮的呢？心靈不安再富貴又如何？心靈不安再看似平穩又如何？心靈不安受人敬仰又如何？心靈不安再身強體健又如何？心靈若是不安一切榮華富貴存在的意義是什麼呢？心靈不安的話受人敬仰的意義是什麼呢？心靈不安的話身體康健的意義又是什麼呢？心靈不安的話身體層面的安穩意義又何在呢？體驗到什麼才是真正要關注的。與其富貴榮華而心不安還不如淡茶粗飯心安無憂，與其受人敬仰心有不安，還不如一介俗人安心平淡。身體康健若心靈不安的話，還不如疾病纏身但心自在如無疾，終歸心安才是真正要重視的點之所在。心安與不安才是幸不幸福的標準，和身外之物沒有任何關係，心安幸福，心不安則不幸福，富貴榮華、受人敬仰、身強體壯、穩步升遷這都不能讓你真正的心

安，只不過在目標達成後短暫快意，然快意稍縱即逝很快又處在了不安中。身體層面的事情哪有長久不變的，身體層面處在無常的層面，身體層面的無常變化註定如此。誰也無法阻止身體層面的無常變化；誰也無法主宰身體層面榮枯興衰；誰也無法使自己長生；誰也無法日復一日年復一年的只升不降；誰也無法財富只增不減；誰也無法一直身體康健。總之身體層面根本不能保證永遠不變，也不可能保證只變好。

身體層面註定成住壞空不復存在，心靈則永恆存在；身體層面取決於心靈，但心靈則可不受身體層面的影響；身體消亡，心靈則一點不受影響；身體成住壞空，心靈一直都在；身體無常變化，心靈則始終不生不滅；身體瞬息改變，心靈互古如斯；身體脆弱易損，心靈可以百害不侵；身體短暫一生，心靈無限永恆。身體阻止不了你影響不到你，你是心靈永恆的心靈，身體只不過是心靈的影子罷了，身體怎麼指使心靈去幹這個幹那個？身體來自於心靈，身體不會反過來作用於心靈；身體不是心靈的阻礙，心靈才能阻礙自己；身體是心靈的果，身體障礙不了心靈；心靈自身障礙自己不得平安幸福，根源是心靈層面無關於身體層面，身體無論如何都障礙不了心靈，決定不了心靈的平安，所以關注點應放在心靈上而不是形體層面的改變。

蜜兒借著在身體層面與墨再試一試是否能再繼續下去的這段時間去深入的反思，在深入的反思後蜜兒更加理解幸福平安在於心靈的意識轉變，不在於身體層面的具體狀況。深入理解後便理智的結束了和墨繼續下去的圖謀，決定離開大理徹底結束這段情緣。

第三章

宇宙起源與生命真相

　　很快的蜜兒回到了家裡獨自靜心學習，蜜兒雖然在一定程度上明白心靈意識頻率決定是否平安幸福，但真的切實做到不受限於形式層面的分別一直都幸福平安，她還是很難做到的。怎樣才能做到呢？在進入下一個階段前突然一本書進入了她的視野——《奇蹟課程》，這本書很快就引起了蜜兒的注意，蜜兒買來開始讀，剛開始讀的時候很不容易理解，讀著讀著豁然開朗似曾相識。這本書揭示了從宇宙之初無名一念到形成宇宙萬象的機制。在形成宇宙之初不知哪兒來了無名一念，這無明一念是假設出來的不是真的有，它從哪兒來呢？書中解釋了在宇宙還沒有誕生的時候它的來源還闡述了宇宙的形成、世界的本質、人的真相。

　　宇宙到底怎麼來的呢？是無明一念，是誰的無名一念？真實生命、永恆的生命是什麼？無名一念呢？「假設離開整體生命」，在無限永恆的生命裡產生了一個假設，假設永恆的生命產生了分裂假設，祂不完整了，在真實的生命裡出現的這個假設就是無明一念。因整體生命始終完美，永不可能改變，始終是永遠是，整體生命始終都是完整一體的，永遠不可能產生分裂。無明一念就是假設一部分從整體生命中分離出來，這個假設就是宇宙的根源，本來只是個假設，但是不知怎的，很小很小很小的一部分生命把這個假設當真了，認定自己真的離開了

整體生命，失去了整體生命的庇護，失去了整體生命的賜福，失去了整體生命的愛，失去了整體生命的力量，失去了整體生命的一切，於是開始恐懼起來。在整體生命裡是難以言傳的美好，不可說不可說的美好，世間所有的美好加起來都不及其美好之九牛一毛，無任何的瑕疵，無任何的欠缺，無任何的不足，一切都是無限的豐盛完美圓滿無與倫比的無能超越者，宇宙所有的美好加起來都不及其美好之九牛一毛，太美好太美好了，實在是太美好了，失去了這麼美好的是多麼的不安呀！整體生命這麼美好，圓滿的一無所需，整體與部分享有的一樣，整體的一切部分都有，部分享有整體的一切絲毫不差，可現在失去了這一切是多麼的不安呀！

　　整體生命無限自由豐盛富足，整體生命永恆不易從未改變過，整體生命無限自由幸福平安，整體生命始終圓滿完美一無所需。離開整體生命這意味著失去整體生命的一切，因整體生命是一切的真實，整體生命涵蓋所有的真實，無一真實不涵蓋在整體生命中。整體生命一體永存，部分享有整體生命的全部，整體生命與部分之間沒有占有多寡的區分，整體生命的一切屬於部分，部分享有整體生命的一切，離開了整體生命與失去全部一樣。正如前述的，整體生命裡極小極小極小的部分異想天開提出個假設：「假設離開了整體生命會如何？」不知怎的本來只是個假設，可這小小小小小小的部分竟當真了，認為自己真的離開了整體生命，假設的命題被這小小小小小小的部分當真了，它開始了假設成立的痛苦歷程，這歷程就是宇宙的形成歷程。假設的前提推演出複雜無邊的宇宙虛擬圖像，因前

蜜兒的故事

提就是個假設，根據這個假設推演出來的怎麼可能是真的？宇宙浩瀚無窮，多次元多維度平行宇宙、人間、地府、靈域、黑洞、白洞、時空等，看似複雜神祕都不過是基於一個假設的前提想像出來的，只存在於想像中或者說只是一個夢。沉睡的那小小小小小小的部分陷入一場離開整體的噩夢當中，夢境太真實了，它居然忘了這只是場夢，它的覺力隨夢而去，跟著夢境遊蕩在看似無邊的浩瀚宇宙時空，跟真的一樣，抽離不出來，這就是宇宙的起源真相。

　　宇宙只是一個夢，身體世界、心靈意識世界都是夢，純粹心靈無染的在整體生命中，被夢境污染的心靈通常是我們所指的心靈，實際上真實不可能被污染，這裡所說的污染指的是遺忘了真實，相信了一個根本不存在的虛構存在。這是通常所指的心靈，便於區分純粹的心靈把它叫做靈性，相信了虛構存在的狀態便是心靈，實際上靈性是不知幻只知真的，整體生命不知幻只知真，心靈是做夢的靈性，靈性是醒來的心靈，是同一個東西的不同狀態。整體生命從來沒被改變過，分裂生命只是一個假設而已；整體生命自始至終都沒有絲毫的改變；整體生命永恆不易；整體生命存在遍及一切真實但從未伸觸到虛幻；整體生命是真實的一切與虛幻一點都不沾邊無任何交會處，整體的生命不可能觸及虛幻從未觸及虛幻；整體生命涵蓋一切真實，只涵蓋一切真實與虛幻扯不上任何關係。虛幻出自真實只是真實的想像，夢境絲毫不影響真實，真實怎麼可能被虛幻所影響呢？真實怎麼可能被一個根本不存在的影響呢？真實與虛幻不同，沒有任何共同之處，真實與虛幻此存彼亡，這裡的意

思是承認真實為真便不能承認虛妄為真，承認虛妄為真便體驗不到真實。真實是永恆的永不改變，虛妄的根本不存在，真實被虛妄遮蔽的話便經驗不到真實，注意力轉向虛妄則經驗不到真實，心靈的注意力專注在虛妄裡經驗不到真實。

　　身體成為了心靈專注的層面，只知道有身體，不知道身體只是個虛影而已，身體成為了心靈以為的真實，身體成為了心靈以為的真實生命，不知身體只是個虛影而已。身體取代了心靈成為了主宰，一切圍繞身體利益，心靈則淪為了身體的奴隸滿足身體的各種欲望。心靈只知身體不知自身隱匿在身體之後，心靈的專注力全部投放在身體上而不知道自己才是身體的主人。身體服務於心靈才對，專注於心靈的成長才是去除心靈污染的路徑，身體服務於心靈去除污染才是存在的意義。身體不是目的所在，身體是用於服務於去除心靈污染的，身體服務於去除心靈污染才是利用好了身體，身體本身只是個虛影，清楚它只是個虛影服務於清除心靈的污染。重視身體忽略心靈本末倒置，真實始終被遮蔽不能經驗到，身體欲望被放大為人生的全部，致使身體成了你一生的主人毫不重視心靈，心靈累生累世辛苦的重複著被身體奴役的囚徒命運。你受苦是心靈在受苦；你受苦是心靈在經歷煉獄；你受苦是心靈迷失了自己；你受苦是心靈被困在虛妄的幻影之中；你受苦是身體取代了心靈踐踏了心靈的純潔；你受苦是假設出來的重重幻影取代了唯一的真實；你受苦是心靈記不起真實遺忘了真實只被重重虛幻充滿。真實被遮蔽的體無完膚使你經驗不到真實，重重虛妄的迷霧猶如烏雲遮蔽了太陽使心靈只見黑暗不見光明。一層又一層

的幻相迷霧遮蔽了純潔靈性，一層又一層的幻相迷霧遮蔽了整體生命無法言傳的美。整體生命無法言傳的神聖純潔、自由幸福、一無所需，被一層又一層的幻相迷霧遮蔽的嚴嚴實實不見任何蹤跡，這就是心靈為何苦你為何苦的根源所在。心靈苦你就苦，身體不是你，心靈才是你，迷障的心靈衝破層層迷霧見到真實是心靈的功課，衝破層層幻影的束縛使心靈自由是心靈的終極目標，身體自始至終都不是目的所在，身體自始至終都是一個心靈投影而已根本不存在，身體服務於心靈成長衝破層層幻影的束縛才是它存在的唯一目的。

　　心靈是你成長的主體，心靈不成長和行屍走肉沒有區別，心靈不改變的話你每一次轉世都是徒勞無功的，在每一次的轉世人生中你沒有其他目的，心靈成長是唯一的目的。縱使你轉世成宇宙第一，心靈不改變的話你只能白白浪費這一世的人生。心靈不改變的話縱使你天上地上無所不能，你也是白白浪費這一世人生。直到你認識到此行的目的，你才開始從心靈層次轉變，以前重複的錯誤被一一修正過來從而使心靈滌淨塵埃去除污染，從層層迷霧中解脫出來恢復原本純潔的靈性，憶起唯一的真實，一體不分的真實，始終如是的真實，始終純潔無染圓滿完美的真實。

　　生命本自圓滿完美無任何瑕疵無任何欠缺，始終無限的豐盛富足一無所需。生命本自沒有任何需要，始終安然無虞，生命無處不在，生命涵容一切的真實，真實的一切即是生命的一切。虛無根本不存在，身體即虛無根本不存在，怎麼能跟生命扯上半毛錢的關係？虛無根本不存在與真實的生命，怎麼會

有哪怕一點點的相似之處？虛無根本不存在，真實的生命是唯一的真實，真實與虛無怎麼會有哪怕是一點點的交集？虛無的根本不存在，真實的生命始終都是永恆如是，無始無終永恆如是，從未改變始終如是。虛無則從未存在過哪怕是無限分之一秒，從未存在過的不可能將來存在，從未存在過的不可能以後存在，從未存在過的始終是虛無的。**身體從未存在過，宇宙從未存在，世界從未存在過，地府從未存在過，靈域從未存在過，多次元多維度多宇宙黑洞白洞從未存在過，意識從未存在過，人生從未存在過。**身體從未存在過如同虛影是思想的產物，宇宙空間從未存在過如同虛影是思想的產物，身體來自意識思想的駐留，宇宙空間來自意識思想的駐留，意識思想駐留在心靈投射出身體宇宙。思想意識則來自於生命整體很小很小很小的一部分的一個假設：「假設離開了整體生命會如何？」這一「假設」的前提演繹出了時空宇宙身體虛影，這一假設就是時空宇宙所有一切的根本所在。

身體不是你，身體只是心靈的影子而已，若為了影子而忽略了實有是多麼的愚蠢啊！天天為一個影子操心掛慮而不去為那實有的牟利是多麼的可笑！實有的你，你不關心它忽略它，去為一個根本不存在的影子操勞奔波精疲力竭是多麼的瘋狂失常啊！身體不是你，整天圍著身體轉，讓身體成為主宰心靈成為奴僕是多麼的不可理喻的呀！身體是僕，心靈才是主，身體應該服務於心靈的福祉才是正常，身體為心靈衝破層層迷霧滌淨心靈的污染服務才是理智的正確的，身體服務於心靈這才是正確的位置安排，心靈是主人不是僕人，主僕錯位是造成心靈

不得幸福平安的支撐者，主被忽視僕登堂入室被奉為主人，主僕次序顛倒支撐著混亂的世界，猶如家裡主僕顛倒必會陷入混亂，只有主歸主位僕歸僕位才能安寧。心靈是需要努力的層次，投入時間精力用在心靈的錯誤修正上才是真正明智的投資。身體如車子一樣給它吃喝護理保證它正常使用即可，心靈才是應該著重關注的，時間精力金錢都應該著重服務於心靈成長才是。

人們過著完全顛倒的生活，不去服務於主人而去服務於僕人，不去關心實有的而去關心根本不存在的處於根本失去理性的狀態，不改變這種狀態永無真正的安寧，身體狀況也不會好到哪兒去。心靈有問題身體必然也會出現問題，身體是心靈的影子，心靈出問題身體怎麼可能正常？身體不是你，你是心靈，心靈健康的話你便不會體驗到苦，心靈健康的話你就會被喜悅平安充滿。身體即使是健康的，你還是會體驗到苦，你還是會煩惱恐懼，身體不能影響到心靈，心靈如何看待身體才決定了心靈的體驗是苦是樂是恐懼還是安寧。因此改變心靈看待身體世界的積習才能使心靈重回純淨無污染的醒時狀態——靈性，始終圓滿完美的靈性始終與整體生命為一體的真實生命。

身體的作用是服務於心靈覺醒的，沉睡的靈性稱它為心靈，心靈醒過來就是靈性，心靈除去了層層迷霧不再被任何幻影遮蔽就是靈性。身體什麼都不是，幻影而已，宇宙時空、次元維度、意識領域，各種認知思想體系各種信念系統都是幻影，無論你體驗到它們有多麼的真實，只不過你相信了它們賦予了它們真實性，所以你才覺得它們實在是太真實了。真實

的，你現在根本體驗不到；真實的，在你妄想出的層層幻影的遮蔽下已經看不出任何真實的蛛絲馬跡。你專注在虛構的幻影裡認定那就是真實而遺忘了唯一的真實，你所見皆是幻影，你所感皆是虛構。真實對你而言憶也憶不起，真實對你而言反而成了不可信任的胡編亂造的不可能的。你完全顛倒了真實與虛妄，你把真實的自己徹頭徹尾的覆蓋住了，讓你造出的虛妄出現在你的認知裡，虛妄登臺狂舞讓虛妄充斥著你幾乎所有的體驗，讓虛妄的魅影在你真實的一體「螢幕」上演覆蓋了整個螢幕的各種編造的場景人物劇情。你只看到貌似真實的場景人物劇情，根本忘記了那兒真實的其實是一體的螢幕。

劇情不斷的變化，你一直追隨著劇情從來就不去思考：劇情依附於什麼呈現出來？不斷變化的劇情背後到底是什麼？你徹底被劇情迷住了，痛苦的實在受不了的時候你或許想這劇情沒發生在你身上該多好，你有那麼一絲絲的意識：「假設劇情不是真的該多好。」可你稍微痛苦減輕一點你又徹底投入到劇情中，那麼一瞬間的思考早已被你拋到了九霄雲外，繼續隨著劇情浮沉沉迷在幻影的世界裡，如果你停不下這種積習，你永遠都不會真正的幸福平安。身體世界組成的影像世界不是你，身體世界的組成是心靈扭曲了對真實的認知想像出來的，真實被神智不清的心靈扭曲為身體世界，身體世界出自於心靈中無法理解真實的部分。心靈對真實失去了正確的認知，憑著自己的錯亂記憶打造出它以為的真實，一如失憶的人搞不清自己到底是誰編造了一個個人資訊，以這個編造出來的資訊作為自己真實的資訊。真實的資訊成為了虛假資訊的附屬品，真實的資

蜜兒的故事

訊被虛假的資訊掩蓋，記憶中真實的資訊猶如石沉大海被遺忘的無影無蹤，但真實的資訊再怎麼被掩蓋也無法真的被消除，石沉大海很難找到但不是真的消失了，只是被沉到了很深很深很深的地方。真實的資訊是對真實的記憶，雖如石沉大海不見了蹤影但並不是真的沒有了，真實的記憶隱藏在大海般錯誤資訊的深處等待你提取等待你探尋，憶起你的真實，憶起你的真實生命，憶起你始終圓滿完美一無所需的真實生命。

　　一如前面所說你不是身體是心靈，只不過你的心靈不是純潔無染的是被錯誤的認知信念占據的，這裡所說的污染是指相信了錯誤的資訊產生了錯誤的認知。真正的你是永遠不會被污染的，真正的你是純潔無染的靈性是整體生命的一部分，這一部分享有整體生命的全部，整體生命的任何一部分都平等的享有整體生命的全部，部分享有整體的全部，部分與部分，部分與整體享有的都是一樣的。部分雖然是整體的一部分但不比整體少自然也不比整體多，部分享有所有部分的全部也即整體的全部。整體是部分的總和，部分又享有整體的全部，整體與部分其實在擁有度上沒有更多，只是在從屬關係上部分從屬於整體是初始部分的延伸，也即初始生命延伸出與祂自己完全一樣的部分。延伸出來的部分與初始部分是一體的，初始將自己無限延伸，延伸出來的部分與初始完全相同且與初始一體不分，初始與其延伸部分構成生命的整體，生命整體的每一部分都享有整體的全部沒有任何差別，這是真實生命的創造模式。整體大於部分的總和，部分享有整體的全部，部分與整體，延伸與初始，全都相同全都享有整體的全部生命，不斷延伸出來的部

分不斷加入共同的延伸創造，延伸創造無窮無盡涵蓋一切的真實，這是唯一真實的生命無處不在的真實生命。任何虛幻之物都只是一體生命中極小極小極小的部分想像出來的，出自於真實但與真實沒有任何相似之處沒有任何搭邊兒沒有任何交集。真實就是真實，虛幻就是虛幻，真實的永恆不變永不受威脅，虛幻的根本不存在，去除遮蔽真實的障礙——虛幻就是心靈成長的意義。心靈從層層迷障中解脫出來清醒過來恢復靈性態，去除心靈障礙的過程就是覺醒的過程，心靈是昏迷態的靈性沉睡的靈性，從沉睡中喚醒心靈就是心靈覺醒的過程。

　　矗立於意識終點的存在體了知真實與幻相，他們已經憶起了真實，在意識終點等待所有的心靈憶起真實。矗立在意識終點的存在體不是單獨的，是身體不再是他們束縛的，是不再與任何錯誤的認知認同的。他們超越了所有錯誤的認知，已不再受任何錯誤認知的束縛，只認真實為真與一切幻相徹底分道揚鑣，再也不受任何幻相的迷惑，再也不因這幻相的無常變化而心情起起伏伏。他們恒常的幸福平安自由滿足，矗立於時間的盡頭意識的盡頭，了知一切真與幻，了了分明不再受任何幻影的欺騙，專注於真實體驗著真實一無所懼一如暴風中心，在中心地帶不受周邊狂暴風浪的干擾，任周邊風暴狂旋中心地帶安靜如常無任何躁動，這就是矗立在時間盡頭穿越了所有幻相的存在體們的體驗。於世間人們而言他們是悟道者；於身體世界而言他們不屬於身體世界；於心靈而言他們是醒來的部分；於真實而言他們從未離開過真實。他們清楚的知道他們從未離開過真實，從未失去整體生命所有的一切，心靈無比的安寧幸

蜜兒的故事

福，始終安寧幸福一無所懼一無所需，跟隨他們的教導勤於練習便能達到他們的狀態體驗他們恒常體驗到的。

《奇蹟課程》就是來自於矗立於時間盡頭的存在體們的智慧，循著課程的思維開始練習便能夠漸漸的體悟到課程所要表達的內涵，準確把握課程的理念不扭曲，不因著自己接受不了其中的理念就改變它扭曲它，準確把握課程的理念才能正確的學習，才能真正體悟課程傳遞的真正內涵，扭曲課程理念只會加強幻境更多了一層迷霧，沉迷在更加不容易覺察的看似通向正途實則遠離正途的幻覺裡，這是你們應該注意的。

《奇蹟課程》給出了智慧的出離夢境的方法，從前面的敘述中你能明白身體是個幻影，世界宇宙都是心靈投射的幻影不是真的存在，真實的隱藏其後無處不在，真實的無形無相既不是光也不是能量，既不是暗物質也不是資訊心智意識。真實不能用任何內在外在的感官體驗到，真實只有除去了層層迷霧後才能經驗到，真實是「是」，不是任何語言圖像能描繪的，不是身體任何感官能感知到的，任何身體感官感知到的都不是真的，身體感官只能看到虛無的東西，身體本就虛無只能感受到虛無，唯真實能體驗到真實，真正憶起你的真實才能體驗到真實。心靈裡一部分攜帶著真實的記憶——真理儲存之地，心靈的這一部分如石沉大海被掩埋的很深很深，去除如大海般層層迷霧方能見此真實記憶之「石」，在這之前是不可能經常見到它的。訓練心靈去除迷霧，逐漸的接近真實記憶才能憶起真實，這就需要你把注意力用在訓練心靈上，訓練心靈的方法是改變心靈對虛妄的認同，即不再把虛妄當成真的，不再把幻影

當成眞實，不再把一層一層的遊戲場景當成眞的，不再臣服於虛妄，不再專注於虛妄而是讓自己的心靈對焦眞實的記憶。在這裡把眞實的記憶設定個稱呼「聖師」，聖師知道你的眞相，聖師知道眞正的你是誰，祂立於時間的盡頭超越了所有幻相，清清楚楚的知道你是誰，不論你沉睡了多久，不論你遊走了多少重夢境，不論你把自己想像成何種糟糕不堪的人，聖師始終清楚的知道你是誰，你不用擔心聖師指責你討厭你，這永遠不可能。聖師知道眞實的你，祂從沒把你想像出來的你當眞，祂也清楚的知道你從未離開過整體生命，你從未變成整體生命之外的東西，你始終都是初始生命延伸出來的，和初始生命無二無別的你。

　　對焦這位聖師，需要知道如何對焦聖師，聖師思維就是聯繫對焦的聯繫方式，聖師思維是關於你是誰的正確思維，是出自於對你的眞實記憶而延伸出的正見思維，不是出自虛假的你關於你是誰的思維。訓練聖師思維是聯繫到聖師的正確方法，除此之外，身體活著的時候發大願出離夢境是聯繫到聖師的另一種途徑，強烈的願心觸發聖師能和你直接聯繫，身體活著的時候在心底發出強烈的出離夢境的願心，觸發那個眞實的記憶——「聖師」，聖師會以幻相世界你信任的某個身體呈現過的身分來指引你。身體不是眞的，那身體所承載的聖師意識才是你要跟隨學習的，觸動你心靈的不是身體是身體所承載的聖師意識，聖師意識才是你去聯通對接的，身體不是你去追捧的目的，身體所承載的聖師意識才是你應該臣服貫徹到生活中的。

　　正如前面所說，與心靈中眞實的記憶連接的方法，一是

聖師思維，二是身體存在的時候發大願出離夢境，這有助於你聯繫到心靈之內的眞實記憶。具體如何操作呢？聖師思維是基於對你眞實的記憶延伸出來的思考習慣：「你是誰？」你不是身體，你是身體是錯誤的認知，身體不是眞的，它是你夢出來的，不是你，或者說它是你想像出來的你，不是眞的你。同理，其他人的身體也不是眞的，那也是你夢出來的，或者說其他人的身體也都是你想像出來的，你不是眞的你，既然不是眞的你，不必對身體以及身體所發生的一切生起反應，既然那只是虛幻的影像根本不存在，你對這根本不存在的喜怒哀樂豈不是很搞笑？正如你揮舞著拳頭對著空氣出拳一樣搞笑。那兒什麼都沒有，身體只是你的想像，出拳回應你的想像是不是太滑稽了？那兒根本就沒有一個身體，你的身體、別人的身體全是你心靈的想像，不必對根本不存在的起反應。眞實的你始終都是初始生命延伸出來的，與初始生命一體不分的圓滿完美的生命，始終無比的聖潔尊貴無與倫比，始終無限豐盛富足一無所需，始終無限自由幸福安寧一無所需。如此聖師思維的不斷訓練能使你聯繫到你心靈裡的眞實記憶，你心裡的聖師、你眞實的記憶是喚醒你的眞理，唯此眞理能喚醒你。第二個途徑，身體活著的時候發自內心的願意出離夢境，不爲任何身體與身體相關的一切利益，只爲從夢中醒來，只爲憶起你的眞實生命。這一強烈的願心可以使你聯繫到聖師，不需要你有任何儀式或付出錢財，只需要你眞心願意出離夢境，內在的聖師回應你的願心，以任何不會嚇著你的方式去幫助你。這種方法做不了假，只爲了解除面前的危機而不是爲了出離夢境而發願是不管

用的，聖師只為真心願意出離夢境的心靈服務，沒準備好的只求面前的危機解除，不是真心想出離夢境是糊弄不了聖師的。這個方法需要真心實意，來不得半點虛情假意，你哄騙得了自己但你別自作聰明的以為能哄騙聖師。真心願意出離夢境，只為出離夢境的強烈願心，能共振到被大海般重重迷霧掩蓋住的「石」，真實的記憶如石沉大海，隱藏在大海般深不見底的重重濃霧之中，但強烈的從夢中醒來的願望可以穿透如大海般深廣的霧海觸及到真實的記憶——聖師。

心靈強烈的出離夢境的願望在抵達聖師之時，聖師自會應你之願幫助你，你強烈的出離夢境的願望促使你願意接受聖師的幫助。聖師不會不請自來，在你看來祂好像不請自來，只是你不記得曾發出震天動地的呼求，那是在你深層意識層面進行的。你可能以為你何以被某種神祕力量做主指引，那其實是你呼請來的，沒有不請自來，神祕力量因著你的呼求來協助你達成心願。聖師不會不請自來，在你是靈魂的時候你明白這一點，等你具有了一個身體，身體世界複雜多變的世界觀累積起來的各種所謂的知識，堆積堵塞了你曾經記得的大願。你觸動的關鍵點上，聖師會以你熟悉的身體層面存在過的名相，以人格化的特質和你聯繫，神祕力量即代表著聖師以能量的形式被你感知到，聖師所呈現給你的名稱也罷，能量也罷，都是適合你認出你已經呼求過、發過大願。在你度過你人生該去體驗的課業，觸發點到了，你便好似突然對靈性資料感興趣了，這是你投胎轉世之前設定好的，你自己同意這樣的設定，提前做好了充分的準備。你轉世之前明白投胎之後展開的人生歷程觸發

點，即使你在觸發點沒來前如常人一樣專注在為身體過得更好的辛苦奮鬥上，你某個層面也是知道這個提前的布局，只不過被身體層面各種要忙活的生活工作覆蓋了罷了。在你明確感受到神祕力量進入身體時，你不會覺得驚奇不知所措，你早已知道這一設置。神祕力量不是不請自來的，在你某一世的人生中你曾許下出離夢境的大願，神祕力量才會進入到你的生活中，看似干涉了你的婚姻實則是你早就同意的了，沒有誰可以不經你的同意干涉你，聖師沒有你真心的邀請是不會主動介入你的身心層面的。

第四章

出生前計畫與人生目的

　　蜜兒被使用身體做一些聖師意識的轉譯，轉譯成符合人類接受的語言形式是蜜兒轉世之前就計畫好的。聖師在感受到蜜兒發自心底的出離夢境大願時，與蜜兒共同計畫了投生之後的人生歷程，其中就包括接受聖師貌似在她的人生轉捩點來臨的時候聖師處在主導地位。她一定要聽聖師的安排，不能夠做到這一點而出現意外的話，聖師也不會放棄她，關鍵是時間沒必要的延長，如果她再三抗拒聖師的指導，聖師會暫時退到一邊等她主動邀請。這種情況一般不會發生，在投胎之前聖師會與祂指導的靈魂反覆溝通測試，在很大程度上測試與真實的人生沒有什麼大的差別。也就是說測試遮罩了她轉世需要遮罩的一切，看看她能否在關鍵轉捩點到來時接收到聖師的指引，能夠不費力的做到頂著重重壓力作出符合聖師指引的決定，因此蜜兒在被神祕力量指出要她離婚時才能夠頂著家人社會的重重壓力，在付出「什麼都不要」的妥協後離婚了，深植在她潛意識裡轉世前的重點難點的突破能力、抗壓能力，在她離婚的鬥爭中用上了。不是每個人都需要經歷這些，在強大願心的驅使下心靈能夠發揮出超常的應對阻力的能力。這不是說非得這樣安排才行，而是心靈想走這樣的一條路，設計這一世人生歷程的不是一個心靈單元而是一組心靈單元，不是誰在前臺唱主角就由誰單獨決定人生歷程，是在整體設計下，除了不參與到這

組整體的心靈單元，不參與這組整體的心靈單元不在這組整體中，而是在其他組整體中。也就是說，一組參與到蜜兒人生的心靈單元和蜜兒共同設計，不是蜜兒單獨的決定，大家共同配合來成就彼此，這是蜜兒被設計成如此經歷的目的。她的願心達成固然重要，其他部分的心靈單元的心願達成同樣重要，不是只考慮某一部分心靈單元的需求。

　　不同意識單元在體驗角色的選擇上是有所差異的，靈體成熟的意識單元不計較是否處在什麼樣身體層面的環境條件，只爲達成內心渴望的目的，處理要投入的角色時不考慮角色是什麼，只要利於達成心願則其他的都不重要。在身體存在時發自內心的強烈出離夢境的願望，使他們在出生前只考慮角色設定是否有利於達成出離夢境的願望，身體殘疾與否，出身貧富與否，身處的年代是和平時期還是戰亂時期，對他們來說都不重要，重要的是，是否利於從夢境中抽離出來。身體環境是利於出離夢境即可，身體被使用來脫離夢境，不是使身體擁有財富名聲利益等目的的，出離夢境返回眞實才是擁有身體的目的所在。

　　身體載具是心識出離夢境所必須的，身體對生活於其中的心識而言只是個從夢中抽離的工具而已。心識專注在身體上從而使心識處於自己是身體的錯誤認知裡，心識只是使用身體不是身體，心識不是身體，身體不是心識。心識在身體裡只不過是一種方便的表達，心識專注在身體上以身體爲自己，好似心識就在身體裡，不是心識在身體裡，是心識專注在身體裡，心識以身體爲自己，不理解身體只是虛擬出來的角色載具而已。

心識與身體不是同一個層面的東西，心識是產生身體的主體，身體則是心識的產物，生成一個身體不需要物質材質，將意識能量聚合就可以形成一個身體。在高維生命體的世界裡，隨時可以將意識能量聚合出一具人類眼中很真實的身體，在人類的層面，身體的產生很複雜，但是道理上是一樣的，遺傳資訊利用其他物質提供的能量製造出身體，資訊能量逐步構建出人眼中的身體，這與高維世界用意識能量很快結合出一個身體的道理是一樣的，本質是一樣的。心識產生物質，心識構建出形形色色的物質宇宙星系時空，大的小的最微小的物質形態，都是心識構建出來的。心識可以等同於心靈意識，無需糾結語言的形式，在你們心裡其實是明白，這看似不同的語言形式說的是同一個意思，在不同的場景使用看似不同的語言形式，實際上說的是同一個意思，心識在於表達與你們常用的使用場景的俗稱，在你們心裡知道它是什麼意思，不去討論語言不同形式的表達，聽明白道理就行。

總之，身體不是實有，也不是生命本身，只是心靈成長的助推器而已，身體若不能用於心靈成長則身體就失去了它被打造出來的目的。人的一生是心識載具歷程，載具不是你，身體不是你，心識是你要著重專注的點。心識是否改變？心識是否提升？心識是否不受載具控制成為主人以載具為僕人？心識與身體的關係是否擺正？同時意識到，身體所有的一切服務於心識的成長，載具身體不是你，心識是你，心識的成長才是你的成長。人的一生心識得到成長才是投胎轉世的目的，不去關注心識成長只圍繞著身體轉，人生如行屍走肉走完一生，耽誤心

識成長，這是極其愚蠢的。不應該再著重於身體，不應該再圍著身體轉，不應該爲一個根本不存在的精疲力盡荒廢一生。人的一生從出生到死亡苦短一生，心識是不會隨著身體消亡而失去的，心識會帶著這一生的收穫再次進入另一個身體，心識的積累會帶到下一世，在下一世的人生經歷中心識復又空逛一生一無所獲，累生累世都是空逛，於心識而言這是白白的浪費生命；於心識而言這眞是賠了時間一無所獲；於心識而言成長意識，提高意識頻率，才是它的利益所在，任何有益它頻率提高的嘗試都是有益的嘗試，和具體的呈現形式無關。

提高意識頻率需要借助身體層面的動態體驗，身體在經歷著各種形體層面的旅途過程中，心識是否改變了對身體這一歷程的看法？是否從本質上改變對身體層面的經歷的看法？身體層面所做的一切是否被心識認定是眞的？在身體層面所做的一切是否讓心靈情緒產生波動？是否在身體層面所做的，影響到了心靈的平安？這一次次的身體層面的旅途就是用來讓心識看出身體根本不存在，身體所做的一切根本影響不到眞實的你，眞實的你始終無限自由幸福，始終與整體生命是一體不分的圓滿完美的生命，這就是一次次的投胎轉世成身體，經歷身體層面各式歷程的意義所在。人生的歷程是服務於心識擴展提升，直至認出世界根本不存在、身體根本不存在，眞實的是永恆不變的、無限自由豐盛幸福平安的，完美無瑕無與倫比一無所需的，眞實無需改變也不會改變，因其是眞正圓滿完美的，體悟到經驗到眞實，從幻夢中醒來，是經歷人生這旅途的眞正目的。

蜜兒在深刻認識到這一目的時更加堅定了此生一定要達成這一目的的信念，開始照著課程教給的方法訓練心靈。對蜜兒來說最難過的功課是前面提到的情感依賴，對異性情感的依賴屬於不一定專注於一個人的情感依賴，她不是鑽牛角尖似的只對一個人產生情感依賴，她要的重點是情感有所歸屬，不限定在一個角色人物上。因此她比較容易把情感從在結束與這個人的緣分後轉移到下一個人身上，她如同情感缺失患者一樣，總想把情感投注到一個異性身上。在她內心與異性建立親密關係是圓滿她自己的最好路徑，與異性建立親密關係在她而言是最能讓她的缺失感得到補償的。

　　蜜兒注意到她的這一需求模式，她重點要去關注的是心裡對這一缺失的感受，她靜下心來開始往內覺察，她在觸摸（探）心靈深處。感情這東西到底是怎麼一回事兒？為什麼自己這麼渴望異性情感？這到底是怎麼回事？為什麼沒有異性的情感聯繫讓自己這麼痛苦？到底是什麼在作怪？情感到底是什麼？異性為什麼能讓情感滿足至少一定程度上滿足？異性互生情愫的動因何在？當蜜兒坐下來靜靜的覺察內在，她深入深入又深入的往內探尋，她一直深入深入的往內探尋，她感受到心的部位偏右的位置很傷感，痛隱隱的痛，再往深裡探尋她感受到心偏右位置的痛轉移到了這個位置對應的背部，她感受到背部特別的不舒服，背部好似堵塞的嚴嚴實實鐵板一塊無任何疏通感。她開始是感覺到痛，然後感覺到痠，再然後感覺到那裡的無力感很深很深的無力感，她往更深裡覺察，甚至感受到那個很深很深的無力感讓她感覺到絕望，深深的絕望，無力的絕

望。那種絕望太痛苦了，痛苦的無法忍受，痛可以咬牙忍受，痠脹都可以咬牙忍受，但無力到牙都咬不住，那種虛無的絕望讓她痛苦的無法忍受。在這種無力的絕望中，她升起一種衝動，抓住什麼的衝動，虛無的恐懼讓她特別想抓住點什麼同時又無力抓住什麼，這種痛苦比她曾經經歷的生孩子的痛還要讓她難受，虛無，什麼都沒有的虛無，恐懼虛無，失去一切的虛無恐懼，在恐懼中產生負向的爆發力，在極度的無助、無力的恐懼中爆發出抓取的強烈負向衝擊力。這就是蜜兒感受到的、捕捉到的她為什麼一定要將情感依附到一個人身上，為什麼不能缺失情感的依附對象，為什麼一旦失去情感的依附對象她就會不安痛苦的源頭。

蜜兒在以上的探尋中深入到更深的層面，她證悟到情感依附的根源在於內在的無力絕望，急需抓住點什麼來使她感到好受一點，無力感實在讓她太恐懼了，恐懼到絕望的地步，這個絕望產生出負向衝擊力驅使她急切的去抓住點什麼，才能讓她覺得好受點。負向衝擊力是一種在匱乏中生出的負向能量波，這個負向能量波的吸食能力非常的強大，負向吸食力反映在情感層面就是蜜兒體驗到的，特別想找個男人填補她負向吸食力產生的吸附孔洞，在情感層面她需要不停的有人來填滿這個孔洞能量漩渦，這也是宇宙中發生的黑洞吸食周圍能量體的本質所在。負向衝擊力產生負向吸食能量漩渦不停的吸食周圍的能量體，填滿極度匱乏無力恐懼的孔洞，無力感吸食周圍的能量，孔洞被滿足時會停止吸食，孔洞在無止境的吸食周圍的能量直到它被體驗到滿足。在蜜兒的例子裡，情感依附是她負

向吸食力產生的吸食需要，情緒在互相吸食力的作用下向外伸出無數的觸角，去捕捉在時空中游走的同樣匱乏的能量體，可是同樣匱乏的能量體是不甘心被捕捉到的，它們同樣處於匱乏中，同樣渴望吸食其他能量體。不同需求的孔洞可以互相彌補對方彼此的缺失，在這方面處於匱乏中那方面可能不那麼匱乏，正好相互滿足彼此的匱乏點，兩個正好匹配的負向衝擊力彼此滿意對方所給的能量類型，這在身體層面的體驗是緣分到來，負向衝擊力在削弱之後彼此感覺都好受些，在其他方面的負向衝擊力產生的吸食力與情感的例子是一樣的。

身體不是你，一切的發生都不是身體層面決定的，是心靈決定的，心靈匱乏產生無力感負向衝擊力吸食洞，同饑餓的狼一般瘋狂捕食周圍環境中的能量體。身體層面的相遇不過是相互吸食的過程，在身體層面的一切發生皆是心靈層面的發生象徵而已，不同身體相遇是心靈相互吸食的渴望，身體層面不是決定層面，如蜜兒的例子，墨與她各自有匱乏面吸食洞存在，基於他們對等匹配的能量交換付出，他們都是同意這個對等交易的，在他們各自不再認同能量交換對等他們便分開了。共振的對等交換吸引他們走到一起，纏繞彼此的能量體，提供各自需要的能量補給，從一開始都是為了補給自己的負向衝擊力孔洞的目的，直到暫時的補給到位產生一段時間的穩定期，在穩定期內各自滿足於彼此提供的食物能量，但是滿足之後又有其他負向衝擊力孔洞產生吸食力，不滿足的匱乏總是不斷的產生或大或小的負向衝擊力，不停的試圖吸食更多種的能量食物。這個負向衝擊力孔洞被滿足時，其他的負向吸食力孔洞就顯得

蜜兒的故事

不滿足了，就成了心靈提上日程的問題點，去搜尋捕食與其對等的能量場域，滿足條件的便互相達成交換契約，彼此相互吸食，這就是人們不可能總是只滿足於一個方面就罷手的根源。負向衝擊力表現在所有的不同面向上，除了異性情感之外，不同的欲求就是負向衝擊力孔洞的吸食欲，感情是其中之一，其他方面的負向衝擊力吸食機制也都是一樣的，不同種類的負向衝擊力孔洞產生的吸食力的原理都相同基於無力絕望，正如蜜兒體驗到的。

到底是什麼帶來的無力絕望呢？失去整體生命的支持供給，以爲失去了整體生命的全部，失去了一切產生的無助無力。前面說過，整體生命是無限永恆的，從未改變也永遠不會改變的，整體生命處於恒常之中不可能被改變，始終圓滿完美一無所需，無限豐盛富足無限自由滿足。整體中的每一部分都享有整體的全部一無所需，整體與部分，部分與整體全然相同無二無別。但不知怎的，整體生命中極小極小極小的一部分（這部分小的幾乎可以忽略不計），這幾乎可以忽略不計的部分生出一個假設：「**假設離開了整體生命會如何？假設從整體生命獨立出來會如何？**」這本來只是個假設，但是這部分居然把假設當眞了，開始依據這個假設進一步的推演離開整體生命可能會發生的一切，起初還有點新奇，很快巨大的恐懼升起，離開了整體生命意味著失去整體生命，失去整體生命的無限豐盛富足，失去整體生命的無限自由，失去整體生命全部的愛，失去整體生命的尊貴偉大，失去整體生命的神聖純潔，失去整體生命不可言傳的體驗。失去整體生命等於失去了所有所有

美好的一切，孤獨、無助、無力，愧疚、絕望、悔恨等淹沒了它，整體生命所有的一切它都沒有，因整體生命基於整體才享有這一切，不完整的不是整體生命所涵蓋的，整體生命從未改變過，從未失去其整體，整體生命恒常不變，絕對不會變得不完整，使得整體生命的每一部分永遠享有整體的全部，不會有任何意外，即使那小小小小小小的可以忽略不計的部分也不可能真的離開整體。這一小的可以忽略不計的部分升起了一個假設：「假設離開了整體生命。」但實際上它不可能離開整體生命，不可能從整體生命獨立出來，從整體生命中獨立出來只是個假設，它當真了，就開始想像離開整體生命後可能會發生的一切，這就是宇宙出現的機理。

蜜兒往外尋求情感依附的目標，只不過是她的心靈以為離開了整體生命失去了整體生命的庇護，不再擁有整體生命的一切，不再擁有整體生命的愛，她以為自己失去了整體生命的愛不再是完整的。基於此她需要找到愛，找到彌補她失去整體的替代品，在她以為找到一個可替代品時感受舒服了些，無力感減輕了些，暫時緩解了那種缺失感，因離開整體生命而產生的缺失感，付出自己有的交換自己需要的。在蜜兒的例子裡她帶給墨純真熱情開朗親昵身體等，墨則帶給她金錢男性功能照顧陪伴等蜜兒認為的能填補她愛的缺失感的東西，一個需要感情依附，一個需要確定自己的財富魅力。如同故事裡講的，財富彰顯男人的力量，身體外觀則不太重要，身體外觀對於男人來說不是力量的制約，財富資源才是男人力量的彰顯之處。墨的財富彰顯了墨的力量，如蜜兒體驗到的無需擔憂任何財務上的

問題，財務上高枕無憂，可是即使蜜兒在財務上與墨在一起的話可以高枕無憂，情感也有依附點，蜜兒不是也不滿足嗎？她不是時間長了也會感到悶得慌無趣不滿足嗎？

　　這裡的問題不在於出現在現象世界的具體呈現，問題在於蜜兒的心靈誤以為自己離開了整體生命，失去了整體生命的一切，失去了愛，失去了豐盛富足，失去了自由平安，失去了難以言傳永不厭倦的妙樂、無窮的妙樂，失去了本自具足一無所需的一切，這才是問題的癥結所在。問題出在心靈的錯誤認知，錯誤的以為離開了整體生命變成了獨自流浪的孤獨叛逆、不忠不孝、不仁不義的逆子。不深入體會失去整體生命的苦，不深入體會失去整體生命的種種苦，不深入體會這些，難以證實自己是愚蠢的，不甘自己出走時的倔強理屈，不甘自己出走時的不與整體生命在一起也沒什麼大礙的倔強。正如一個自以為與家庭決裂、與父母決裂離家出走的孩子，一旦出走就糊里糊塗的產生不服輸離開家也要過好，一定比在家的時候還要好的倔強。正如世間離家出走的孩子，以為離開整體生命的心靈有著種種離家出走的孩子般的心理活動，孤獨的離開家失去了父母的呵護，失去了家裡無限豐盛的財富，失去了父母給他的一切一切，失去了父母和他共用的一切一切，孤零零的獨自闖蕩，離家時的新鮮感很快消失。外面不同於父母給的無條件的愛，不同於父母給的與父母共用的用也用不完的財富，絲毫不用擔心財富會不夠用的富足，不同於家裡的一切所需應有盡有無任何欠缺。外面的世界什麼都要靠自己，自己拼命的出賣自由苦力尊嚴才勉強餓不死，悔恨不由生起，罪咎不由生起，自

責不由生起，無助不由生起，無奈不由生起，卑微不由生起，失落不由生起，恐懼不由生起。失去父母的百般呵護，父母提供的應有盡有的一切，太不是人了！太愚蠢了！怎麼不回心轉意回到家裡呢？怎麼放著那麼好的家不回呢？怎麼就那麼傻呢？放下自己的倔強自以為是，承認自己離開了家是不可能幸福的；承認自己離開了家就是墮入地獄，無邊的黑暗之獄；承認自己真的不能在家之外還能找到點什麼讓自己有福的東西；承認自己真的不知道愛，不知道真正的愛，只是盲目的胡亂尋找；承認自己付出無論多少自尊苦力自由都掙不到哪怕一點點的真正滿足，無論自己付出多少尊嚴苦力自由都不可能得到哪怕一點點真正的平安幸福；承認自己無論付出多少自尊苦力自由都不可能得到哪怕一點點真正的愛。

　　虛幻之處什麼都沒有，只充斥著虛假的愛、虛假的物質財富、虛假的地位名利，付出苦力自尊自由換來的都是這些虛假的東西怎麼能夠真正讓你滿足？怎麼能夠真正讓你平安幸福再無所求？承認自己真的愚蠢神智不清，居然做出神智不清的出走之舉；承認自己離開了家根本無任何幸福可言；承認自己不可能在家之外真正的幸福平安；承認自己只有回到家才能擁有自己真正想要的一切。出走是個錯誤的決定，神智不清的決定，承認這一點重新做個選擇吧！轉頭去往家的方向吧！父母翹首期盼你的回歸，殷殷期盼你的回歸，他們根本不知道你出走這個事兒，因為他們確信你不會真的離家出走，他們確信你只可能愣個神兒。之所以說他們期盼你的回歸，是請你根本不需要有一點點的「他們會厭棄你」的顧慮，他們對你的只有

愛，只希望你無條件的接受他們給你提供的一切。你無需付出任何努力，整體生命的一切歸你所有，你就是整體生命的一切，全部是你的。無條件的接受整體生命所有的一切吧！只有這才能真正的讓你再無所求再無所懼，只有這才能真正的讓你永享安息。你本自具足一切，安息是你不再有任何的恐懼，真正的安息是化解了所有所有的恐懼，真正的安息在你之內，心靈深遠之處永遠有一個供你安息之地。

聖師祂時刻等著你的召喚，帶給你哪怕片刻的安息，不是說祂只能帶給你片刻的安息，而是你哪怕有那麼短暫短暫的一刻信任祂，祂就會在這短暫短暫的一刻帶給你安息。讓自己在聖師的懷裡安息片刻吧！哪怕是短暫短暫的一刻也足以讓你生出不再執著於世界，圍著世界轉身體轉的觸動。這一觸動帶給你深層心靈的漣漪慢慢慢慢慢慢的滋養著你對安息的渴望，這一渴望變成了你時不時的隱隱渴望，正如蜜兒內心一直在，雖然不是很強烈，但體驗過安息的漣漪觸動的渴望一直都在，在機緣成熟的時候這種渴望便會被你明顯覺察到。給聖師哪怕很短很短時間的信任吧！祂會帶給你安息，讓你短暫的享受下這沒有任何恐懼的安息吧！讓你暫時安息一下吧！這是聖師等待已久的祈願，讓你哪怕能安息那麼短短的一瞬，聖師等待著你，哪怕給祂短暫短暫的一個瞬間，讓祂帶給你安息，滿足聖師的這個祈願吧！給自己一個安息！給自己一個安息！給自己一個安息！

第五章

真實生命的創造模式

身體不是蜜兒，蜜兒不是身體，身體不過是蜜兒心識投射出的影子，身體是蜜兒的心識用來成長的工具，在蜜兒逐漸領悟到這一點，蜜兒在身體層面的執著少了很多。一直以來蜜兒在乎身體的容貌身材，注重儀態聲音，她在意自己留給別人的印象，在意別人的目光，在意是否被人看得起。一直以來花費在身體體形氣質形象方面的精力是多的，出門都檢查一下自己的身體形象，出門都讓自己穿的衣著時尚，特別在乎別人眼中的自己是否氣質不俗，是否身材勻稱具有魅力。身體在蜜兒以前看來就是自己，身體的衣著代表著自己形象，身體的身材舉止言行是自己等級的標識，身材好氣質好言談舉止好就是自己好，服裝是身體自己的配飾，身體好配飾好自己好，這是蜜兒以前很注重的原因。在錢不是充裕的條件下她優先把資金分配在於衣著打扮上，她認為吃什麼無關身體形象氣質，穿的是否得體才是被他人注重關注的，身體吃什麼不是對別人而言值得關注的，身體本身的形象氣質是人們會常關注的，自己優先把資源分配在讓自己身材氣質形象能提升的方面，重點是身體資源對於女人來說很重要，吸引異性主要看身材氣質形象談吐舉止。蜜兒心裡處於一種隨時能吸引異性欣賞自己的下意識設置裡，這一世重點要突破對異性的情感依賴的功課，她的這個下意識設定使她比較能夠吸引異性，在她的經歷中通常會有異性

對她表示關切與示好，這是蜜兒這一世註定要出現的情況。

　　身體是蜜兒，蜜兒是身體，這一頑固的信念讓蜜兒認為身體層面能吸引異性是自己的價值體現，魅力代表著價值，自己是有價值的不是沒有價值的。身體層面能吸引異性證明自己超過那些很少被異性青睞的身體，這證明自己是有優勢的、高人一等的、不平凡的、是更有價值的，蜜兒心裡下意識就是這樣認為的。處於身體世界的人們通常都有蜜兒類似的信念，身體是自己，身體以及身體所呈現的形態等附屬特徵代表自己就是自己。投資身體以及附屬特徵就是投資自己愛自己；投資身體以及附屬特徵就是對自己重視；投資身體及附屬特徵就是正確的投資為自己投資。心靈的智慧也用來改變身體及其附屬特徵，比如侃侃而談、哲理思辨、審美意識、舉止談吐。心靈的智慧被用來打造一個更受人喜歡重視的身體，讓異性愛上這具身體，讓同性羨慕這具身體，使自己這具身體成為焦點，成為標桿，成為人們心目中的尤物，這是人們通常在身體層面費心追捧的，女人通常都有這樣下意識的心理。

　　身體被捧上祭壇，一切圍繞著身體，堆砌出許許多多物質幻相圍繞著身體，蜜兒也不例外，上面所說的身體層面的投資，正是蜜兒把身體當成祭壇聖物供奉它。心靈被用來服侍身體，利用心靈的投射能力顯化出各式各樣的物質供奉在身體祭壇的周圍。身體成了心靈的神，身體成了心靈侍奉的主人，身體成了心靈驅使者，主僕顛倒，主成了僕，僕成了主被供奉起來一切圍繞著僕轉，得失的算計都是圍繞著身體的利益。心靈被輕視的幾乎不存在，無人關注心靈平安與否，無人關注心靈

幸福與否，無人關注心靈的得失利益，只把精力與物資投入在供奉身體上。心靈的力量都被用來使身體得到更多的利益，更多的錢財、更多的權利、更多的榮譽、更多的讚美、更高的地位、更精美的裝飾物，更多使身體處於至高地位的資源，動用心靈的力量來供奉身體的祭壇，整個生活都圍繞著身體從來不去想：「是什麼在支撐著身體？身體背後的是什麼？生命真的是身體嗎？生活就是為了身體得到更多的供奉嗎？」身體以生命之尊竊取了真正的生命寶座，身體篡位了生命寶座，身體矗立在祭壇上成了祭壇的神，身體高坐在祭壇上被人叩首朝拜。身體尊稱自己為神，身體尊稱自己為主人，身體尊稱自己為造物主，利用心靈造出世界，身體這個主人使用心靈這個僕人造出了世界，身體大搖大擺把自己妝點成造出世界的神，多麼的可笑！虛假的立自己為神，真實的被當成了微不足道的工具為虛假的神服務。

這顛倒真假的真相一直不為人知；這顛倒真假的真相一直被人漠視；這顛倒真假的真相竟然被人認為子虛烏有純屬虛構。身體樂意這樣的狀況，很滿意這真相被認為子虛烏有純屬虛構。身體在真相被忽視的狀況下確保了它神的位置；身體在真相被忽視的狀況下確保了它世界主人的位置；身體在真相被忽視的狀況下長期霸占著祭壇；身體在真相被忽視的狀況下大搖大擺接受著人的供奉。身體反僕為主堂而皇之地矗立在祭壇上，心靈淪為它的奴僕時時操心著身體，唯恐身體有被照顧不周的地方；唯恐身體受到欺負；唯恐身體被玷污；唯恐身體自身利益受損，戰戰兢兢小心翼翼時刻操心著身體。身體矗立在

祭壇上被供奉膜拜，身體被當成了神供奉在祭壇上，矗立在祭壇上的身體儼然成了世界的主宰，世界都圍繞著身體展開各種為了身體更時尚、更值得人追捧、更資產多、更為人知、更與眾不同、更受人敬仰的生活，從來不去思考真實的生命，探尋真實的生命。身體主宰著世界，一切為了身體忙碌投資，精疲力竭苦不堪言。身體是僕才對，身體服務於心靈才對，身體是心靈投射出來的影子為心靈服務，不應該顛倒主僕，不應該主僕顛倒，不應該心靈成為奴僕，不應該讓本該坐在正堂的主人委屈於不被重視的角落，不應該讓真實委屈於虛幻的陰影之下。讓真實彰顯吧！讓真實做主吧！

聖師是心靈真實的記憶，代表著真實。讓真實的記憶取代虛假的你吧！讓真實的記憶充滿心靈吧！讓真實的記憶浮出！讓真實的記憶成為你真實生命的橋樑！真實記憶通往你真實的生命，真實記憶是你對真實的正確記錄，記錄著真實的你，「你是誰」的正確答案就藏在這個記錄裡。讓真實的記憶浮現吧！那是你對真實的正確記錄，沒有任何扭曲的正確記錄，憶起你的真實是你終極的目標，投胎轉世的終極目標。身體是用來服務於這個終極目標的，服務於你，憶起你的真實，才是身體的正確定位，矗立在祭壇上被供奉、被當成主宰你的神是錯誤的。你應將真實的生命供奉在祭壇上，一切為了憶起真實的生命服務，生活於此，工作於此都應該為憶起真實的生命服務，起心動念都應該以憶起真實的生命為目的。

真實的生命是你真正幸福安寧的全部，憶起真實的生命便如同接受了真實生命的全部，這是你真正幸福平安無限豐盛富

足，無任何需求的唯一保證。眞實的生命於你而言就是你的眞實，眞實的生命儲存在你的記憶裡的資訊卽是你尋回你眞實的橋樑，反覆照著儲存在你記憶裡的眞實生命的資訊去練習，眞實生命的記憶便會蘇醒過來。眞實生命於你而言就是你，生命的眞實就是眞正的你。眞實生命於你而言就是唯一的，涵蓋一切的眞實，你就是眞實生命的一切，你就是眞實的一切，身體不是你，眞實就是眞實，虛妄的根本不存在，眞實的你是一切的眞實，眞實的你涵蓋一切的眞實，眞實的你是唯一的又涵蓋一切的眞實。出離夢境憶起眞實的你才是你應該爲之奮鬥的；出離夢境憶起眞實的你才是你應該爲之努力的；出離夢境憶起眞實的你才是你應該爲之投資的；出離夢境憶起眞實的你才是你應該爲之奉獻的；出離夢境憶起眞實的你才是你應該爲之時時警醒的。

　　時時提醒自己應該爲什麼努力？什麼才是自己眞正的目的？什麼才是眞正有價値的投資？什麼才是眞正能讓你幸福平安的？什麼才是你眞正的福祉所在？什麼才是你眞正的利益所在？什麼才是眞正有益於你的投資？什麼才是你眞正想要的？什麼才是你出離夢境的途徑？什麼才是你成爲涵蓋一切眞實的有效之舉？這裡「成爲」一詞是因你不相信自己就是那眞實的一切，認爲自己還需要努力才能變成眞實的一切，姑且用「成爲」這個詞兒，其實你不是要成爲眞實的一切，而是要憶起你就是眞實的一切，從你當下的認知，你就是把自己當成個人，根本不相信自己是無限永恆的生命，才從你的現實考慮「你怎麼樣才能成爲那個涵容一切的眞實？你想成爲那個涵容一切的

蜜兒的故事

真實應該從哪兒努力？怎樣努力？」說的就是這個意思。在處理辭彙的時候很難不考慮你的認知現狀，就如同你不能給小孩子講太專業的辭彙，通俗的辭彙更容易引導小孩子達成目的，讓小孩子能跟隨著辭彙的指示牌去往他想去的目的地就是適合的。「成為」真實不是妥貼的但是有效，「成為」與「是」表達有一個距離，你的現狀、你認為的你的真實、真實的你，是天壤之別的，從現在，你認為的你到真實的你之間，你是需要很多很多努力奮鬥投資的，時間金錢精力你要往這方面有很多很多的投資才能使你真正成為你真正所是。這個例子是解釋一些教導在辭彙選擇時看似不準確的用意所在。

身體的你、心靈的你、真實的你，你需要從「身體的你」轉變觀念成「心靈的你」，再從「心靈的你」到「真實的你」。從你是身體到你是心靈的轉變是重要的轉變，只有充分認識到你不是身體是心靈，你才願意投資心靈，你才願意從心靈入手解決問題，知道出問題的是心靈，你才願意從心靈層面下功夫，認識到身體不是你，你是心靈，你才願意為心靈謀福利，你才願意把心靈的幸福平安當成你這一世的唯一目標，讓身體為心靈服務，讓身體從祭壇上下來，讓心靈登上祭壇，一切為了心靈的福祉平安幸福而努力。你身體層面的一切行為都服務於心靈的平安幸福，你投資身體的時間精力乃至金錢會轉向投資心靈的幸福平安。你不是不管身體而是把投資的關注點從身體轉向心靈，任何投資都以心靈的幸福平安為動因，身體是需要被適當照顧的，只是不要把它當成主人來投資。

身體層面的歷程是需要的，透過身體層面的歷程回到心靈

成長，透過身體層面的歷程去訓練心靈，不與身體及身體層面的歷程認同，透過身體層面的一切發生去訓練心靈，認出身體及身體層面的一切發生都不是真的，透過身體層面的歷程不斷的訓練心靈。身體不是真的，身體所做的一切都不是真的，真實的始終都是整體生命所涵容的一切，身體不是你，你是身體是錯誤的。真實的你始終在整體生命裡，始終享有整體生命的一切，你從未失去整體生命，你從未離開過整體生命，你始終都是初始生命延伸出來的你，你始終與初始生命完全相同無任何不同。初始生命延伸出你，且延伸出的你與初始生命一體不分是同一整體。初始生命與延伸出的你共同延伸創造無止境，整體無限延伸無止境，幸福喜悅無限延伸無止境，豐盛富足無限延伸無止境，妙樂無限延伸無窮無盡。延伸即喜悅，延伸即幸福，延伸妙樂無窮，富足豐盛無窮無盡一無所需，這是真實生命的創造，因喜悅幸福而創造，因富足豐盛而創造，因無限的愛而創造分享。

　　整體生命歡喜無限無限歡喜，整體生命在無限的歡喜中分享喜樂延伸喜樂。分享喜樂本身就是喜樂；分享愛本身就是愛；分享幸福本身就是幸福；分享富足本身就是富足；分享平安本身就是平安。分享的就是所是的，富足來自於分享富足，喜悅來自於分享喜悅，平安來自於分享平安，幸福來自於分享幸福。分享的就是所是的，分享至福本身就是至福。創造是分享，創造是將自身的喜悅至福平安富足妙樂延伸出去，這本身就是喜悅祝福平安富足無窮的妙樂。整體生命始終在創造分享中，始終都在無窮無盡的幸福、無窮無盡的平安喜樂中，無始

無終永不厭倦，因至福眞正的至福、幸福眞正的幸福、平安眞正的平安、妙樂無窮眞正的無窮妙樂，不知何爲厭倦只知無限妙樂妙樂無限，至福無任何不足不滿，在整體生命裡無始無終的一起共用創造的喜悅，創造的幸福，創造的無限妙樂，無始無終一無所需，整體生命難以言傳的妙樂無窮無窮妙樂，無始無終無終無始。這難道不讓你嚮往嗎？這難道不足以讓你（願意）出離夢境嗎？這難道比不上人世間的那一點點比較出來的、稍縱即逝的僅僅是「苦中的樂」嗎？這難道比不上人世間那些你認爲的稀世珍寶、美酒佳餚、功名顯赫、帝王寶座、美色之軀、琴棋書畫等值得嚮往嗎？這難道比不上世間最讓你沉迷的事物，帶給你的值得你嚮往嗎？這難道比不上宇宙你任何嚮往之物帶給你的值得你嚮往嗎？這難道比不上世間宇宙所有你珍惜的加起來的魅力值得你嚮往嗎？這難道比不上最讓你心醉神迷沉醉其中之物值得你嚮往嗎？

　　在蜜兒體驗了情來自於身體某個部分的極度無力感，從而證實了以前所聽到的教導。情執著的向外尋求寄存地不是愛，是缺少愛，感受到的身體某個部位的無力感是來自於心靈的無力感。心靈的無力感是來自於以爲自己獨立於整體生命之外，以爲自己失去了整體生命的力量，失去了整體生命的愛，失去了整體生命的一切，因而產生無力無助絕望匱乏等體驗。既然原因找到了，應該從清理心靈的這個錯誤的以爲著手，才是眞正的去除情感依附症的正確方法。怎樣去除心靈的錯誤以爲呢？心靈遺忘了自己的眞實，誤以爲自己是獨立於整體生命之外的，誤以爲自己與整體生命產生了裂痕，誤以爲自己與整體

生命決裂，誤以爲自己失去了整體生命的一切，把與整體生命的決裂當眞了，忘了與整體生命分裂只是個假設而已根本不可能眞的發生，部分生命根本不可能離開整體生命，整體生命始終是整體生命，不可能失去某部分。矗立在時間盡頭的存在體們正是體悟到這一眞實才不會出現任何需求。祂們清楚的知道整體生命始終是整體生命，永遠都不會出現失去某一部分的情況，某一部分也永遠不會離開整體生命，始終如是永恆如是，以爲會出現從眞實生命裡分離出來只是個妄想罷了，根本不可能眞的發生。

　　整體生命始終完好如初，始終無虞如初，始終處於永恆的狀態中，不可能發生哪怕無限分之一的改變，整體生命完美的是你無法想像的，整體生命完美的你根本無法想像，你只有親自體驗才知道。你妄想出來的「以爲能從整體生命中離開」僅僅只是個妄想罷了，你根本不可能眞的離開整體生命，你根本不可能不是整體生命的一部分，試圖證明你可能會離開整體生命會讓你永遠失望的，整體生命完美的無法想像，你只有體驗了才會知道。矗立在時間盡頭的存在體們是體驗了才告訴你的，那根本無法用任何語言圖像來展示，任何語言圖像、所有的你能想像到的表達方式都不能描繪祂——完美的你，腦洞大開、天眼、特異功能都無法碰觸祂。整體生命是你的一切，你完美的無法想像。眞實的你完美的無法想像；眞實的你完美的是你窮盡一切想像力都無法描繪的；眞實的你完美的無任何你能想像到的完美能及之分毫；眞實的你完美的無法形容；眞實的你完美的任李白轉世，都無法用他那狂奔般的想像力，想像

出哪怕你的「汗毛」一根；真實的你完美的是宇宙中最富想像力的藝術家都無法描繪出你「汗毛」一根的；真實的你完美的無法言傳無法描繪，任最腦洞大開的想像力，宇宙最腦洞大開的想像力都不可能描繪出你哪怕一絲絲的影跡。

　　矗立在時間盡頭的存在體們等著你們體驗到你們的真實，殷切的期盼你們從苦海幻境裡早些醒來與他們一起共用這真實；矗立在時間盡頭的存在體們因著真實太美好太美好了，祂們只想你們快點同祂們一樣共用這難以描述的完美之美；矗立在時間盡頭的存在體們想盡一切辦法，化身成世間行走在道途上的你們中的人，裝扮成你們的樣子試圖告訴你們真實的你們是什麼樣兒。可是你們不願相信還試圖羞辱攻擊他們，還要把他們關進牢獄釘上十字架。他們沒有別的企圖，他們只是想告訴你們真正的你們是多麼的完美，用任何描繪工具都無法表達出「汗毛」一根的完美。終歸是你們不想結束受苦，終歸是你們苦還沒吃夠，終歸是你們還想遊弋在苦的夢境裡。雖然你們不相信矗立在時間盡頭的存在體們關於「你們的真實」的教導，但是只要一個人肯相信，哪怕只生出一絲一毫的信任，祂們也會憑著你這一絲一毫的信任，想方設法將真實的你帶到你意識能接納的層面，使你哪怕有那麼一絲一毫的體驗，碰觸哪怕是你的一絲一毫，真實的你的一絲一毫。

　　矗立在時間盡頭的存在體們不停地播放著關於「你的真實」的聲音，你是否聽到？你是否願意在你忙碌之餘哪怕抽一小會兒的時間用心聆聽？你是否願意在你痛苦不堪的時候，能給自己哪怕一小會兒的時間冷靜下來，用心聽一聽矗立在時間

盡頭的存在體們時刻向你發出的溫暖愛意？用心聆聽感受他們時刻向你們發出的殷殷召喚深深的愛意。你是否試過靜下心來哪怕是短暫的一會兒，讓你的心暫時安靜下來去覺察那深處潛意識層下面的存在？矗立在時間盡頭的存在體們在那裡殷殷期待著你們，時刻向你們傳出關於「真實的你們」的資訊，在那深處的意識下面他們一直在播放著關於「你的真實」的資訊。真實的你在時間盡頭處等你回去；真實的你在殷殷期盼你結束苦難的夢境遊弋回到真實的你；真實的你不停在期盼你的歸期；真實的你時刻都在準備著你回歸的一刻，如同父母期盼遊子歸來；真實的你不會對你有任何的責難，祂只會對你滿懷感激因你根本不曾真的離去；真實的你切切盼你歸；真實的你殷殷盼你歸；真實的你矗立在時間的盡頭盼你歸來；真實的你在你心靈的深處盼你歸來；真實的你在一切真實所及之處盼你歸來；真實的你在一切真實涵蓋之域盼你歸來；真實的你無時無刻不在盼你歸來。

　　矗立在時間盡頭的存在體們鄭重其事的回應你們，包括你們熟悉的耶穌、佛陀等徹底從夢中醒來的，在你們的世界體驗過人世生活的心靈單元，在你們世界生活過的悟道的人的身體所承載的心靈單元已經矗立在時間盡頭，與這裡所有的存在體們鄭重其事的請求你們加入祂們的行列。在時間盡頭的真實世界裡的存在體們鄭重其事的召喚你們加入他們的行列；在時間盡頭的真實世界裡的存在體們再三鄭重其事的呼喚你們加入他們的行列；在時間盡頭的真實世界裡的存在體們的諄諄教誨請你們深刻體會；在時間盡頭的真實世界裡的存在體們切切期

待，請你們早日凱旋來到他們身邊，早日共用無法言傳的妙樂喜悅完美。

在時間盡頭的存在體們只要你們一個小小的願心就立馬出現在你們面前，在眞實世界時間盡頭是沒有時間的，祂們非常耐心的等待你們，時間對祂們來說根本不存在。祂們接收到你們小小願心的召喚時根本不需要時間穿越貌似大海般深廣的時空，祂們隨時都會立於你的身側陪伴你啟發你，只要你們眞心渴望祂們的幫助指引，祂們必會如你所願。矗立在時間盡頭的存在體們一心想和你們共用生命的至福、生命的榮耀、生命的無窮魅力，一心想和你們共用生命的偉大創造無與倫比無法描繪的偉大創造，一心想和你們共用無限喜悅富足豐盛，一心想和你們目睹眞實生命——眞正的你是何等的神聖、是何等的聖潔、是何等的偉大、是何等的至福，是何等的不可言說的至福幸福，是何等的用語言根本無法描述，哪怕是其九牛一毛。眞實的你是何等的光耀奪目璀璨無比；眞實的你是何等的福澤四方普照寰宇；眞實的你是何等的超越所有宇宙時空任何美妙之物，所有的美妙加起來都不及你眞實的九牛一毛；眞實的你無上榮耀難以形容的無上榮耀難以言說的無上榮耀，至美至善至高無上神聖威嚴，任何時空宇宙最神聖威嚴之存在都不及眞實的你九牛一毛。尊貴聖潔無上榮耀的眞實生命是你的眞實，祂不是別的就是你的眞實，眞實的你如此神聖尊貴無與倫比。你難道不想找回眞實的你嗎？你難道不爲眞實的你而感到珍貴無比嗎？你難道不覺得卽使宇宙最神聖尊貴的也不及你的神聖尊貴分毫嗎？你難道不覺得只有眞實的生命才配是你嗎？矗立在

時間盡頭的存在體們眼中的你，如上所描述的無與倫比的聖潔尊貴光耀寰宇，無與倫比的神聖偉大至福，祝福了整個寰宇。

　　在時間盡頭矗立的存在體們一心想讓你們知道，真正的你們是何等的尊貴榮耀神聖偉大無與倫比，真實的你們是何等的難以言傳的神聖尊貴啊！難道你們不想是這神聖尊貴無與倫比的嗎？難道你們不想自己是光照寰宇無限至福的生命嗎？難道你們真的只希望自己是一具脆弱可朽的肉體短短幾十年的生命？這就是你了，你真的希望那具脆弱的身體是真的你嗎？你就這麼不給自己哪怕一絲一絲鬆動的認知：「萬一我不是這具脆弱的身體呢？萬一我比這具脆弱的身體要更好更好呢？萬一我是更加完美的呢？」你可以不可以不要那麼鐵板釘釘似的就認定自己是具脆弱的身體呢？你可以不可以給自己一個可能你不是身體的餘地呢？你可以不可以給自己一個「可能你是更好的」鬆動呢？真實的你無法描繪的神聖尊貴榮耀寰宇無與倫比，你真的甘心身體就是你？你真的是一具脆弱的身體？你真的甘心嗎？身體不是你，你是永恆的生命，完美的無任何溢美之詞可以形容你分毫。矗立在時間盡頭的存在體們一如既往的愛你們如同生命本身對你們的愛，即使你們還不太相信甚至一點兒都不相信，沒關係，祂們耐心等待著你們浪跡夠了再去呼求祂們的幫助指引。

　　矗立在時間盡頭的存在體們不是別人，是和你們一體的永恆生命，祂們清楚你們的真實身分與祂們是一體不分的，愛你們是愛自己。不管你們相信與否，祂們對你們的只有愛，只願你們如祂們一樣體驗到難以言傳的真實生命的美妙聖潔，無

蜜兒的故事

窮無盡的妙樂，無窮無盡的至福。祂們惟願你們和祂們一樣享受這無法言傳的至福妙樂。祂們惟願你們從苦難的夢境解脫出來，體驗到祂們無時無刻體驗到的。你們與祂們是同一個生命，祂們是你們，你們是祂們，同一個生命的不同狀態，祂們是醒來的你們，你們是祂們曾經昏睡的時候。祂們與你們從來都不是不相干的，從來都不是別人，從來都不是路人，從來都不是等級不同的，祂們是你們，你們是曾經的祂們。在時間的盡頭也是你們旅程的終點，那是你歷經千辛萬苦風霜雪雨雷霆雨暴種種苦難，歷經煉獄煎熬無數次煉獄的煎熬，試圖尋找的地方試圖到達的地方。你們經歷的一切苦難祂們都清楚，祂們是未來的你們，祂們矗立於時間消逝的地方等待著你們。時間對於祂們來說不存在，祂們等你們哪怕千萬年億萬年都不會覺得時間的漫長，可是對你們而言那可是無盡的煉獄般的苦，對你們而言那可是長夜漫漫苦海無邊呀。對你們來說身體那麼的真實，身體的無常遭遇那麼的真實，身體朝生暮死脆弱無力，無常遭遇險中求生，生的苦不堪言死的恐懼失望。對你們而言身體是那麼的真實，身體的遭遇就是你們的遭遇，你們忍受著無常的命運蹂躪著身體，突發疾病意外傷害，苦痛之外還常受到攻擊離別的痛苦，失去愛人家人朋友的痛苦，被無情拋棄的痛苦，身體承受著各式各樣的痛苦，你們體驗到的皆是苦啊，一點點的快樂都是比較出來的。

　　你們怎麼能夠忍受自己居然是這樣的「真實」？你們怎麼能夠忍受生命是「苦難」這樣的胡言亂語？你們怎麼能夠忍受生命是如此的不堪狼狽？你們怎麼能夠忍受「真實的你」這

等的殘酷悲慘？你們怎麼能夠忍受真實的你就是一個一如蜉蝣一樣的存在？你們怎麼能夠忍受真實的你如塵埃被肆意踐踏？你們怎麼能夠忍受生命如此的卑微無奈？你們怎麼能夠忍受苦難是你們的宿命？你們怎麼能夠忍受卑微是你們的常態？你們怎麼能夠忍受痛苦是正常的？你們怎麼能夠忍受無常遭遇就是生命的常態？你們怎麼能夠忍受卑微是生命必須付出的代價？你們怎麼能夠忍受蜉蝣般短暫的生命才是你註定的宿命？生命本該是永恆的呀；生命本該是百害不侵一無所懼的呀；生命本該是無上尊貴榮耀的呀；生命本該是無比神聖偉大的呀；生命本該是無法形容的完美至福的呀；生命本該是充滿無限幸福的呀；生命本該是無與倫比的聖潔尊貴的呀；生命本該是無限妙樂喜悅生生不息的呀；生命本該是一體不分永恆不易的呀！你們怎麼甘心任自己卑賤成無常短暫，時刻處於危險痛苦是常態，死亡是宿命，短暫的蜉蝣般的身體生命啊？你們怎麼能夠讓自己能淪陷在這樣的悲慘處境裡呀？你們本是無上尊貴榮耀的，璀璨無比光照寰宇無上珍貴無上尊貴無上榮耀無與倫比的，無限自由無限喜悅無限富足無限永恆的真實生命啊！你們怎麼能夠讓自己甘願淪為一具蜉蝣般短暫身體的奴隸？你們怎麼能夠讓自己沉睡在一具蜉蝣般可憐的身體裡？你們怎麼能夠甘心自己竟然被囚禁在一具蜉蝣般渺小的身體裡，讓這卑微渺小覆蓋你無限永恆尊貴榮耀無限喜悅自由至福的真實生命？這真的是你們所願嗎？這真的是你們想要的嗎？這真的不是你們厭棄的嗎？這真的不是你們受夠的嗎？這真的不是你們想要掙脫的嗎？這真的不是你們誓願丟棄的嗎？這真的不是你們發願

蜜兒的故事

再也不受其困的嗎？

　　尊貴的生命被限制在了卑微如蜉蝣般的軀體當中；自由的生命被限制在了如蜉蝣般渺小的方寸之地；永恆的生命被限制在了如蜉蝣般朝生暮死短暫的可以忽略不計的軀體之中。無限幸福的生命被苦難無常的「生命」所遮蔽，只知苦難不知真正的幸福。脆弱取代了永恆不易；卑微取代了尊貴偉大；苦難取代了喜悅幸福；重重限制取代了無限自由；貧窮匱乏取代了無限富足豐盛；陰冷黑暗取代了無限光明；煉獄取代了充滿神聖光明的真實生命；污濁取代了聖潔的真實生命；分裂對立取代了一體共用的真實生命。這真的是你們所願嗎？這真的是你們所願嗎？這真的是你們所願嗎？

第六章
跳躍的時間線

　　身體的歷程不是你的歷程，身體成就的事情也不是你的成就，身體經歷的一切一切都是你深層潛意識編寫的故事腳本，它只是故事裡的人物角色而已。身體要經歷什麼寫在你的潛意識代碼裡，不是身體這個層面能轉變的，如放映出來的電影主角配角群演都是提前編排好的。那個角色的呈現不是由電影裡螢幕上的影像決定的是事先排演出來的。人物是窮是富是男是女是美是醜是白癡還是天才是身體健康還是殘疾等都是已經編排好的。誰和誰結婚離婚不是螢幕上的影像決定的，都是提前編排好的。

　　人類的整體演出也都是提前編排好的，不存在身體層面可以改變劇情具體的銀幕呈現，能改變的唯有潛意識心靈。潛意識心靈設計劇情時不是只有一個固定的版本，是許多個版本都提前設計好的。出現不同的版本是潛意識在一個意識範圍內的多種頻率交互重疊，可能在一個大的意識頻段這個意識占主導，在下一個意識頻段那個意識占主導，如同人們的意識也是不斷變化跳躍的，此時比較清醒能理性的看待問題，彼時被情緒控制任憑情緒左右行動。這種交互跳躍的意識頻率的切換在潛意識是更加複雜的，交替著占主導不斷在變化的，潛意識整體可能存在的某個頻率的意識占主導的可能性都被考慮在內，這就形成了劇本在被編排時多種可能的版本同時存在。

在人身體這個層面看似你一直沿著一個故事線繼續著你的人生，實際上可能你已經跳出了舊版本的故事線對接到和你的意識頻率相匹配的故事線中了。多個版本的故事線的每一幀都可以因著你意識頻率的轉變互相拼接，從一個故事版本的某一幀切換到另一個故事版本的某一幀還可以再切換回來。從這個角度來說雖然故事是提前編排好的，但是你可以透過意識頻率的改變切換到和你匹配的故事版本當中，與你在這家餐廳吃飯吃了個半截兒覺得不好馬上換一家是一樣的道理。總之都是在你不知道的潛意識層面作出的決定，提高意識頻率對焦你認為適合你的故事版本這是你可以做到的。意識頻率不是你認為你改變了就算改變了，潛意識知道你是否真的打算跳頻不是你嘴上說說就可以做到了，在潛意識層面是否改變才是決定的層面。主體故事版本對於許多人來說不容易跳出來，縱使跳出來拼接的下一幀和原來相比改變不了多少，縱使你使勁跳出來拼接到一個你中意的版本鏈上，如果你提升的頻率不穩你還是有可能掉回原來的劇情鏈上的，穩固的意識頻率提升才能使你切換到另一個故事鏈後不會再掉到原來的劇情鏈上。

在故事版本間來回切換是一些人劇情的設定，也就是說他出生前就是這麼設定的，這就是他出生前的計畫，快速的切換多個時間地點體驗多個時空版本的自己，雖然蜻蜓點水但是對於他來說已經達到了意識提升的目的。蜜兒出生前的安排就是這樣設計的，她被設計成快速切換不同版本的故事鏈，這是讓她快速的在身體層面去經歷促進心靈的快速成長。對於她來說如同一本小說她快速流覽一遍，就能從裡面提取到使她受到觸

發轉變意識的資訊，或者說僅僅是流覽一下概要她想要的就已經得到了濃縮多世人生遺留的「小辮子」，也就是說「前世」人生中留有遺憾的地方，她都快速的通過切換故事版本體驗完了就撤回。她發願這一世出離夢境遺留的一些問題，就通過這樣的方式讓她快速去處理且得到這些經歷帶給她的成長，每一段切換故事版本都是她不知道的層面發生的。在別人看來不可能的非理性的，她就覺得沒什麼，她不會覺得那在別人看來不靠譜的事情有什麼不可能的，她就是感覺那沒什麼不合理的，她覺得一切都有可能，不是局限在常規的窄頻意識裡，她遇到在別人看來很飄渺的事情時她總是有不一樣的腦迴路，她就是覺得那是可能發生的。

　　這裡講一個她這種思維模式的小故事。在剛開始接觸靈性資訊的時候許多人關注於所謂的地球揚升，蜜兒當時還沒接觸《奇蹟課程》她也很嚮往揚升資訊裡說的五維世界。據說那是個充滿和平真正和平的世界，人們都通過心靈感應交流，心是透明的不可能相互欺騙，人們心中都很友好和善，科技高度發達，人們主要精力用在精神世界的豐富上，也有好多處在意識層面接近終點處。蜜兒很嚮往這種事件她也相信揚升資訊裡所說的，她那段時間沉迷在揚升資訊裡。據說有大天使們會指導人類揚升，她借著自己通靈的能力就連接到一個大天使，那個大天使說它要轉生為地球人協助人類揚升，需要一個母親讓蜜兒做它的母親。蜜兒那時候很希望為地球揚升貢獻自己的全部，她是發過願為了眾生的利益而甘願奉獻自己一切的。她認為既然是對地球人好那自己願意承擔大天使出生的任務，毅然

決然的摘了環準備好孕育新生命的必要條件。然後她想：「孩子的爹從哪兒來？找個爹不容易啊！不能找有家庭的得找個單身的，不負擔孩子也沒關係只要能讓孩子合法的出生。」所以她不太要求這個「爹」的條件，主要是單身能生孩子就好。

就在她發愁就是這樣的爹也不知從哪兒找的時候，一個人突然聯繫了她，一看對方是個男性，蜜兒就無意識的在想：「是不是這個人？」因為她認為大天使出生這樣的大事兒，天使界都會安排好的，會有一個合適的爹出現。她就把這個人往這方面套了，很快兩個人確定彼此都是單身，為了生孩子這個使命蜜兒很快介入主題，那人居然不反對，兩個人約好了見面，等一見面，一看那個人長相有點後悔，可是轉念一想自己是為了完成使命不是為了個人情色之欲，就這樣兩個人在一起了。蜜兒專門約好兩個人在她的排卵期見面，但是一個月過去後啥動靜也沒有。在蜜兒與這個人相處期間蜜兒感受到這個人的一個她以前想體驗又沒有條件體驗的特質，那就是這個人很能滿足她的身體需求，這是她從未有過的體驗，這也是她過往人生中的一點小遺憾。本來只是為了給孩子找個爹兩個人才走在一起，結果孩子沒生出來倒是得到了一個意想不到的體驗收穫。基於蜜兒認為是她因為要生孩子才找人家，現在雖然生不出孩子來，但畢竟產生了身體接觸並且還給自己帶來了意想不到的體驗滿足，她就騎驢下坡了順著這個緣分走了一陣子。

她雖然對這個人的條件不怎麼滿意，但是她也不想對這段感情不負責任打算跟這個人過下去，在與這個人的經歷中，她充分體驗了性的滿足這是她以前從未有過的。在她充分體驗

了性的滿足的同時又升起一種恐懼，她害怕對性的欲望讓她受到控制，也就是說她害怕成為性欲望的奴隸，害怕自己陷在性的欲望裡拔不出來。她有意的避免不天天和男朋友接觸，這樣她就能避免欲望被勾起來，但是她越是想控制欲望好像欲望反而增加了，她努力了一段時間感覺到沒什麼效果。正在煩惱之際突然一個啟發從心中升起：「欲望也不是真的，我怕它做什麼？我就不信還能被這小小的欲望嚇住了！如果我不能從欲望中走出來我還修什麼？如果這點小小的欲望都不能戰勝的話我發的大願怎麼實現？如果我害怕這個紅塵不敢踏足我如何能解脫？來吧欲望，我看看你到底能不能把我困住，我就要試一試是被欲望打敗還是從欲望中掙脫出來。」總之蜜兒由害怕欲望轉向勇敢的面對欲望，就是要在體驗中超越它，這樣轉念後蜜兒不刻意的控制欲望了，打算看看它到底能如何。當她轉向這樣的意識之後她發現欲望反而少了，她也不刻意的避免兩個人身體的接觸而是順其自然，就這樣蜜兒與在此人的緣分裡滿足了自己小小的遺憾同時通過了性欲望的考驗，體驗了充分得到滿足的性欲望，得出「性也不過如此」的感悟，性的滿足也不能讓她真正幸福。與此人以一個在別人眼裡非常荒唐的理由相遇經歷了一段意想不到的體驗，完成了作為一個人的存在避不開也難以捨掉的欲望功課。這段經歷使蜜兒快速通過了性的功課對性的滿足不追求了。

　　這段在別人眼裡很不正常的經歷是早已設定好的，看似是以一個荒唐的理由，一般人接受不了的理由，但是於蜜兒而言不覺得有啥不可能的。那個以天使出生之名而促使蜜兒走進一

蜜兒的故事

段體驗的設計是應著蜜兒吃這一套，她服務於眾生解脫的願望使她願意接受這樣的安排。當時在她心裡只要有利於眾生利益的她都願意去做，都能衝破重重阻力去做，如果以個人私利的理由讓她去找個男人，她恐怕不是這麼快的進入劇本設定切換到另一個劇本鏈上。這個以大天使出生之名而讓她快速切換到另一個劇本鏈中是替她做主的神祕力量設計的，只為讓她快速通過性的功課，讓性不再成為以後成長路上的障礙。一切以心靈成長為動因設計人生經歷這是蜜兒這一心靈單元成長很快的主要因素，投胎前就是這樣設定的。

　　人生身體層面的經歷，對於一個成熟的靈魂來說，在某一個層面很清楚都是服務於心靈成長的，每一個人生場景的設計都是為了心靈成長的目的，心靈成長是成熟的靈魂們很明確的目的。在它們的出生規劃裡一切以快速突破心靈裡限制性的信念為出發點，在它們的人生設計裡突破心靈裡限制性的信念被深植於它們的潛意識深處，它們潛意識裡明白再次投生是一定要突破累世以來還沒有突破的限制性的信念的。它們的目標直接奔著真實世界矗立在時間盡頭的存在體們去的，凡是有利於它們實現這個目標的都被拿來去經歷快速的達成目標。蜜兒的這一齣戲劇般的經歷很快讓她不再對性像以前那樣充滿著「盡情滿足一次」的念想，充分體驗了性的滿足也徹底放下了對性的恐懼，從害怕性的欲望拖累她悟道，到征服性不再認為性的欲望是她悟道的限制，徹底突破了累世以來對性的錯誤認知。從她的例子從害怕性又渴望性的矛盾認知裡轉變成不害怕性也不再渴望它，體驗這個提前設計好的經歷目的是讓她快速的突

破對性的頑固信念不再被它所限制。

　　在性的觀念上如蜜兒一樣人們既渴望又恐懼，並且圍繞著性產生了許許多多限制性的信念，附加在性上的各種條條框框使得人們把性當成了恐怖的東西，但是他們就是止不住的對性好奇嚮往止不住的想去體驗，去體驗的時候又深深的恐懼緊張，卽使體驗了也很難滿足，這使得他們更想再次體驗，體驗了又不滿足還想再次體驗，這是人們通常的狀態。在青春期好奇性的巔峰時期你們被教育性是不好的東西，是不能夠碰觸的東西，但是你們根本管不住自己的衝動好奇，偷偷摸摸的碰觸但是又被教育這是不好的羞恥的，於是你們在恐懼好奇又愧疚中不斷的體驗著又不斷的恐懼愧疚著。成年以後這種心態帶入到了婚姻生活中，卽使這種事情被允許合法化了你們還是在恐懼中羞恥中完成它，戰戰兢兢充滿渴望恐懼著、渴望著、羞恥著，馬馬虎虎的嘗試著一次又一次很難盡興。於你們而言性是讓你們既渴望又害怕的，性的體驗讓你們觸摸到世間其他所有事物都不能帶給你們的舒適感，你們很想長期駐足在那一秒都不到的舒適感裡但是你們又害怕它，這使得你們駐足在身體感官的舒適裡時不能夠放鬆的盡情體驗，所以你們總是馬馬虎虎體驗完了又充滿遺憾，每一次都不能夠盡情體驗這人的層面的短暫的比較出來的快感。在人的層面生殖體驗是基本上都要經歷的，沒有一個經歷過人身體世界的靈魂沒有體驗過生殖過程。於身體世界來說生殖是延續身體世界的必須；於靈魂而言許多靈魂設計進入人身體的世界來經歷；於心靈而言它必須投射出形體世界，這是它如前所述成長所需要的。

沒有醒來的心靈需要投射出形體去體驗，已經醒來的不需要一個身體，因它們徹底認出了它們的真實，身體不是它們，它們是永恆的生命，它們不再與身體認同，它們根本不需要有一個身體。對於沒有醒來的心靈它們認同身體需要身體從而會投射出身體，身體世界因著心靈認為的需要而維繫，這在人的身體層面體現的最為突出。人的身體基本上是所有時空最為固態化的，這裡指的是智慧生物的範圍，也就是說人的身體固定在一個很窄的波動範圍，不是像高維智慧生命那樣身體可塑性很強，身體在延伸性、再生性形式的可變性方面都很差。固化代表著心靈信念缺乏彈性，在一個很窄的意識頻段裡，意識頻段窄就相信自己世界裡可見的事物不輕易接受自己認知不到的事物，在狹隘的意識裡禁錮著自己是意識最為受限的族群，雖然人體這個載具不是宇宙中彈性大的，但是身體它處理起三維世界的事情是足夠的。你們的身體是更固化的缺少彈性伸展性可塑性，是因為你們把自己限制在很窄的意識頻率裡，這導致你們使用的身體脆度大易受損彈性小，只能固定在一個小的形式範圍內，不是隨意可以變化它的形狀的。許多處於高維意識的生物體載具它們是可以任意的變換形狀的，因為它們的意識頻率可以在很高的頻率度上，涵蓋出的形體可變化性比人的身體載具大得多。在人類族群中智慧程度處於很低級別的是地球人體所承載的群體意識，不是說你們的真實生命，說的是你們認為的生命，做為一個身體存在的生命，不是說你們的真實生命說的是你們認知裡的你們的生命。這裡是比較你們認知裡的生命與其他高維存在體的差別，在身體層面的生命形式宇宙中

多的數不過來，身體的形式差別也是非常之大的，在身體形式上你們的身體形式在宇宙中很低的振動上固化程度很高，身體很容易受損但是不妨礙其中的心靈意識成長。

在人的身體載具上心靈意識仍然可以達到非常高的意識頻率，甚至達到矗立在時間盡頭的存在體們的意識頻率，這被你們稱為悟道者，知曉真實生命的悟道者，體驗著真實生命的悟道者。在身體存在的時候他們只能算是接近體驗著真實，因身體根本承受不了了悟真實的意識頻率，不能不稍微遮蔽一下讓身體不至於聚不成形，讓身體不至於看不到。在其他人看起來他們和常人一樣在身體的層面，但是他們的心靈已經回到了真實世界與矗立在時間盡頭的存在體們在一起。他們的心靈徹底的了悟了真實，只隔著一層面紗保持身體的存續，對於他們而言身體根本不存在，他們專注在真實世界裡，只是在身體存續的時候必須留一點點的意識在身體裡保證身體繼續存在。他們是為還沒有了悟真相的心靈服務的，應著心靈的呼求他們保留一點點的意識，維持著身體的存在以便和前來求助的心靈們溝通。在他們而言不需要身體，因他們知道真實的他們和來求助的心靈的真實是同一個，根本不需要借助身體，但是還沒有了悟真相的心靈們不知道他們的真實一無所需，他們與整體生命從未分開過，他們不知道他們的真實與悟道者的真實是同一個真實，他們不知道他們的真實生命與悟道者真實的生命是同一個真實的生命。他們還需要請教學習，如同蜜兒一樣還得透過人生的許多經歷不斷的成長，他們真正成長成與悟道者們一樣的心靈了悟，他們便加入了真實世界的行列與其他先行一步的

蜜兒的故事

前輩們一同服務於那些還沒有了悟生命真實的心靈們。他們會以還沒有了悟生命真相的心靈們可以接受的形式，去服務於呼求幫助的還沒有了悟真相的心靈們。悟道者們心裡沒有拯救一說，他們明白真實的始終都是圓滿完美的一無所需，在他們心裡真實的你們始終都是圓滿完美的一無所需無需拯救。他們只是來告訴你們這個真相的，他們要做的就是讓你們真的明白，你們始終都是圓滿完美無法用任何溢美之詞可以形容分毫的圓滿完美；他們只是來告訴你這一真相的，不是你們需要拯救而是你們需要知道你們始終圓滿完美一無所需，真實的你們始終圓滿完美一無所需。他們抑或在身體存留於世時就開始做這個工作，也可以在身體消逝後在你們可以接受的形式範圍內做這個工作，比如蜜兒的這種形式，透過他們親自領著蜜兒過一個個的功課來示範怎樣快速的心靈成長，透過蜜兒的成長經歷讓你們切實感覺到，在普通的人身上也可以快速的成就了悟生命真相的心靈的終極目的。在蜜兒成長的過程中與絕大多數人一樣普普通通沒什麼異於常人的天賦智慧，她真正不同於常人的是願心，渴望了悟生命真相的願心，渴望出離夢境的願心。不是說有了願心就不需要用功練習，恰恰是真正有了願心才更願意用功練習，才更願意投資時間精力甚至金錢，一切投資都圍繞著心靈成長。

　　故事繼續。蜜兒親自證悟到情感依附症來自於身體某個部位的無力感、匱乏感，而這無力、匱乏感則來自於心靈誤以為與整體生命分開了失去了整體生命的一切，這種無力感產生負向衝擊力推動著她不斷去尋找依附對象讓她感覺好一些。深刻

領悟到這一機理她開始訓練心靈糾正心靈錯誤的「以為」，既然根源在於誤以為與整體生命分開了才產生無力感才產生情感依附症，那就修正心靈這個錯誤的「以為」。

　　蜜兒是這樣練習的：「身體不是我，我是心靈，身體只不過是心靈誤以為和整體生命分開了投射出來的虛幻影像。身體根本不存在，我是心靈，始終與整體生命是一體不分的圓滿完美的同一生命，始終享有整體生命的全部，全部的愛全部的力量，整體生命的一切就是我的一切。」她反覆這樣在心裡練習深入心靈的練習，意思是真的相信身體不是真的，真的相信自己是心靈且與整體生命是同一個圓滿完美的生命，始終享有整體生命的一切，不是「老和尚念經有口無心」，而是要將上述正確的認知打入到潛意識中，取代潛意識裡錯誤的信念，「以為和整體生命分開了」的錯誤信念。

　　深入潛意識層面需要真的相信關於生命真實的正確答案，這樣才能逐步的取代潛意識裡關於生命真實的錯誤答案，只是嘴上不入心的念叨是很難見效的，必須真的相信關於生命真實的正確答案，這樣才能真的深入潛意識層面用正確的關於生命真實的答案取代錯誤的答案。反覆的深入潛意識層面用正確的關於生命真實的答案取代錯誤的答案，潛意識錯誤的信念被正確的信念取代才真的見效，只是嘴上念叨心裡根本不相信是根本不管用的，是潛意識相信了「與整體生命分裂了」這個錯誤的認知，必須把正確的認知打入潛意識才真的起作用，這是在訓練心靈的時候要注意的點。

　　反反覆的用心練習，在潛意識層面頑固的錯誤信念就逐漸

逐漸的被關於生命真實的正確信念取代。既然情感依賴症是潛意識錯誤的信念導致的，消除潛意識錯誤信念才是解決問題的根本所在。就這樣，蜜兒非常用功的反覆練習著，一段時間之後蜜兒再次靜下來覺察背部那個讓她體驗到很強的無力感的部位，她感覺至少那個無力感沒有讓她絕望的感覺了，雖然疼痛仍然在，痠痛仍然在，她知道自己的練習是起到效果的，繼續用心練習。

　　在蜜兒獨處了大約一年的時間之後，蜜兒被神祕力量指出下一階段的安排。這裡插一個小插曲，蜜兒在她獨處期間曾與一個網上認識的朋友短短的共同生活了一段時間，這個朋友是結了婚的，這段際遇也是給蜜兒帶來了一個信念的突破。事情的發生是這樣的，蜜兒在網路上經常會分享一些成長感悟，不少朋友會被這些感悟觸動到，蜜兒自己不一定知道不止一個人默默的關注著她，她不時的分享成長感悟不是抄襲原文，都是她自己經歷後的深刻感悟，是很觸動人心的，不止一個人好奇蜜兒想能有機會嚮她請教請教，這個網友就是其中之一，一來二去兩人就很熟絡了。

　　本來蜜兒的底線是不找結婚的男人，在她心裡一是覺得找結婚的男人容易產生不必要的麻煩，二是將心比心自己是絕不願意別人插足自己家庭的，這會讓自己很痛，她還有一個隱藏的觀念，插足別人家庭是不道德的，這其實是她設定底線的主要因素。但是人許多時候不是說你決定如何就一定能如何的，潛意識安排好的你躲也躲不過。蜜兒在這個底線上堅守了很長時間，對知道有家庭的對她有好感的異性都很謹慎的保持

距離。你們有一句話叫「防不勝防」，在蜜兒的故事裡就是這樣的，糊里糊塗就突破了自己固守多年的底線與一個有家庭的網友有了短暫的親密接觸。這個男人對蜜兒像神一般的崇拜，他極度的殷勤讓蜜兒怎麼也推不開，這也讓蜜兒還沒有治好的情感依賴症有了一個暫時的緩解，雖然蜜兒已經開始用心練習了，可是那頑固的信念不是一朝一夕就能被消除的，需求還是很強烈，尤其是單身了很長一段時間之後，這是蜜兒突破底線的主要原因。心靈嚴重的匱乏感必然會導致「鋌而走險」，蜜兒就是在這種因素裡糊里糊塗的開始了一段短暫的感情，在蜜兒與這個男人相處了一段時日之後，一個突發事件結束了這段情緣。與蜜兒相處的這個男人一是崇拜蜜兒，二是匱乏心態，他妻子沒有什麼文化，他很崇拜蜜兒充滿智慧的感悟分享，他心裡好奇是什麼樣的一個女人能寫出這樣不是來源於經典原文但又不輸給經典的智慧之語，他心裡非常非常好奇非常非常的崇拜，一心想有機會親自目睹一下蜜兒，機會終於來了，他老婆娘家有急事出遠門了，他就趁著這個時間展開了殷勤的攻勢，在這樣的攻勢下面蜜兒的底線被打破了（歸根結柢還是心靈負向衝擊力在搞怪），過了不長時間他老婆回來了，蜜兒草草結束了這段情緣。

在蜜兒結束這段短暫的情緣時心裡還是打鼓的，這到底合不合理，合不合「道」理，神祕力量會不會怪罪她？正當她正在疑惑的時候一個超常的體驗來了。在一個晚上蜜兒中途去廁所回到床上躺下後很快就進入了一個似睡非睡的狀態，她明顯體驗到了一種前所未有的狀態，她感到所有的恐懼都消除了，

蜜兒的故事

再也沒有任何恐懼，一絲一毫的恐懼都沒有了，徹徹底底的沒有了。安息她真的進入了安息永恆的安息，再也沒有任何事情干擾她的平安，再也沒有任何事情讓她哪怕升起哪怕一絲一毫的不安，真的可以徹底的安息了，渴望已久的安息，徹底的安息真的到了。那種平安不是在某件事上的平安，是所有的事情都再也打擾不了她的平安，終於去除了所有的恐懼，真的再無任何事情打擾她的平安，徹徹底底的平安了。這一體驗讓蜜兒體悟到神祕力量不會因著她做了插足人家家庭的事情而責備她，還用這個難以忘懷的超常體驗讓她明白，不管她做了什麼事情她都是整體生命的一部分，始終是圓滿完美的。身體層面不管經歷了什麼都絲毫不影響真實的她，絲毫不能改變她的真實一絲一毫，真實的她始終都是與整體生命一體不分的圓滿完美的生命，神聖純潔的尊貴的生命。身體不是她，只是心靈的想像而已，身體根本不存在，身體所經歷的一切都虛幻不實，真實的她始終是整體生命不可或缺的一部分，始終與整體生命是一體不分的圓滿完美的生命。在神祕力量讓她體驗到的超常體驗裡她明白，神祕力量待她一如從前呵護指引，在她不知道的層面這段經歷正是神祕力量策劃安排的，這一經歷的目的是讓她突破人類層面道德的限制，不再被道德的限制捆綁。

第七章

真正不以痛苦餵養自己的有幾個

在人類層面除了各種限制行為的政策法規之外，約定俗成的集體意識、公認的行為規範常讓人類層面的處事小心翼翼，不是不需要制定適合心靈成長的規範，在人類層面的規範標準通常起不到什麼正向的使心靈出離夢境的作用，在人類層面的各種道德規範不是用來促進心靈成長的而是限制心靈成長，只注重形式不注重在真正有益心靈成長的層面入手，開闢真正有利於心靈成長的引導。身體只是載具而已，心靈才是接近真實生命的存在層面，處理好心靈層面的引導使心靈的問題被重視起來才是著重要關注的。

心靈出了問題身體層面怎麼可能不出問題？身體層面的呈現取決於心靈，處理心靈層面的問題才是深入問題的根部解決問題。人類是本末倒置處理的都是「末」部分的問題，忘了重視從「根兒上」解決問題，這是人類從來沒有真正解決過問題的根源所在，比如你們現在物質條件比幾十年前大幅度提高甚至物質呈閒置堆積狀態，可是整體來看，物質增加到閒置堆積狀態的時候，社會問題會比以前物質相對匱乏的年代少了嗎？總量少了嗎？看似在不斷的解決問題，忙忙活活處心積慮採取一個個新的招式解決不斷出現的新問題，可是仔細比較一下社會問題的總量真的減少了嗎？是不是更多了呢？出現新的問題還是不從根本上去著手解決，還是老一套在「末」的部分忙來

忙去，看似問題暫時解決了，可在解決這個問題的時候又滋生了其他問題，暫時看似解決的問題只不過是換了個馬甲以其他看似的問題呈現出來，根本沒有真的解決，甚至看似處理了一個問題緊接著處理這個問題時滋生出的許多個問題，換了多個不同的馬甲陸續出現，你們想想是不是這樣？在**人類層面層出不窮的問題翻著新花樣不停的新的問題生出來，這其實不是什麼新的問題，是同一個「根」萌發出來的，看似不同以往的，換了馬甲的「舊枝條」而已。**

　　在身體世界裡，身體層面的問題層出不窮是因心靈層面的根問題沒有去除，身體世界各種五花八門的問題沒有一個不是出自心靈，身體世界永遠有解決不完的問題是因心靈根問題根本沒有觸動過，根問題就是心靈把「與整體生命分開了」這個假設當真了，世界於焉成了這個問題的出口。把心靈層面的問題投擲到看似與心靈無關的世界，世界就是「以為與整體生命分開了」這個問題的影子，影子層面的問題實則是在心靈層面，世界是心靈的影子。心靈不改變的話身體層面怎麼會真的改變呢？投影源不改變的話影子怎麼會改變呢？身體是影子層面，心靈是投影源層面，不改變投影源影子怎麼會改變呢？看似身體層面不斷的在改變，看似身體層面不斷的從一個駐地遷移到另一個駐地，比如從農村到城市現在又流行從城市到農村，可是細算起來總的問題真的減少了嗎？農村有農村的問題，城市有城市的問題，城市的問題不比農村少，時代貌似進步了，生活貌似改善了，物質貌似豐富了很多，可處在進步的時代、物質豐富的時代，住進了條件便利的城市，那又怎樣，

人心裡的憂慮減少了嗎？人心裡要解決的問題減少了嗎？人比以前睡得更安心了嗎？人比以前少了操心掛慮的事情了嗎？人比以前不操心的時間更多了嗎？人比以前更友善關愛了嗎？人比以前心裡更加幸福了嗎？人比以前從心裡的體驗來說真的更悠閒自得心滿意足了嗎？仔細比較一下進步的時代與落後的時代，物質豐富的時代與物質匱乏的時代，是不是心裡真的有什麼大的不同呢？是不是心裡改善了更平安悠閒順意了呢？真的改善了嗎？孩子們的童年比落後的時代更幸福了嗎？更快樂了嗎？孩子們長大以後的煩惱比以前更少了嗎？更滿足安心了嗎？不可否認孩子們身體上不用再幹苦力承受身體上的辛苦，可孩子們心裡真的比以前更幸福更快樂嗎？更能享受童年的樂趣嗎？更能按自己的心意去體驗人生嗎？成年後有多少人真正做著喜歡的工作，在喜悅中服務他人呢？有多少人是出自喜歡而不是出自無奈去工作？是出於熱情而不是出於生計去工作？有多少人是出自創造的熱情而不是出自社會家人的脅迫去工作？人世間有多少人富有但是真正幸福滿足的能有幾個？真正無憂無慮安然自得的能有幾個？真正不以痛苦餵養自己的有幾個？真正愛自己不以痛苦餵養自己的有幾個？人世間地位高的人也不少真正幸福滿足的有幾個？真正無憂無慮安然自得的有幾個？真正不以痛苦餵養自己的有幾個？真正愛自己不以痛苦餵養自己的有幾個？人世間學識淵博的人也不少但真正幸福滿足的有幾個？真正悠然自得的能有幾個？真正不以痛苦餵養自己的有幾個？真正愛自己不以痛苦餵養自己的有幾個？人世間看起來成功的人們真正幸福滿足的有幾個？真正安適自在心滿

蜜兒的故事

意足的又有幾個？了無遺憾無任何不滿足的又有幾個？眞正的幸福滿足一無所需的又有幾個？活出眞正生命的鳳毛麟角少之又少，在世界上活出眞正生命的悟道者們太少太少了。**活出生命的眞實才是你們爲之奮鬥的；活出生命的眞實才是你們爲之努力的；活出生命的眞實才是你們爲之無怨無悔拼盡全力的；活出生命的眞實才是你們爲之無可撼動的矢志不渝的。**珍惜你們在世的每一分每一秒，利用身體去經歷，透過經歷獲得成長感悟不斷拓寬意識深度廣度，拓寬心靈的包容度，提升心靈的覺悟力，最終了悟生命眞相才是你們來這裡的目的，才是你們不枉此生的眞正目的所在。

開始在這裡繼續前面拋出來的話題。神祕力量指出蜜兒需要體驗下一段情感，必須在這段情感中處理好這些——情感依賴症以及附帶的情感占有欲所引發的嫉妒等與情感有關的功課。蜜兒去經歷下一個體驗，主要是對症情感依賴症所產生的情感妒忌，與不接納情感依附對象的多重人格附著體的游離情愫，也就是說她在情感關係裡不允許其他人介入兩個人的情感世界，她是非常在意情感依附對象是否對她至少是還在與她在一起的時候專情於她的。情感的專屬占有是她要突破的另一個功課，在她不知道的層面神祕力量設計了她的這一個經歷，使她在人的這個層面看似是合理的展開與下一個將要登場的角色相遇，其實是在她不知道的層面設計好的。

人的層面的故事場景是這樣的，蜜兒突發奇想的建了個群，目的很明確找個伴侶來學會無條件的愛他，也就是說接納他的一切，讓自己試著去活出眞實生命的特質來，這是她給自

己定的找伴侶的目標。幾天後群裡冒出一個人，她不知怎的就注意起了這個人單獨跟他聊起來，這樣兩個人就聯繫上了。這次蜜兒大大方方的直奔主題問了對方的情況，主要是看對方是不是單身，在問清楚對方確定是單身後蜜兒決定見一見他，於是兩個人約好了見面地點。蜜兒在照片裡看這個人的時候是滿意他長相的，見面之後感覺和照片相比差了不少還是想打退堂鼓，但是覺得既然大老遠的來了，反正自己也一個人閒的無聊，這個見面的地方空氣環境也都很好，不如多住幾天就住了下來，這一住下來故事就不按她計畫的發展了。她是以找個伴侶學習無條件的愛他為目的，可是長相差了她還是很抗拒，在她以往經歷的情感依附對象中，年齡大的很精神符合她的審美，年齡小的朝氣蓬勃也讓她感覺順眼，可眼前這個年齡大不說背也不太直，唯一的優點就是非常的熱情主動，在確定蜜兒住下來沒有馬上走的打算後天天去蜜兒那兒喝茶聊天。蜜兒的小算盤打的是反正一個人待時間長了也無聊，正好有個聊天的也還不賴，反正自己不打算和他在一起，他也不會把自己怎麼樣，還有就是他也接觸一些靈性課程和蜜兒還算有的聊，總之蜜兒就這樣住了下來。

　　這個人我們把他叫做：誠，誠非常的熱情，天天不請自來的去蜜兒住的客棧主動幫蜜兒倒水泡茶，對蜜兒來了後反而對他冷了起來一點也不介意，好像是根本沒有這回事一樣，就是把蜜兒當一個遠道而來的朋友。蜜兒其實還很感激的，從她的角度，如果她被這樣對待肯定會覺得受到了低看，她的自尊心不允許自己再繼續和對方來往，但是誠看起來比一般的朋友

更熱情。誠好像真的什麼事都沒發生一樣，天天不請自來的去找蜜兒喝茶聊天，終於有一天誠提出帶蜜兒去當地最好的風景地轉轉，雖然當時天色已晚蜜兒還是同意了，這一轉就把兩個人的身體轉到一起了。故事從人的層面就是這樣呈現出來的，但是背後的推動力量可不是人這個層面，都是在心靈深層推動的。

不久後蜜兒帶著誠回到了蜜兒曾經住過的朋友那裡，這個朋友暫且不提以後會提到他的，這個朋友在鄉下有一個租來的多層住宅簡單的別墅式樣，蜜兒曾在這裡住過一段時間，這次她帶了誠來這裡住，她的朋友通常都住城裡不常來鄉下住，蜜兒和誠就成了這裡的代理主人。誠很勤快做飯搞衛生非常利索，做的飯還好吃，衛生也收拾的以男人的標準來看算是乾淨利索的。尤其是個人衛生做得很好，天天打扮的精神俐落，背雖挺得不算直但是自從和蜜兒在一起後，注重起打扮來衣服也添置了不少，總之出乎蜜兒設想的，比自己一個女人還注重形象外表。這個特點是蜜兒很喜歡的，蜜兒喜歡愛乾淨的男人，誠的這個特點也特別符合她，並且和誠在一起後她發現誠雖然第一眼看到的時候顯老氣還駝著個背印象不咋地，但呆久了她發現誠的小臉兒長得還挺好看的，猛一看不出彩，細一看還算是挺順眼的。

誠在蜜兒面前是很成熟老道的，本來就是個混社會的做過生意跑過場子，雜七雜八的人都混過，世面也見過，更是女人混的不少。在他看到蜜兒時第一印象是一般般長相還不大機靈，一看就是那種混社會沒經驗的女人，氣質獨特純度不俗，

防範能力很差，在誠第一眼看到蜜兒出來的是這些感覺。他看蜜兒如同鄉下出來的小姑娘沒怎麼涉世，但是還挺有主見，感覺到不能糊弄她，雖然這個小姑娘般的大姐看起來防範能力差，但他不能像對待以前的女人那樣虛情假意，他感覺自己得小心翼翼讓蜜兒感覺到自己對她是真心的。他雖然浮浮沉沉經歷過許多不為人恥的荒唐之事，但此刻他想斂斂心，安心的和蜜兒過日子。他過往的人生痛苦是主旋律，風光不代表著不痛苦，痛苦和風光不風光沒關係，或許正是因為痛苦更加使出渾身解數讓自己看起來很風光，誠過往的風光就是這種類型的風光。

誠的童年是在棍棒下長大的，離異的母親帶著他嫁到了一個離家鄉很遠的地方，繼父脾氣暴躁還會點武術皮毛動不動就動棍棒。誠來到他家後他的暴躁就多了一個宣洩口，誠稍有不順他意的地方他就棍棒相加，誠從不跑受著，他有著自己的倔強：不跑讓他打吧，打死了還不用活受罪了。誠的童年是在棍棒的陪伴下長大的，在家服貼的他在外面可不是省油的燈，他把內心的暴虐情緒發洩在了外面，出去招呼小夥伴們打架鬧事，在學校公然挑釁老師讓老師講不下去課，校長在他眼裡也不算什麼，總之誠的童年是在暴力與被暴力中度過的。誠的童年和青少年時期主體經歷是暴力與被暴力，誠是他們那個時代被稱為社會小混混的，打架聚眾鬧事兒，做一些擦著法律邊兒的事情。不是說誠的心靈是醜陋的，只是在行為上是衝動的，或者換一句話來說無視道德約束的，不是說他的心靈更加的惡，在他的人生設計裡就是這樣設定的。善惡在整體意識的判

斷裡並不是行為上的標準，整體意識只關心心靈是否從某個經歷中啟發個體心靈意識成長，比如誠年幼時的經歷，他作為繼父發洩情緒的對象是體驗暴力帶給自己的痛苦，自己在外面衝動的對待別人是將自己被暴力對待的苦釋放出去。痛苦從一個對象轉移到其他的對象，苦不會消失，苦會以類似的方式傳遞下去，苦不會因你轉嫁給其他對象就消失了，苦因不消失，苦便不會消失，誠並不能夠通過發洩被暴力感受到的痛苦而減輕痛苦，只是找到一種暫時的平衡而已。誠通過這個經歷在某個層面亦是有所成長，這不是說不應該行為上限制暴力行為，而是在阻止暴力行為的同時去療癒心靈，去關注他心靈的層面，去療癒他的心靈。

在孩童時期人的心靈尤其需要被關注，照顧身體層面固然是必須的，但是更為重要的是關注孩童的心靈，這在成年以後會少很多行為層面的衝突。給孩子一個更為寬鬆的意識頻度，不是把他們當成工具任大人們互相攀比的工具，不是把他們當成私有財產比較，不是把他們當成身體比較他們的才藝智商成績等，而是把他們當成正在成長的心靈。啟發他們探索；啟發他們不局限在一個角度去觀察事物；啟發他們可以天馬行空放飛想像力；啟發他們探索外部世界的同時學會覺察內心；啟發他們去表達他們內心的真實感受不是為了討誰喜歡。誠實的面對心裡的感受不評判他們心裡真實感受的好壞優劣，讓他們敢於表達自己真實感受，使他們認識到這些感受僅僅是他們的一種體驗沒有好壞之分。在他們有攻擊行為時不是評判他們的行為是去尋問他們心裡的攻擊的原因，不是行為上不做限止而是

在發生行為攻擊時，著重的關注點不是行為本身而是他們的心裡。

　　確實該改變人類在孩童的成長過程中對待他們的意識頻率了，人類孩童該被更多的關注他們的心靈，這是成年之後問題減少的正確有效的途徑，在成年人處理世界問題的同時，重視對孩童們心靈成長的呵護是太需要太需要了。然而若成年人根本不知道整體意識是為了心靈成長而設計人生經歷的話，如何能夠做到把關注孩童的心靈當成養護孩童的重點呢？若成年人固執的把身體當成自己孩子的生命，只關注孩童身體層面的話，又怎麼能夠真正的有助於孩童心靈的成長呢？重點是在成年以後更加固化了身體是生命這個信念，成年人更比孩童把自己當成身體，又怎麼能夠真正的對孩童的心靈正常呵護呢？成年人尚且心靈意識頻率很幼稚的話，怎麼能夠正確的助力孩子心靈成長呢？

　　幼稚的心靈和身體是否成年無關，只與心靈是否拓寬意識深度廣度有關，老奸巨猾的人未必是心靈成熟的，只是在很窄的意識頻率內精通這個頻率內的人的淺層心理罷了，並不是他真的意識頻率高，反而說明他很狹隘的把自己限制在了身體這個層面，處處為了身體的利益玩弄心理罷了。這種情況是因為他無知的認為不能讓身體吃一點虧，不能讓身體被其他身體愚弄，不能讓身體受到侵犯傷害，不能讓身體有任何不利的遭遇，時時處處維護著身體的利益忽視了心靈，只把精力放在維護身體的利益上，根本不留給自己一點時間在心靈層面有所感悟長進。他總結的都是如何更好的為身體謀利益的經驗，根本

不去在心靈頻率上提升，這種人在人的層面或許很成功但心靈頻率甚至不升反降，到了載具身體死亡的那一天，他的心靈降到了更低的層面而進入地獄般的幻境中。在他的身體死亡後心靈單元進入了與他心靈頻率匹配的幻境中，雖然也是幻境但他就認為那是真的，在與他心靈匹配的地獄大幻境中備受折磨，痛不欲生，痛苦的只能無助的吼叫。在世的時候依著自己的謀劃順風順水處處得力風光，死後的世界不是他在世的時候能夠謀劃的，潛意識被展現的清清楚楚，潛意識的恐懼被清清楚楚的展現出來，是他根本接受不了的。

地獄是什麼？地獄的世界就是你潛意識的世界。身體死亡之後心靈單元會進入與心靈潛意識匹配的幻境中，處處為自己精打細算的人是基於恐懼，因著內心更多的恐懼才時時處處防範自己不要吃虧、自己不要受損失，身體就是他自己，不能有半點損失。身體起因於那個「以為與整體生命分開了」的錯誤認知，特別把身體當真，說明了對「以為和整體生命分開了」這個認知很相信很相信，「與整體生命分開」本是個假設，身體就是基於這個假設形成的。身體基於一個假設而成，前提不成立結果怎麼會成立呢？身體只能是假的，可是如果你把身體當真的話那就是妥妥的把「與整體生命分開了」當真了，越是當真匱乏感越強，愧疚越深，恐懼越大。因此越把身體當真就越處心積慮的只關注身體層面，這樣的人身體死後便順利進入了與他內心恐懼匹配的幻境，反而是那些不是太把身體當真的人，身體死後因內心恐懼少進入的幻境恐懼要少得多。在身體活著的時候利用好身體在身體的經歷中成長心靈意識，淡化身

體是生命的認知，身體死後的經歷便舒服一些。

　　誠童年時期的心理陰影直到成年後都一直在，童年時期的經歷從心靈層面來說也都是誠這一心靈單元自己投射出來的。帶著心靈記憶的根信念認為自己獨立於整體生命之外，認為自己背叛了整體生命，認為自己失去了整體生命的一切，悲苦的人生不過反映了心靈錯誤的認知罷了。誠的童年經歷是誠這一心靈單元認為自己是一具身體，是一具可以被傷害的身體，他潛意識裡認定自己是一具身體，脆弱的身體，不是永恆不易的，不可能受到任何傷害的永恆生命。他認定自己就是從整體生命叛離了出來，很愧疚，愧疚自然產生要求懲罰的心理平衡，他的愧疚感讓他在潛意識的層面呼求懲罰以減輕他的愧疚感。

　　人類意識領域裡愧疚是一種很痛苦的體驗，很多人因愧疚嚴重而結束身體生命，因為相比較，結束身體生命的痛苦反而會比愧疚的痛苦輕一些。在更嚴重的愧疚心態裡甚至詛咒自己永世不得超生，也就是說永受地獄之苦，地獄並不是某個大神建的，是心靈自己認為該受煉獄的懲罰想像出來的。在心靈極度愧疚時它是心甘情願受煉獄之苦的，它認為這樣可以稍微安心一些，極度的愧疚帶給人心靈的煎熬不比把身體架在火上烤更輕鬆，極度的愧疚帶給心靈的煎熬不比把身體下油鍋更輕鬆。

　　心靈甘願接受煉獄之苦，實際上是在衡量利弊之後選擇苦輕一些的去體驗罷了，心靈自以為承受懲罰算是抵消了一些罪責，因而會覺得心裡的愧疚少了一些，感覺舒服了一些。心靈

做出的決定都是比較了之後，選擇讓自己痛苦更少一些的去經歷，心靈自以為知道什麼是對自己真正有益的，它憑藉自己虛幻的生命歷程得出它認為有益自己的方案，看似自我懲罰然而對心靈來說那是它選定的相對來說有益自己的最佳方案，就如同你們自認為自己做了很對不住人的事的時候主動懲罰自己，以讓你們傷害的對象不那麼恨你們，讓你也感覺不到那麼歉疚了。

身體層面的一切發生都是心靈決定的，看似身體自我傷害那也是心靈決定的，心靈在選擇時總是選擇心靈以為的可以讓心靈舒服點的身體層面的經歷。心靈也想為自己尋求讓自己舒服的經歷方案，但是它根本不知道真正的為自己好應該如何想，如何思考，它把自己根本是道聽途說來的關於自己的真實當成它做決定的依據，依據一個虛構出來的事實判斷如何是對自己有利的豈不是荒唐可笑？依據一個根本不存在的根資訊推導出來的分支證據怎麼能夠採納呢？依據一個子虛烏有的所謂的事實推導出來的理論公式得出的結論，怎麼能夠採信呢？依據一個假設出來的根資訊所衍生出來的海量資訊有哪一個是可信的呢？依據一個夢境當成犯罪證據怎麼能可信呢？與整體生命分裂只是整體生命裡小的可以忽略不計的一部分做出來的夢，夢怎麼可能作為判斷是否有罪的證據呢？真實的生命豈能用一個夢境來佐證祂的真實與否？真實的生命豈能是虛幻改變的？真實的生命怎麼可能被一個子虛烏有的假設影響到？真實的生命怎麼可能依據一個想像出來的場景而改變生命的真實呢？真實的生命永恆不易，任何都不能改變祂，真實的生命永

不受威脅，真實的生命永遠不會改變分毫，你的真實永遠不會被改變分毫，真實的你始終與整體生命是整體，是同一個圓滿完美的整體生命。

　　整體生命是你的生命，你雖是整體生命的一部分但你享有整體生命的一切，正如大海的一滴水享有整個大海，你是大海的一滴水也是整個大海，你如同大海的一滴水本來是享有大海的一切的，但是你不知怎的生出一個「假設我離開大海」的想法，你沉浸在這個想法裡，你沉浸在這個想法裡沉浸著沉浸著，你居然有點糊塗了「我離開大海了嗎？」，最初你只是分辨不清「離開大海」是你的一個想像假設還是真的發生了。也就是說，當你一開始沉浸在「假設我離開大海」這個想法的時候，你一會兒清醒一會兒不清醒，有時候你很清楚「離開大海」只是你的一個想像假設，有時會以為你當真的離開了大海，沉浸在「假設我離開大海」這個想法久了，你逐漸的忘了「離開大海」只是個假設。你正在迷惑的時候突然有一個聲音：「你成功的離開了大海，你從大海獨立出來了。」但是還有個聲音：「不不不！你沒有離開大海，離開大海只是你的想像幻覺，你不可能離開大海的。」起初你在這兩個聲音之間來回搖擺，不確定哪個是正確的，後來那個「你成功的離開了大海，你已經獨立於大海之外了」的聲音越來越大，那個「你沒有離開大海，你不可能離開大海」的聲音越來越小，最後你完全被淹沒在了「你成功的離開了大海，你已經獨立於大海之外了」的音波之中，你把「你成功的離開大海，獨立於大海之外」當成真的了。「你獨立於大海之外了」這對你來說成了你

蜜兒的故事

開啟流浪之旅的標誌，「你獨立於大海之外了」這在你看來是新奇的，終於可以嘗試離開家的感覺了，可是離開了大海你又是非常非常孤獨的。你新奇的時間只是短暫的一瞬，很快你感覺到了孤獨，你想到了「造物」，你想造出更多的你來陪伴你，你依照你從大海裡分離出來的「造物」模式將自己無限的分裂分裂分裂，分裂成無數一樣的獨立個體，這一個個從你分裂出來的獨立個體就成了你的夥伴，自你而出的夥伴都肖似於你，都是不甘被束縛的，都主張獨立，都主張和你劃清界限。你本以為他們是和你作伴的，誰曾想他們都照著你的模樣要獨立出去，你根本阻攔不了他們，他們為了增強自己的力量結盟想孤立你。你十分的憤恨絕望，奮力對他們發出攻擊，就這樣你和你的造物們不停的發動戰爭，你被你的造物們搞得疲憊不堪精疲力竭，處處被鉗制又時時防備偷襲。在你忍無可忍的時候，你決定毀滅你的造物，你一次又一次的毀滅他們又因著孤獨再造它們，這就是整體宇宙不斷生了又滅，滅了又生的機理。你從來就沒有離開過大海，只是想像出了一齣離開大海的場景劇，宇宙來自你的想像，宇宙的每一個都來自你的想像，生滅都是你的想像，演化都是你的想像，時空都是你的想像，宇宙的一切都是你的想像。真實的你始終都是整體生命的一部分，你始終享有整體生命的一切。

回到蜜兒的故事來。誠與蜜兒在蜜兒朋友的房子裡定居下來後，開始的一段時間誠很安靜，基本上都是和蜜兒待在一起，過了一段時間之後誠開始招呼他的朋友來他和蜜兒的住處，蜜兒也不反對。誠本來就是個好熱鬧的人，以前的生活都

是和朋友在一起的時間多，在家的時候很少，他是在經歷了生意上的徹底失敗後才不得不找一個僻靜的地方躲避生意失敗後的債務，還有不想面對親朋好友對他的失望才不得不停止與以前的朋友聯繫的。蜜兒出現在他的生活裡以後，他感覺到有了一線生機試圖重整資源東山再起，於是他便在與蜜兒關係穩定下來後開始呼朋喚友搭建人脈圖謀他的理想。

在誠招呼來的這些朋友當中不乏女性，誠是非常非常非常好客的，不管是男性女性只要是人來了都非常的熱情。這讓蜜兒後來也明白當時她去找誠的時候，在把誠晾在一邊的情況下誠依然主動熱情的去找她的原因之一，誠對誰都很熱情不是因為蜜兒多有魅力，是誠本身就是離不開朋友，有友情依賴症的人。在蜜兒明白了誠的這個特質後她並沒有限制誠，因為蜜兒並沒有忘記找誠的目的——無條件的愛他，接納他的一切。雖然蜜兒一開始見到誠的時候對他的樣貌有一些不滿意，但是蜜兒始終沒忘記自己找個男友的目的，他找男友的目的就是讓自己學習接納男友的一切，試著無條件的接納一個人，這個目的是蜜兒真心想達成的，因此她雖然喜靜還是不干涉誠招呼他的朋友來家裡。誠有嚴重的朋友依賴症，在他而言真是「女人如衣服，朋友如手足」，他小時候的經歷讓他不得不多交朋友來加強他的力量，對於他而言朋友代表著他誠信仗義，這是他很看重的品質，在被父親起名字的時候就賦予了朋友滿天下的寓意。在身體層面的現象看來，是他父親起的名字讓他喜歡結交朋友，實則是他潛意識就是這樣設定的，他父親起的這個名字不過是他潛意識的象徵罷了，即使在名字這樣的事情上都是潛

意識做主的。誠在朋友的認可裡找到了存在的價值，朋友的多寡是他認為做人是否成功的標誌之一，因此他特別的喜歡朋友聚集，不分男女老少他都可以很容易的與他們熟絡起來，這就是誠這一世的一個主要人格特質。

　　誠開始了他以往的處事模式，在他與蜜兒關係穩定下來之後，每天都叫朋友來到他們的住處，親自下廚招待他的朋友吃喝，蜜兒貼錢給他用，誠是暫時沒有收入的。蜜兒在錢財上功課不多，她不吝嗇錢財，尤其是對與她建立了親密關係的男人，蜜兒在與男人相處的時間裡基本上是不僅不依賴男人還經常給男人花錢的。蜜兒與男人相處的時候感覺到自己並不需要男人來養活自己，她自己花錢很節省但是就是對於與她建立了親密關係的男人不吝嗇。她始終沒忘找個伴侶的目的──接納他的一切，試著做到無條件的愛他，基於這樣的出發點蜜兒對誠極盡包容，來找誠的朋友她都當成自己的朋友，當有些來的人讓蜜兒有些反感時，蜜兒要求自己一定要在這個人走之前完全的接納他，這是蜜兒給自己定下的規矩。她在神祕力量的指引教導下是更加的明白這一世的目的，無條件的愛每一個，不對任何人和事物起評判之心，不排斥任何人事物，感恩來到他生活裡的所有人和事物，這是蜜兒被教導的，這也是必須要做到的。蜜兒心裡對到來的每一個人都在他們離開的時候發自內心的對他們充滿感恩，因為蜜兒這一世的主要功課不是在朋友這個方面，而是在親密伴侶這個方面。蜜兒在和朋友相處這個方面功課很少，遺留的一些小功課就是這樣借著誠的緣分都完成了。蜜兒心裡很清楚，所有到來的朋友都是為了自己過功課

的，早點過了功課早了卻緣，沒了的緣遲早都要了的，無需再等待下一次，並且蜜兒也發現只要是來了一次，在走時蜜兒還有一點點不接納他的話，這個朋友肯定還會來第二次，直到蜜兒完全接納了他，發自內心的感恩他，這個朋友就不會再來了。

因蜜兒發自內心的想在這一世出離夢境，聖師們就會應她所願調整時空，安排所有她還沒有接納的人以最節省時間的方式來到她面前讓她過功課。在你準備好突破某一個功課時聖師們一刻也不耽誤的給你準備好素材，讓你以最短的時間把這些功課過了。蜜兒看似在誠的聯繫下不用出門就有機會接觸很多人，實則從蜜兒的角度來看，都是她準備好快速的過功課了，才安排誠來到她身邊的。從誠的角度來看喜歡朋友陪著他，這是他想要體驗的經歷。在蜜兒和誠的搭配裡各自得到自己想要的，誠需要重回到生意失敗以前的朋友多的場景裡，蜜兒要提升自己的心靈頻率，各自提供自己的素材資源，看似蜜兒提供錢財供誠招待朋友，看似蜜兒很傻，不僅供養著親密伴侶還供養著他那些「狐朋狗友」，這在世人眼裡肯定會覺得蜜兒真是傻透了，但是蜜兒可不是這樣看待問題的，她付出錢財供養，但是她得到的是不用出門「功課就送上門」的好處，省得自己一個人跑出去路費精力都要出，去零零散散的遇見自己還沒有過的功課。蜜兒看問題的角度就是這樣的，她很明白自己這一世的目標，凡是有利於這一世目標達成的她都願意出錢出力甚至出人。

這一世蜜兒註定會悟道的，在她寫完這本書出版這本書

之後，很快的聖師們就會接她到真實世界旅程的終點，在她悟道之後身體還會留存於世一段時間，是她的心靈會和真實世界存在體們結合體驗悟道者們體驗的，身體存留於世是便於與還沒有醒來的心靈聯繫，給他們賜福，應他們的呼求幫助他們快速心靈成長。《蜜兒的故事》會伴隨著蜜兒走向旅程的終點，書寫《蜜兒的故事》的過程就是蜜兒逐漸通向終點的過程。在書寫的過程中蜜兒不斷的訓練心靈，提醒心靈無條件的信任與她連接通傳給這本書內容的矗立在時間盡頭的存在體們，這個過程不僅是為了還沒有醒來的心靈們，這個過程於蜜兒而言也是她在歷經了十幾年的心靈成長後剩下的一段學習練習過程。蜜兒將自己身體層面的故事奉獻給還沒有醒來的心靈們，這是對於還有很長時間一段路要走的心靈們大有裨益的，蜜兒也實現了自己為了眾生的利益奉獻自己需要奉獻的一切的承諾。在她發願出離夢境的時候，同時也發出了為了眾生的利益奉獻自己一切的大願，聖師因著她的願心直接做她的老師，直接給她調配讓她通過功課所需要的一切人、財產等資源，她願意為眾生奉獻她的一切，眾生也願意隨時配合她心靈的成長。不是說非得如此安排，而是這樣的安排是最有利於蜜兒完成她此生目的，不是誰被聖師們偏愛而是誰願意跟隨聖師們，接受聖師們一直給他們預備的「大禮」——無限的至福，難以言傳的妙樂，永恆的平安，整體生命的一切，誰真正想要這份「大禮」，誰真正領悟到這份「大禮」的價值，誰心甘情願捨棄身體層面的所有利益換這份「大禮」，誰真心願意誰就如願。

第八章

一體心靈與突破功課瓶頸

一、一體心靈，真正利他的就是利己的

　　誠看似接受蜜兒的經濟供養，但在蜜兒這一邊得到了省去了去一個一個的對接功課的時間。在衡量利益得失的時候不同意識頻率的心靈單元著重點是不一樣的，低頻的意識頻率考慮物質層面的得失，高頻的意識頻率考慮是否有利於心靈成長，各自得到自己想要的。並不是說不考慮物質層面的得失就會在物質層面吃虧，恰恰相反，越是不考慮物質層面的得失反而物質層面的供應不會短缺，只是需要付出錢財的時候不以錢財的得失衡量利益，而是以是否有利於心靈成長衡量利益。蜜兒的體驗就是這樣的，正因為蜜兒並不計較錢財的得失，她反而在錢財方面比沒有進入心靈成長的階段更富足，這個富足不是說她積累了多少錢財，而是說反而比以前不用節衣縮食的計畫生活了，需要花錢的時候顧慮很少了，該花的不思前想後反覆打小算盤，需要花的錢會從各種管道來到她手裡，根本不需要她操心費力的想辦法去做自己不想做的事情，總之匱乏感反而比以前少了很多，在經濟上沒有任何壓力，不會為錢愁眉苦臉，絞盡腦汁，不需要為了錢勉強自己，想花的時候輕輕鬆鬆的去花。這是蜜兒在錢財方面的體驗，自己無需為錢發愁，需要的時候錢就來了，這種信念正是蜜兒信任真實的生命無限豐盛富

足無任何欠缺的結果。心靈堅信自己是無限豐盛富足的時候，心裡就不會擔心錢不夠，不需要囤積錢財，不需要以得到更多的錢財爲目的去做事情，做事情僅僅是因爲聖師的指引，收入不是重點考慮的。蜜兒在接收到神祕力量的指引後做事情基本都是按神祕力量的安排去做的，有沒有收入不重要，收入是多是少也不重要，但是蜜兒體驗到的是，錢是根本用不完的，對於她來說是足夠的。神祕力量照看著她的一切，在蜜兒需要額外的錢去處理一項大的事情的時候，額外的錢就會來到蜜兒手裡無需操心費力，當蜜兒需要一個新的住處的時候，那個新的住處就會來到她面前，都是無需任何操心費力的。蜜兒被給予的物質生活比她離婚以前都要從物質上來講提高了不少，雖然沒有了自己法律上的房屋財產，但是住的總體來說比以前房子都舒適。這裡想要給大家講的是，一個眞心想出離夢境的人是根本無需擔心在身體存續期間身體必要的物質需求的，除非你並不是眞的想出離夢境，除非你只是嘴上說說而已。眞正想要出離夢境的人需要的師資物資都會被適時的保證，宇宙整體都會爲眞正想出離夢境的人協同助力，這不是神通而是一體心靈的緣故。

　　一體心靈是指心靈是一體的，不是個體的，一體而不是一個一個的。個體心靈是不符合實際的，以前用「心靈單元」來表述實則是「方便」之表述，在需要表達以人爲切入點的心靈層面時提出「心靈單元」這個說法。個體所在的心靈可以稱作一個心靈單元，個體所在的心靈單元是一體心靈的一部分，所有在形體層面看似爲一個個個體的心靈單元，在心靈層面實

則不分彼此，都屬於整體心靈的一部分，在整體心靈中的每一部分心靈之間，實際是沒有任何間隔的，是一體的，實際上只有一個心靈，沒有很多個心靈，如同整個大海的水是一體的。之所以在以形體層面的個體為切入點提到心靈時會用「心靈單元」這個詞，實在是無奈之舉，無法描述的勉強描述而已，無需把重點放在辭彙是否完全反映了實際存在，語言本身就是存在扭曲的，凡是把一個存在的實際狀況裝入語言這種表達形式裡，都不能夠分毫不差的被表達出來，起到被心智基本不走樣的捕捉到語言背後的東西即可，辭彙太貧乏太貧乏了，限制太多太多了，太容易被歪曲了，辭彙本身就是扭曲的產物，人類被辭彙限制了心靈無窮的想像力。之所以如此正是因為人類自身的意識頻率被限制在了很窄的頻段上，處在人類語言網織的濾器裡，我們要傳遞給你們的被篩選掉了很多，辭彙還無法基本上保留真實狀況的這個方面的表達一帶而過。人類的語言是適合表達非常粗糙的層面，不能夠表達出更加精微的層面，不可說的層面，只適合對低頻振動的存在狀況比較準確的描述。不是說人類這種被語言限制了要表達的實際狀況的現實，有什麼好和不好，只是以存在的實際情形去描述它而已，在此闡述了一下人類語言的限制性是想提醒你們，辭彙只是個指示牌，不是它指向的標地本身。

　　一體心靈被分割成一個個的心靈單元，這實際上是不可能的，但是因著前面我們講到的宇宙形成機理，整體生命中小的幾乎可以忽略不計的一部分生命突發奇想「假設我與整體生命分開了」，宇宙就是這個「假設」，是誕生於整體生命中小的

蜜兒的故事

幾乎可以忽略不計的小小一部分生命的「假設」，宇宙誕生於一個「假設」，宇宙就是這個假設。這小小小小小小的整體生命的一部分基於「與整體生命分裂」的假設，開始展開豐富的想像，想像了與整體生命分開後的所有可能性，宇宙就是這麼來的。在宇宙的層面到處都充滿了相互吞噬，彼此爭奪對抗，處處充滿了不和諧，處處充滿了此消彼長此生彼滅，處處充滿了戰爭掠奪，處處充滿了無窮無盡的相互敵對仇視防衛，這是宇宙這個層面的現實。當正義高舉著護衛和平的大旗去征服壓制攻擊的時候，這正義本身就是不義了，當不義打著為自己伸張正義的口號攻擊防禦的時候這個不義還算是不義嗎？何為正義，何為不義，都是各自站在自己的立場上維護自己的利益，各自都是維護自身的利益。從整體來看，局部互相廝殺各為其局部利益，從整體視角來看，都是各自為自己的利益侵略擴張防禦守護，基於此各自編造出有利於自己的一套系統，有利於自己的知識信仰體系，各自拿著自己出示的證據為自己辯護。宇宙的各個層面也都在上演著這種把戲，公說公有理婆說婆有理，孰是孰非看站在哪個角度，哪個立場，角度不同，立場不同得出的結論截然相反，這就是宇宙的遊戲規則，宏大宇宙的遊戲規則。

　　從心靈層面來講是心靈各個部分之間衝突的結果，心靈各個部分之間彼此對抗各自為政，爭奪控制權，爭奪規則的制定權，但是一體心靈是不會真的分裂的，那個基於分裂的假設想像出來的和假設一個形成機制的宇宙化形機制，不過是宇宙形成的初因機制複刻的擴張變形而已。分裂的製造模式都是基

於「假設從整體生命分裂出來」，宇宙成因來自一個「分裂」根機制，也就是說宇宙的「因」就是分裂，由這個假設出來的「分裂」之因產生的宇宙這個果怎麼可能不是分裂的呢？因決定果，果複為因，產生下一級的果，如此，分裂之因無限的複刻下去，多元宇宙、平行宇宙都是起因於分裂。但是，由整體生命中小小小小小小的以為自己從整體生命分裂出來的這部分生命始終是一體的，這部分生命就是我們要說的「一體心靈」，它把自己當成一個成功獨立出來的整體單元，它以為自己從整體生命成功的獨立出來了自成一體，這部分以為自己成功自成一體的小小小小小小的部分生命，就是我們要說的「一體心靈」整體生命中沉睡的這一部分。

再回到從形體層面切入到心靈單元的話題上。真實的情況是形體雖然是個體化的，你的身體、我的身體、某個動物的身體、某個植物的身體、某座山的身體、某個星球的身體、某個細菌病毒的身體、某個分子原子量子的身體，包括你們所說的「真空」的身體，也就是說形體層面看似獨立的個體，在所有這些形體所對應的心靈層面，實際上根本就沒有間隔劃分，是一體的，如同電影院螢幕上一個個獨立的影像身體的背後是一整塊完整的幕布。這是你們最容易理解的一個比喻了，看似一個個獨立的身體影像背後是完整的一塊幕布，這就是我們說的一體心靈。整塊幕布渾然一體，幕布上每一部分的質地全都一樣無任何差別，你觸摸幕布上的任何一個部分，震動會傳遍整塊幕布，因為幕布是一體的，因為真實情況是一體的，永遠是一體的，永遠不可能被分割，可以被分割的說明它原本就不是

蜜兒的故事

一體的。

　　一體心靈在本質上根本不可能被分割，但是心靈可以想像出自己被分割，因此投射出象徵著被分割的許多個體，一體心靈不可能分裂分裂再分裂，但是它可以想像出自己分裂分裂再分裂。宇宙誕生於分裂意識，誕生於整體生命中小的幾乎可以忽略不計的一部分真實生命的以「假設我從整體中分裂出來」的這個假設分裂意識，誕生於真實生命中小小小小小小的這部分的假設分裂意識是宇宙之根信念。宇宙來自於心靈想像出來的分裂模式，心靈把想像出來的分裂模式不斷的複刻分化出看似不同的、不連續的、有間隔的形象世界。宇宙不斷的膨脹又不斷的衰減，好似人身體細胞不斷分裂分化又不斷的衰減被吞噬，只不過宇宙這種週期性變化的週期長罷了。基於分裂造出的宇宙根本不存在，因分裂意識是假設出來的，分裂根本不可能真的發生，根信念不存在怎麼可能真的可以以此根信念為複刻範本造出更多的真實的複製品呢？一體心靈根本不可能分裂，怎麼可能是單獨的個體心靈呢？所有宇宙的所有一切的背後真實的，只有一個從未分裂的一體心靈，如同電影的螢幕上看似不同的人物，一個個相互獨立的人物，一個個相互獨立的動物植物無機物等。這些看似不是一體的人物場景都附著在同一塊螢幕上，看似畫面裡的人物場景不是一體的，但是這些非一體的影像都附著在一體的幕布上，這就是一體心靈與所有宇宙的所有事物的情形。你我他，僅僅指的是身體影像，主宰你我他的是一體心靈。你我他身體背後的那個真實的存在是一體心靈；你我他的心靈非你我他的心靈，非單獨的心靈，而是同

一個心靈，一體心靈；你我他不是你我他的身體，而是你我他的心靈；你我他的心靈其實沒有你我他的心靈，其實都是同一個心靈，一體心靈。

　　基於是符合事實的表述，是想說明爲什麼，前面說蜜兒因著利於衆生的大願，因著出離夢境的大願，會被矗立在時間盡頭的存在們動用完成她大願所需的一切資源助她心願達成。在她需要錢財的時候錢財就會來到她身邊，在她需要有伴侶的時候伴侶就會來到她身邊，在她需要解決人類層面某個不再需她做功課的事情的時候這個問題很容易就被解決掉了。因爲是一體心靈，不是因爲蜜兒有什麼神通。因爲是一體心靈，蜜兒眞心願意爲了看似是衆生實則是一體心靈奉獻自己的一切，一體心靈的其他部分自然也會如蜜兒所願，紛紛願意在蜜兒需要幫助的時候幫助她。

　　因爲是一體心靈給他人的就是給自己的，看似衆生應蜜兒之需幫助她，實則蜜兒得到的是自己給出去的，蜜兒服務於一體心靈的同時也是在服務自己。只有一體心靈，衆生背後的眞實只有一個心靈，這個部分心靈啟動願心實則也是一體心靈的願心，這部分心靈發願，眞心誠意的發願，爲心靈的所有奉獻，實則給出就是得到，眞心願意服務衆生也卽一體心靈的其實服務的是自己，必要的一切所需會被提供給她。能發「願意爲了一體心靈的衆生奉獻自己一切」大願的，在某個層面已經了悟衆生與我無二無別，是同一個，衆生的苦就是我的苦，我願意爲衆生尋找從苦中解脫出來的方法，是衆生的利益也是我的利益。然而她雖然有了此種領悟但她自身還達不到了悟眞相

120 \ 蜜兒的故事

的境界，她尋求解脫為自己也是為眾生，她發願出離夢境為自己也為眾生，在她的心識裡已經種下了眾生皆我的牢固信念，暫時還沒有了悟苦只是個假像，所謂的眾生苦只是個假像，都是圓滿完美的生命的小小小小小小的一部分想像出來的。這一世她便是以自身解脫為目標「以身試法」，同時也是為眾生尋求一條更加簡單容易的解脫之道，不容易被宗教扭曲了的所謂的典宗誤導的解脫之道，眾生因著她願意利於一切眾生的真心實意，供養她探尋路上的一切所需，這對於所有願意複製蜜兒願心的眾生都適用，真正利他的實則就是利己的因為是一體心靈。

　　誠與蜜兒在一起的安排是宇宙層面統籌協助安排的，誠這個人物特質對於蜜兒突破她今生最重要的功課瓶頸是最合適不過的，捎帶著前面所說的，誠呼朋喚友快速的讓蜜兒通過在朋友這個層面遺留的功課。誠在某個層面知道蜜兒不是陪他走完這一生的，只是來幫助蜜兒突破重大功課瓶頸的，誠當然也會被給予他這個層面最想要的：從生意失敗負債累累的困境中走出來。蜜兒不光承擔了誠和蜜兒在一起後的生活費用、招待朋友的費用，還幫誠償還了追債的人的債務，讓誠在出行方面的限制解除了，能夠自由的乘坐飛機高鐵，這對誠來說是他最需要的。蜜兒幫助誠償還債務的錢一大部分是安排好的人贊助的，一部分是蜜兒的體己錢。從蜜兒的角度，和一個人決定在一起了就不分彼此，在錢上不那麼清楚的劃分，在誠的角度和蜜兒在一起是很幸運的，社會上像蜜兒這樣的女人很少很少了，不為別的，就看在蜜兒對他的幫助上也要好好的待蜜兒。

他對蜜兒生活的照顧是很周到的，平時打掃衛生做飯採買基本都是他承擔，蜜兒只是幫個忙而已，在出去採買的時候誠負責選物品，蜜兒負責付錢。誠在生意失敗前生活水平還算是不錯的，如果他不是貪圖更多名利錢財的話，日子在當地來說還算是很不錯的，吃穿用度都比蜜兒以前的水準高，在誠和蜜兒的生活中誠自然不會在蜜兒的消費角度衡量，他自然的按照自己習慣的生活標準採買生活用品。對於蜜兒來說誠雖然從她看來根本用不著這麼講究，但是她並不制止誠，並不要求誠按自己的生活水準去採買，誠本來就不把自己當外人，很自然的讓蜜兒付這個錢付那個錢，這一點也是蜜兒從誠身上要學習的，蜜兒知道自己在這一點上缺乏誠這樣的心態。蜜兒的人格特質是不介意幫助別人，誠這樣花錢她不覺得有什麼，但是換在誠這個位置上，她是很難做像誠一樣大大方方的伸手要錢的，蜜兒認為誠能夠大大方方的花別人的錢正是她需要學習的地方。

自己花錢給別人和像誠一樣花別人的錢，其實沒什麼區別，如果自己給別人花錢的時候不吝嗇，而花別人錢的時候就覺得不舒服不好意思，是有分別心的看待這兩種看似不同的狀態的。既然形體不是真的，形體不管表現出什麼狀態都不是真的，為什麼在對待形式層面的不同狀態時心裡的感覺是不一樣的呢？此種狀態讓你感覺舒服，彼種狀態讓你感覺不好意思，這對待表現形式不同的幻相為什麼反應不同呢？還不是把幻相當真了，給別人花錢與花別人的錢都不是真的，對這兩種狀況的反應不同說明都當真了，當真的以為這種狀態是好的，那種狀態是不好的，看似在做好事兒，其實把做好事標籤為

「好」，「好」這個標籤讓你感覺舒服，「壞」的標籤讓你感覺不舒服，這不是本書劃分對錯的標準，非得說本書有一個對錯標準的話，可以說是有一個錯誤的思想體系和正確的思想體系、錯誤的思維和正確的思維、錯誤的答案和正確的答案。錯誤的思想體系就是把假設當真的思想體系，也卽把「與整體生命分裂當真」的根信念衍生出來的思想體系當真，把假的當真就是錯誤的思想體系。而在心靈深處對眞實的記憶所延伸出來的思想體系就是對的思想體系，正確的反映了眞實的思想體系就是對的思想體系，也卽聖師的思想體系，本書如果非得說有對錯的標準的話就是上述標準。看起來的善行你一當眞就是在錯誤的思維裡了，無關乎行爲上怎麼做，只關乎心裡是如何看待這些行爲的，只要把這些行爲當眞了就是在錯誤的思維裡了。眞實的，你沒看到就盯著假的看，關注點放在了假相上也就是又被假相俘虜了又成了假相的奴隸，這就是本書的對錯標準，盯著假的看就是錯的，越過假相看眞實就是對的。在這裡不關乎任何形式層面的東西，只關乎你心裡是否認出假的是假的，是否借著假的去想那個眞實，借著假的提醒自己去關注假相背後的眞實生命就是正確的，一心想著眞實的生命就是正確的，只關注眞實就是正確的。

　　這裡需要注意的是「心」去關注眞實，用「心」去想眞實不是用眼睛，眼睛是根本看不到眞實的，感官所見皆是幻，在你的人生歷程中借助於你人生歷程中感官所見的，去練習超越感官所見，用「心」去見。換句話來說，練習不再把感官所見當眞，去練習在心裡按照正確的思維去「看」，一切感官所

見都是在用錯誤的思維去「看」，貌似眼睛看見，耳朵聽到，鼻子聞到，舌頭嘗到，皮膚觸到，心裡想到，眼耳鼻舌身意所見皆是在用錯誤的思維去「看」，這些所見都是依著錯誤的思想體系去做判斷分別，不是依著正確的思想體系正確的思維。「見」的過程其實是思維的過程，思維錯了肯定就「見」錯了，思維對了肯定就「見」對了，借助人生的經歷訓練用正確的思維去「見」，逐漸的正確的思維導入你的潛意識成為你的主流思維，在你正確主流思維的運作下體驗到的平安幸福，就會成為你貌似生活在這裡的人生主要體驗，再接著練下去，心靈全部被正確的思維充滿，你貌似在這裡的人生體驗就是悟道者的體驗，再然後就沒有然後了，因為你徹底醒來了，自己一直安居在整體生命的懷抱裡哪都沒去，一切完好如初，一切始終如是永恆如是。

二、一鼓作氣持之以恆的高強度訓練心靈

　　複歸到誠與蜜兒的故事上來，誠這個角色對於蜜兒突破重大功課的瓶頸是最合適的，現在就開始有關這個重大功課的主場景。誠十分的好客，他幾乎每天都招呼朋友到他們的住處來，蜜兒也很配合他出錢出力，在來的朋友裡也不乏女性，誠對待女性如對待男性一樣十分熱情，在蜜兒感受起來是有點介意的。蜜兒對待同性朋友不是太有興趣和她們建立更為親近的關係，她主要就是需要一個異性伴侶且只需要一個固定的異性伴侶，對於同性朋友她沒有太大的興趣和她們深入交往，在同

性朋友來她家時，以往的習慣也是她不是招待的主角。從蜜兒的人格特質來講，蜜兒只和能與她的心靈共振的同性朋友走得比較近些，她沒有興趣去招待只是泛泛之交的同性朋友，因此對於誠招呼來的女性同性朋友，蜜兒都是禮貌性的配合誠，並不願意和她們深入交談，除非與她們有共同的領悟度，女性朋友也主要是誠招待，在誠再三請她一起聊一聊時蜜兒才會加入他們。在誠眼裡，朋友就是朋友，同性異性都一樣，陪同性朋友吃飯喝酒與陪異性朋友是一樣的，誠和異性朋友的相處與同性朋友沒什麼差別，這在蜜兒看來不需要這樣，和異性朋友應該保持一定的距離男女是有別的，不應該用同樣的親密度去對待不同性別的朋友，蜜兒是這樣要求自己的，心裡也希望誠能這樣，可是在誠的心裡只要不和異性朋友發生身體上的親密接觸，都是在「朋友」這個尺度裡的。

　　基於兩個人對於朋友相處的「尺度」不同標準，蜜兒心裡就有了不舒服的感覺，但是她並不表現出來也不阻止誠，她很明白之所以自己對誠與女性超過她標準尺度的親密感到不舒服，是她把身體當成了生命本身，以為身體是自己，以為誠的身體是誠，以為誠的朋友的身體是朋友的生命本身，是把假的當真了，是自己把「與整體生命分開」當真了，以為自己離開了整體生命失去了整體生命的愛，所以恐懼失去整體生命的愛，恐懼整體生命的愛不能全部的給自己處於一種失去整體生命愛的焦慮中。在蜜兒的潛意識深處是始終都存在對失去整體生命愛的恐懼的，正是因為這個恐懼才不停的需要一個外在的她認為是生命的身體的愛，她將自己因相信了與整體生命分裂

失去了整體生命的愛的恐懼匱乏投射到了外面，她以為的可以帶給她愛的異性身上，以為從真實生命那缺失的愛可以從她以為的生命——身體那兒得到彌補。她這一世體現出來的情感依附症只不過是心靈錯誤的以為身體是生命並且是已分裂的生命，她要把這分裂出去的生命找回來，所以她去尋找一具具的她以為的生命填補她分裂的生命，她正是因為錯誤的以為自己和整體生命分開了才產生了「情感依附症」這種病態的情感。心靈出錯了身體層面也不會好到哪兒去，心靈生病了身體層面也會表現出各種病症，不只是在肉體組織層面，情感層面極端的情況都是病。

　　蜜兒這一世身體層面沒什麼重大的組織性疾病，但是以身體為自己真實的生命，引發的情感依附症就是她此生最大的病，在蜜兒學習了《奇蹟課程》後就知道了自己此生要治的最大的病就是這個情感依附症。誠與她在一起就是要不斷的提醒她這個病的存在，誠自己根本不知道他的這個人格特質就是來提醒蜜兒時時刻刻要想到自己這個病的，知道自己有病才想去治，才有治的動力，不知道自己有病是不會想去治病的。誠這個宇宙調配過來的對治蜜兒最大的病的身體層，確實讓蜜兒更加感受到自己病的是多麼嚴重，誠一與女人靠的近些，蜜兒就隱隱的不舒服，嘴上不說心是欺騙不了自己的，每受一次刺激心就隱隱的不舒服。這還是誠認為自己已經很照顧蜜兒的情緒了，他因著蜜兒對他的恩惠，在與女性的相處中已經收斂好多了，他對以前的妻子都沒這麼小心過，他覺得自己已經夠得體了，僅僅是陪這些女性朋友吃個飯聊聊天，不是他不想讓蜜兒參與進來是蜜兒不參與進來，他

有什麼辦法？總不能把朋友晾在一邊兒，這可不是他的朋友之道，他已經很給蜜兒照顧了，只是和女性吃飯聊天，手基本上都沒碰過，他已經很注意保持距離了還能怎樣？可是蜜兒就是在誠單獨與女人在一起時心裡嘀嘀咕咕的，不能強行讓誠停止他好客這個習慣也不能不讓誠陪朋友，自己找誠的目的就是為了學習接納他的一切，不能干涉他，必須無條件的接納他的一切，這是自己給自己定下的目標。可是自己就是在誠與女人單獨在一起時不舒服怎麼辦？想不要不舒服只有一個辦法，回到產生這個不舒服的病根上去除這個病根兒，這就是為什麼誠這個角色很利於促使蜜兒以最快的速度突破情感依附症瓶頸的原因，他就是來讓蜜兒時刻記著她有病，得趕緊治病，必須得治病的。蜜兒明白這一點，自從她體驗過身體某部位的深深的無力感絕望感之後，她就很深刻的記住了這一點，但是仍需要外在觸發她對這一點的在意識層面的清晰，觸發她對於這一病症帶來的痛苦更明顯體驗，她才願意去從心裡練習聖師的思維。這是心靈被動練習的必然，在外在條件滿足了需求時會感覺舒服一些，在感覺舒服的時候甚至雖然不那麼舒服，但是是在可以忍受的範圍內時，心靈不會有動力主動練習的，起初都是會這樣的，甚至在練習的路上進行了好長一段時間的心靈單元也常常是這樣的，不痛不練，能勉強過去就不想練，這是心靈在很長的一段學習時間內常有的狀態，痛了能及時的練就算是很勤快的了，痛的輕了不想練，痛的重了才主動練，輕的時候能拖就拖，重的時候不得不主動練。

　　促使心靈快速成長的外部條件是在一定範圍內必須的催化劑，痛的不夠動力不夠，既然要達成出離夢境的目的就不能

任由慣性的習慣滑向舊有的輪轉軌道裡，注入動力，不得不注入動力，從習慣性的思維慣性拋出去，從習慣性輪轉的思維慣性裡給它一個動能，從習慣的思維輪轉裡跳出來，這是需要有意識的給心靈注入動能的。投注精力時間專注在聖師思維上讓心靈逐漸擺脫舊有的思維慣性，讓聖師思維運行動能動起來。也就是說，頑固的慣性思維是以很強的慣性一直輪轉的，心靈一直被這頑固的慣性思維帶著走，要讓心靈從這頑固的思維輪上跳躍到聖師思維的頻道上來，一開始的時候是需要你有意識的注入專注力和時間的，讓心靈跳出慣有的思維是要給它注入大量的動能的，就著讓自己傷痛的事情用心專注的練習聖師思維，就是上面所說的，將心靈帶離慣有的思維輪轉，慢慢的將心靈搭到聖師的思維體系中來。很長一段時間內如果不是持之以恆訓練的話，剛搭上聖師思維軌道的心靈很容易會滑落到舊有的慣性思維輪盤上，因此，一鼓作氣持之以恆的高強度訓練心靈，以最短的時間穩固的搭上聖師思維輪盤是最節省時間的，稍微用點力剛把心靈放到聖師思維的輪盤上，稍一鬆手就會掉到舊有的慣性思維輪盤上。你若想節省時間就「咬」緊牙注入強大的主動思維力，讓心靈一旦搭上聖師思維的輪盤就不會輕易掉下來，這樣很快讓它進入一個相對穩固的狀態裡，這是快速的切換到聖師思維頻道的最快方法。

　　在蜜兒的這一次情緣裡就是要這樣高強度的訓練，蜜兒在最短的時間內讓心靈相對穩固的搭上聖師的思維軌道，成功的將舊有的思維慣性衝擊力降到一個不至於使蜜兒重回到舊有輪轉思維上來。也就是說，相對穩固的使蜜兒的心靈頻率躍遷到

一個新的臺階，這是蜜兒在這段情緣裡要達成的。針對蜜兒最大功課設計的這段經歷確實達成了這個目的，突破了她情感依附症的瓶頸，在她以後的情感生活裡便能夠做到一直與一個人廝守此生。對蜜兒而言不僅是需要有一個情感依附的對象，而且這個情感依附對象還要對她一心一意不再心猿意馬，然而如果她自己不先治癒自己的情感依附症的話，就會不斷的投射出如誠一樣在她看來讓她沒有安全感的伴侶來，她是不能容忍一個伴侶對她不專心的，她可以自由決定何時與伴侶分手，但是她不允許伴侶在沒有和她正式說清楚要分手的時候對自己不忠心。對於蜜兒而言獨享一個男人的情感是很重要的，別的方面不大計較，與她在一起的男人如果和她建立了情侶關係就必須不能把情感分給別的女人，需要這個情感宿主必須是只被她的情感寄宿的，否則她也不是吃素的，誰敢一主多宿那她可就不客氣了。在情感這一塊蜜兒曾經愛的非常轟轟烈烈，她能為異性情感付出一切，但是她要求對方必須對她一心一意，因為潛意識層面不想得到部分的愛，或者說以為和整體生命分開了，失去了整體生命全部的愛，她要想辦法找回來，而她把一個異性的愛當成了整體生命愛的替代品，她要得到全部的愛，在她找的替代品上得到全部的愛，這就是她對和她確立了伴侶關係的男人錢財方面很大方，但是又要求對方必須專情於她的潛意識的因。這對蜜兒而言道理上已經很明白了但是做到太不容易了，也就是說去除她這種心理行為層面的模式太不容易了，然而不是做不到，密集的訓練聖師思維讓潛意識心靈更快的搭上聖師思維輪，這種病就沒有了。

繼續蜜兒與誠的故事。誠對女性的熱情對蜜兒起到一個讓她時常覺察自己病症的作用，蜜兒就著這個外在刺激產生的不舒服練習聖師思維，快速的將心靈搭上聖師思維的轉輪，不停的用心練習練習再練習。這就是所說的訓練心靈轉向聖師思維，痛了就練，不舒服了就練，因為當你明白病根在哪兒的時候你是會願意從根上清除病因的，尤其是你症狀出現的時候為了好受一些你不得不治，你當然願意從根兒上治，你就會勤於練習，你就會有動力練習聖師思維。

三、撥通聖師「號碼」的正確方法

　　在你練習聖師思維的時候你是在向聖師發出邀請，你是在用聖師思維撥打聖師的「通訊號碼」，你不能用「非聖師思維」接通聖師，你得用聖師給你的聯繫號碼即聖師思維。你如果胡亂撥打肯定是聯繫不上聖師的，要撥正確的號碼，你首先得知道正確號碼，知道了正確號碼你還得願意撥，你還得按一下號碼，按的時候必須得使勁兒按，只是把手搭在號碼的位置不用力往下按，即使位置搭對了也不管用，號碼位置搭對了還得用力往下按。也就是你練習聖師思維的時候必須得正確理解聖師思維，也就是獲得正確的通訊號碼，得到了正確的通訊號碼你還得按一下通訊號碼，真的把每一個數字碼都按下去而不是只是假裝按下去，你得按準、按下，這樣才能準確的調頻到聖師頻道，聖師因你的呼請會就著你存在的思維體系對症的啟發你。聖師具體給出的啟發會因著人這個層面心智結構的不同

而看似形式上有所不同，但是都是恰到好處的。聖師因循著你這個人格特質的不同於其他人格的現實狀況恰到好處的給你啟發，每個人都不會被給予完全形式上一樣的啟發形式，因為每個人的人格特質心智組成是有差別的，聖師知道怎麼樣對具體的人格心智最管用，聖師是非常非常具有智慧策略的。聖師會根據每個人格特質心智組成去給出最適合某個人的最佳具體指引，因此不必在意不同的人接收到的指引形式，只要是聖師給出的對你來說就是最有益的。

聖師知道你的一切，準確到你的出生日期、身體狀況、人際關係、煩惱痛苦、重大人生轉折、最適合啟發你的時機，你的一切一切都好比電視劇裡的每一幅畫面一樣能被聖師隨時看到，當然聖師不會去用眼睛看你的形體層面，聖師也沒長著一雙眼睛，聖師是透過你的心靈了知你的一切的。你不管在行為上做什麼聖師都不會真的看到，因你行為上所做的一切都是首先出現在你心裡的，聖師住在你的心裡自然便知你心裡的一切，比你知道的可要多的多的。聖師就是你心靈裡睜著眼睛的那一部分，是你心靈裡清醒的那一部分，是既知你的真實又知真實的你做的夢的那一部分，你心靈裡時刻清醒著的就是聖師，你可能根本記不得你心靈裡的聖師，但聖師可時刻都在一旁靜靜的守護著你，你可以不讓聖師介入你的思維，聖師並不會強行改變你，聖師只會默默守護耐心等待，一旦你真心呼請祂的幫助，祂立馬一秒也不等的馬上回應你。這在你們看來好像根本不可能，那是你們根本不相信會有一位全心全意為著你真實利益著想的，全心全意只為著你真實利益著想的，代表整

體生命守護你的，存在於你內心的聖師存在。

　　你根本想不到誰會只為著你真正的利益而陪伴你守護你，沒有任何需要，只為把一切的真實，完美無缺、無與倫比、完美的難以言傳的你的真實送給你，你根本不敢這麼想，你不相信會有這麼好的事兒，你的所有宇宙經歷中付出才會有回報，根本沒有啥也不做白白來的好事。你重視的是假設我白白的被給予好處的話，這裡面是不是藏著一個巨大的陷阱，在你不注意的時候把你誘捕到陷阱裡，你心裡通常是這種想法，你不相信有白給的好處，你不相信真的會有誰啥都不求，啥都不要就是在一旁等著，把世間宇宙都沒有的、完美的、無法形容的、你想都不敢想的送給你，你甚至覺得這不是神經病就是大騙子，哪有啥都不要只是在那兒等著給我送那麼好的大禮的。你起初是根本不會相信的，但是你如果從一個不起眼的小事上去試一試的話，你還是敢邁出哪怕是微不足道但是卻讓你產生一絲絲一絲絲願意信任的鬆動的。這就是你完全信任聖師的苗頭，這就是你願意接受聖師給的「生命的一切」這份大禮的起始，有了這一點小小小的縫隙，你會循著這個縫隙必然會透過來的聖師之光，半信半疑，等等看看，往縫兒那兒湊一湊又遠離，再試探性的看一看，看得更仔細一點，再看的仔細點，可能還會轉身就跑，但是你已經抹不去帶給你那一絲溫暖的亮光，它在你心裡悄悄的留下了痕跡。你很長時間都可能不去靠近那個縫隙的亮光，但是那溫暖的亮光會時不時的出現在你的腦海裡，不清晰但從未離去，等你繼續在沒有亮光的區域夢遊的各種苦難艱辛，讓你苦的不能忍受，讓你絕望的時候，你不

蜜兒的故事

得不嘗試著換一種活法，換一條前所未有的路去試一試的時候，那抹亮光便再次的出現在你的旅途裡。

蜜兒與誠不是無緣無故走到一起的，雖然是宇宙的總體協調給蜜兒找了一個最適合她突破情感依附症瓶頸的誠，但是若無因緣是不會被安排到一起的。因果之循環在宇宙層面是宇宙運轉的動力，但是宇宙既然不存在，宇宙層面的因果怎麼可能是真的呢？是因為心靈把宇宙當真了，宇宙層面的因果對於它來說就像真的一樣，這裡的前提是幻相層面的因果不是真實的因果，真實的因果就是真實生命的因果，真實生命的因果即是初始生命是因，初始生命按照祂自己的「模樣」延伸出來的部分被稱為果，初始生命與祂延伸出來的部分是一體不分的，只是從位次上來講初始生命為因，祂延伸出來的部分為果，復又延伸出來的部分皆是果，因果一體，不分彼此，生生不息。

這裡強調的是整體生命的創造「過程」、創造「模式」與幻相世界的妄造完全不同，整體生命的創造模式的因果是一體的，延伸出來的部分與原來的部分也是一體的，一體順次不斷延伸不同於幻相世界的因來自於「分裂」模式。

幻相世界起因於假設出來的「分裂一念」，這個假設出來的「分裂」模式即是幻相世界的因。宇宙成因於一個「分裂」的祖宗，這個分裂的祖宗復又造出與它一樣分裂的子子孫孫，所以宇宙整體這個大幻相裡到處都是分裂的象徵，分裂的相，無一處幻境不是宇宙的祖宗「分裂」的影子。獨一境界不屬於此幻相之列，那就是前面提到的「真實世界」，「真實世界」其實也是幻境，它是真實生命沒有任何扭曲的「像」、映

照。也就是說雖然眞實世界也不是眞實的生命本身，但它完全如實的反映了眞實的生命沒有任何的扭曲，或者說它是對眞實生命的眞實記憶的世界，再或者說，如同一個人沒有任何化妝的，沒有任何修飾的素顏照片，這個素顏照片雖然不是這個人本身，但是這張照片如實的反映了這個人的眞實長相，沒有任何扭曲。悟道者們在幻相世界的這個存在面上，也就是完全憶起了眞實生命如實映照出眞實生命的存在面上，這是夢境旅程的終結之地。起初從恍惚的「假設與整體生命分開了」，然後把此假設當眞，再然後基於「以爲和整體生命分開了」的這個假設，假設出與整體生命完全不同的幻相世界，你們所說的宇宙分裂意識的出現是幻相世界出現的標誌，恍惚的「假設」坍縮成實際的確定態，出現了明晰的分裂意識，如你們所說的量子坍縮。整體生命裡小的幾乎可以忽略不計的一部分突發奇想「假設我與整體生命分開了」，起初它很明白這只是個假設，然後陷入了恍惚，這到底是假設還是眞的？「與整體生命分開」到底是假設的還是眞的？處於你們所說的量子疊加態也就是不確定態，不確定「與整體生命分開」是假的還是眞的，亦或半眞半假，但是當它把焦點專注在這個想像時，它就給這個想像注入了成形的力量，也就是你們所說的，當你觀測時量子就具有某種形態，呈現出某種穩定的現實，也卽量子坍縮，一個不確定是眞是假的「假設」，在被投注關注力的時候就成了它心裡想要的現實。也就是說整體生命的這一小小小小小小的部分在一個恍惚的狀態裡，不清醒的狀態裡，選擇了「分裂爲眞實」，這是量子態的，**量子態是假設出來的可能性的存在，**

或者說只有根本不存在的才可以有更多可能性的存在，因爲它根本不存在，你願意它是什麼形態它就如你所願是什麼形態，你想像出來的隨你的想像而改變。量子只是個虛影，是幻相世界幻的本質的基礎單元，恍兮惚兮裡生出的想像力單元，它成形於整體生命那小小小小小小的部分的想像力，這小小小小小小整體生命一部分的想像力就是支撐整個宇宙運行的能量體，沒有了這小小小小小小的整體生命的想像力的支撐，宇宙便隨之泡沫般的消失，虛幻不復存在，無從來處歸於無，起於虛無複歸虛無。整體生命永恆不易，眞實的生命亙古永恆永世矗立無始無終從未改變過，你信與不信祂都不受絲毫影響的如實存在，不以你信與不信的信念爲轉移，眞實的從未改變過，不眞實的根本不存在，虛幻的從未眞實存在過。宇宙生物體的本質不過是魅影幢幢罷了，宇宙所有的一切皆從未眞的存在過，宇宙所謂的因果法則怎麼可能是眞的呢？在幻相世界運行的一切都是幻，你相信了它爲眞，它才貌似眞的對你起作用，你相信宇宙爲眞，宇宙的因果業力對你來說才如同眞實的一樣對你起作用。

　　誠與蜜兒都還未證得宇宙爲幻，都還相信宇宙是眞的，因此因果業力還對他們起作用，這就是前面所說的蜜兒與誠的因果層面。在某一世誠曾經是蜜兒的兒子，蜜兒對誠管教的特別嚴格，使得誠非常的不舒服，但是基於母親的權威，誠不敢公然對抗蜜兒，不得不採取暗地裡較勁兒對抗的方式。誠不學習，不務正業，不做出當時來講大家認爲是高大上的事業，整天遊手好閒，蜜兒對他的朋友們都不歡迎。在蜜兒的前一世誠

和蜜兒又對等互換過身分，蜜兒是誠的角色，誠是蜜兒的角色，由於蜜兒證悟到一體的層次化解了不少宿怨。這一世的蜜兒在朋友層面基本上沒有功課，前一世的她基於證悟到一體產生了對一體的悲憫，發出了願意為眾生離苦得樂奉獻自己一切的大願，這個大願即為這一世的蜜兒得宇宙之助種下了在宇宙層面的因，把曾經和蜜兒有過業緣的靈魂單元篩查一遍，看看從哪一段業識起正好符合蜜兒快速突破功課瓶頸，就把承載這個業識的人調出來助功蜜兒突破瓶頸。

四、整體生命真正的「愛人」

　　再次的回到誠與蜜兒的故事上。誠這種喜好朋友的人格特質促使蜜兒不得不回到心裡使用聖師思維治她的病，這是她突破瓶頸的很關鍵的一段緣。誠不僅招呼異性同性朋友到家裡還利用網路和未見面的網友打的火熱，他除了做飯搞衛生外也沒什麼事情是必須做的，剩餘的時間很大一部分泡在網上。一開始他還很收斂不出聲的和女性朋友聊天，後來改成語音聊天，在他睡不著的時候也常打開語音和女性朋友聊天，蜜兒也不阻止，蜜兒從內心裡打定主意一定要做到接納誠的一切，他聊天就讓他聊天，自己不舒服了就回到心裡練習聖師思維從根上治療，經常是在一張床上誠拿著手機和女網友開著免提語音聊天，蜜兒躺在一邊閉著眼睛練習聖師思維。在這種狀態裡，蜜兒就著自己的情感依附症入心的練習聖師思維裡針對情感依附症的思維點，情感依附症是因為心靈認為離開了整體生命，失

去了整體生命的愛，失去了整體生命的一切，不再圓滿完美，不再是整體生命的一部分，不再配接受整體生命的一切，不再是值得被愛的，不再是聖潔的，不再是完整的。自己以為自己失去了整體生命的愛，也不配再享受整體生命的愛，痛苦、自責、無力、愧疚、缺失、孤獨、無助，各種不舒服，想向外尋求彌補，以為自己可以彌補這一切，以為可以在整體生命之外彌補這一切，對異性的需要就是想彌補與整體生命分離的缺失感不完整感。整體的生命是蜜兒曾經擁有的，然而她糊里糊塗的丟失了整體生命，不再是整體生命的一部分，不再享有整體生命的一切，這是多麼的讓人失望愧疚，無法挽回永失所愛。

　　整體生命對蜜兒而言就是她的愛人，她如今失去了她的所愛再也找不回來了，她痛苦絕望無助無力再也找不回那曾經擁有的愛了，再也找不回那曾經的無限美好了，這是在蜜兒的心靈深處盤桓的想法，這是她不能缺失情感依附對象的深層認知。極度的缺失感產生負向衝擊力吸食孔洞，使她需要從象徵著愛的男女情愛裡獲得滿足和安慰，在她的意識深層，與異性的親密感最肖似曾經擁有的整體生命的親密，最能夠彌補失去整體生命愛的缺失感，與異性身體的親密接觸好似與整體生命的親密接觸，無縫隙的親密感是她一直想找回來的，異性的這種親密關係最能讓她找到一絲絲類似與整體生命在一起的感覺，與整體生命的親密無間感，在這世間唯有與異性在一起時有機會能尋找到一絲絲，與整體生命原本一體的親密無間感，唯有在與異性在一起時才可能有機會尋求到一絲絲。

　　蜜兒對異性的需求實際上是她曾經憶起過在沒有與整體生

命分裂前的記憶，曾經有那麼一絲絲對整體生命的記憶劃過她的心靈，太美妙了，整體生命太美妙了，無法忘懷的美妙。這是蜜兒在宇宙時空中體驗到的最美妙的體驗，這一恍惚中的憶起牢牢的刻在心識裡，她在世間遍尋發現異性之間偶然間的體驗，有那麼一絲絲的類似於她曾經在恍惚中憶起的，對整體生命的殘留記憶，還不是清晰的記憶，只是恍惚的一絲絲記憶，就是這恍惚中對整體生命的一絲絲記憶讓她始終難以忘懷，實在是還想再次體驗到，在她知道的範圍裡唯有異性之間親密時才有可能觸摸到一點類似的體驗，因此蜜兒是試圖用異性之間的情愛來替代缺失的整體生命之愛的。她實際上真正想要的是曾經恍惚中憶起的，與整體生命在一起時的那種難以言傳的美妙，但是她不知道從哪裡去找，她只是體驗到偶爾在與異性的親密接觸裡有一些類似的感覺，這就是為什麼她這一生最大的功課就是對異性的情感依附症。潛意識裡她一直尋求的是與整體生命在一起的感覺，親密無間，沒有任何的私藏，全然一體，沒法描述，她內心深處渴望的一直是這種狀態，功名利祿對於她來說都無關緊要，她就是想要再次憶起與整體生命在一起時的體驗，那種體驗就是她畢生的目標——憶起生命的真實整體生命的真實。

　　蜜兒的情感依附症的病根就是以為與整體生命分離開了，以為自己不再擁有整體生命的愛，失去了整體生命的一切，自己變得不完整需要找到另一半才能夠重歸完整。異性伴侶在她看來就是能彌補她不完整性的另一半，在與另一半心靈結合的時候才給她一種完整感體驗，即使這種結合與整體生命一體的

蜜兒的故事

體驗差得很遠很遠，但是至少體驗到一些微弱的與整體生命在一起時類似的感受。身體被認為是自己的時候，以為身體的結合能夠體驗到與整體生命的一體經驗，與身體的結合取代生命整體性的一體經驗，這也是人類不斷的追求尋找另一個身體與它親密接觸的動因所在。

　　身體在人們心裡就是自己的生命本身，以身體親密取代心靈的親密，用身體的結合取代心靈的結合，以占有一個人的身體取代心靈的真相、一體的真相，取代的結合幻覺產生類似於一體生命的存在狀態，只是一點一點粗製濫造的模仿一體的生命，不是真正的一體生命的創造模式。身體本來就是分裂的象徵，身體獨立存在，兩個獨立存在的分裂產物不可能與整體生命的渾然一體無任何嫌隙同日而語，粗製濫造的模仿不可能是真實生命真實的體驗，粗製濫造的模仿僅僅是意淫式的一體想像罷了。生出粗製濫造的心靈自以為可以以身體取代真實的生命產生真實生命的體驗，粗製濫造出以身體為自己的與其他身體的結合體驗，這簡直是自欺欺人、意淫式的想像，真實的生命無法言傳的一體經驗，怎麼可能是與之創造模式相反的分裂模式能夠真的模仿到的？拙劣的皮毛之技。形式本身就不可能是一體的，一體的不具任何形式，連你們知道的意識量子微粒也都是具有一定形式的，即使在你們以為的最精微的意識量子微粒這樣的不能夠再劃分的存在單元，也只不過是想像出來的形式的基本單元罷了。

　　一體生命的真實只能你親自體驗到，不能用任何宇宙最先進的技術探測到，試圖用不斷完善的技術研究生命的真相簡直

是癡人說夢。真實的生命本身唯有真實的生命才能知道，不管具備了什麼樣的宇宙最先進的研究水準，都不可能觸碰到、體驗到真實生命的，但是作為心靈的你是可以通過不斷的去除心靈妄念，用聖師思維取代分裂的思維去除遮蔽真實的重重迷霧而碰觸到的。

　　一些人在修煉過程中因著靜下心來讓虛妄的念頭止息下來，曾經窺探到稀薄的雲霧之處背後的真實微光，這個他實證的體驗，讓他的認知體系發生翻天覆地的變化，這一瞥見成了他再也無法忘懷的，持有這種經驗的心靈再次進入身體的輪迴時，會執著的認為身體的結合能帶來他曾經一瞥真實的體驗，他可能在這一世的身體歷程中去找機會不斷的嘗試身體層面的結合，以圖再一次的一瞥真實的生命體驗。這是個荒謬的結論，正如前面所說，身體本就是分裂的象徵，怎麼可能透過身體的結合體驗到真實的一體生命？不是說你們人類的身體結合是不應該的，而是說那是不可能探尋到真實生命的體驗的，人類身體的結合是設置好的人類身體延續的方式，也是如同身體的其他欲望一樣沒有什麼特別的欲望罷了，適當的滿足帶著單純的體驗身體結合的心理認知去體驗它，這是你們提升了心靈意識頻率後才可能做到的。不是身體的結合本身有什麼好和不好，而是它根本不可能帶給你真正想要的，你不去充分的體驗是不會真正明白這一點的，你總是還會幻想它可能會帶給你真正的滿足，那畢竟是在你們的層面能夠體驗到的粗製濫造出來的對一體生命的模仿而已，一點點的意淫出來的和真實生命體驗最為接近的體驗了，但是你們不可能以這樣的方式體驗到哪

怕是真實生命體驗的百萬分之一。意淫出來的體驗怎麼可能與真實的生命體驗相比呢？儘管你們只體驗到百萬分之一這個數量級都不到的類似於真實生命的妙不可言，就足以讓你們心馳神往欲罷不能了，你們其實要求太低了，真實生命的妙不可言哪裡是那一丟丟拙劣的仿製品（這裡姑且說它有點像仿製吧）可比的？

真實生命的美妙以你們最強的想像力都不可能觸及其「一根汗毛」，真實生命的美妙哪裡是你們身體的結合體驗到的已經讓你們欲罷不能的體驗所能比之的九牛一毛，所以你們其實要求太低了，一點點比較出來的好處都把你們迷得忘記了返「鄉」，豈不知家鄉的美是你外出流浪體驗到的最美妙的身體結合那一點點的「妙」不及之百萬分之一的。除了蜜兒與誠的情感依附外其他的一切依附心理都是一樣的道理，也就是說情感依附症不只體現在異性情感上，其他種類的情感依附只不過也都是一體心靈在認知上的錯誤罷了，對其他種類的情感依附症的對治與對治兩性情感依附症是一個機理，不從根源上去治療情感依附永遠都不會去除。

五、凡是由聖師思維引起的「情緒」都是滋養以太體的

人類情感是十分豐富的，各式各樣的情感在情緒體裡產生，情緒體也是身體，不是說只有眼睛看得見的才叫身體，身體除了從最粗糙的眼睛可見的你們通常所說的身體之外，實際

上在你們肉眼所見的身體上嵌套著頻率不同的多層身體。在肉體身體的上一級身體是經絡組成的以太體，這一層身體直接作用於肉體身體，肉體身體的具體狀況直接取決於以太體的正常與否，以太體受損的話，肉體層的身體必然會出現堵塞，積累起來形成你們所說的「病」，當以太體被修復，相應的肉體層也會去除堵塞而使發病部位恢復正常。以太體是在身體層的嵌套裡，嵌套的身體層不是一層套一層，是不同頻率的身體在同一個身體占用的空間裡相互嵌套嵌在一起，不是一層覆蓋一層，是不同頻率的身體嵌套式的「穿插」在一起。在你們看來一個空間被一個物體占滿後就不能再存放其他，不是這樣的，不同頻率的物體可以同時占有在你們看來的同一個空間。也就是說一把椅子上已經坐了一個人在上面，不同於這個頻率的形體可以絲毫不受影響的「坐」在這把椅子上，這把椅子上可以坐許許多多的不同頻率的身體還可以互不干擾，當然除非某一個身體主動（故意）對比它頻率低的身體形成干擾。套疊不是你們理解的套疊，不是一層在一層上方，是一層完全嵌入另一層的所有部分，不是在一層上又套一層，是一層全部與另一層的所有部分無間隔的穿插式的套疊。

身體不是只有一層，肉體層、經絡以太層、情感情緒層，情感情緒層直接影響的是以太層，喜怒哀樂使經絡以太層受到影響。不是說喜就不衝擊到以太層，喜的情緒也會對以太層產生衝擊，因為你們所說的喜不是來自於對真實生命的觸碰，而是外在物質幻相滿足了你們的需要而產生的。喜與悲是同一種情緒的兩面，都是由外在物質幻相觸發的，認同了幻相不管是

被滿足還是失望都是把物質幻相當眞了，一當眞不管它讓你喜還是讓你悲都會衝擊到以太層，讓以太層的頻率受到擾動，但是從衝擊力的大小來看，悲要比喜衝擊力更大一些，總之基於物質幻相而升起的所有情緒都是對以太層有直接的衝擊力的。情緒體在以太體嵌套層的上一級直接作用於以太體，在情緒體的往上一層是心智體，儲存一個人意識認知的地方。

　　心智體不僅僅是意識的儲存地，心智體包含了頭腦思維、潛意識資訊認知，甚至包含了已經被取代的分裂思維體系也卽聖師思維，這部分的形成是需要通過長時間的訓練才可能達成的，聖師思維被訓練成心靈的主導思維的時候心智層就會包含聖師思維。凡是由聖師思維引起的「情緒」都是滋養以太體的，因此聖師思維具有治療以太體的作用，不斷的訓練聖師思維就會逐漸的治癒以太體，表現爲以太體能量更加暢通的流動，身體可能會感到被疏通一樣的痠麻脹痛等症狀。當以太體通道疏通達到一個承載在聖師思維充滿心靈的時候，身體可以長時間的處在高頻振動的能量之下。再說一下，以太體被疏通到能夠承載心靈被聖師思維充滿時，就可以承受高頻能量的衝擊使身體不至於被高頻能量炸掉。以太體作爲肉體身體的護盾維持肉體身體的正常運行，只要以太體能夠容納高頻能量，肉體身體就不會被高頻能量炸掉，使得肉體身體在低頻的環境裡得以維持長時間的運行。

　　可以想像成以太層是一個容器，經過改造的話可以禁受得住比它更高頻的能量衝擊，它會截留這個能量衝擊使處於低頻的肉體載具不至於聚不成形，這是蜜兒以後的存在形式，心靈

完全被聖師思維充滿，身體也能保留很長時間，這是她發願奉獻自己一切的約定，聖師們經由它充滿她，作為一個具有身體的聖師載具駐留世間，身體完全變成了聖師意識的載具，以便繼續充分利用這個身體服務於心靈還沒有醒來的人們，這是蜜兒轉世前就已做好的決定。當身體徹底被認為只是個工具時，如何使用它又有什麼要緊的呢？身體不是你，如同你的車子只是你方便達成目的的工具而已，如何使用它又有什麼要緊的呢？身體不是你，把身體當成你正是你要修正的錯誤所在。

人生的經歷如同你開著車子去旅行，一路上的經歷是否讓你的認識有所提高，是否收穫旅途的風景與人的友情，採集旅途中的美好裝入車中才是使用這個車的目的。坐在車裡不去看外面的風景，不去結識旅途的人們，不去採集旅途中的美好，開著車子空逛一趟，走了一路，到家後雙手空空如也，還不如根本沒有這趟旅程。這只是打個比方，轉世人生如同開車旅行，身體只是個車子，心識的收穫如同沿途旅行採集到你所喜歡之物，收穫美好的風景、路遇的友情，載滿物質收穫感情寄託回到家中。這是一趟充滿收穫的旅程，不白出去這一趟，如果只是讓車跑了一趟，人看似去了相當於沒去，這是車在旅行還是你在旅行？你看似坐在車裡隨車跑來跑去，你啥都沒收獲到，你這一趟旅行就算是白跑了，這只是一個比喻的說法，也就是提醒你不要讓這一轉世人生空跑一趟，就是這個意思。

時間是不存在的，從本質上來講時空是一回事兒，時間即空間，空間即時間，沒有空間距離哪裡需要時間？沒有時間怎麼可能會有空間？時空皆是與整體生命分裂的產物，也就是

蜜兒的故事

說「以為和整體生命分裂」的產物，是想像出來的，是主觀性的。你沉浸在喜悅中時，時間過得飛快，你在不安恐懼中時，時間特別漫長，你認為時間是快的它就是快的，你認為時間是慢的它就是慢的，與你知道的時間機器測量出來的時間無關。你沉浸在滿足喜悅中時，時間長短對你來說一點都不重要了，你喜悅滿足時，時間存在不存在，一點都不重要了，你沉浸在喜悅滿足時，時間在你的感覺裡已經消失了，你根本不需要一個時間去獲得滿足，你即是滿足本身，你即是喜悅本身，不是有一個滿足的地方需要時間才能到達，不是有一個喜悅的地方需要時間才能收穫，你即是滿足喜悅本身，你根本不需要時間這個東西，你處在沒有時間的境界裡，沒有時間即是永恆，你不需要身體消失才能與時間告別，身體根本不可能影響到你處於永恆之中。

　　你是心靈不是身體，時間在身體層面會持續很長時間，但心靈即刻可以歸於永恆，再也不受時間的限制，再也不受空間的限制，心靈複歸它本質的永恆裡。你根本不需要操心身體還需要在世間待多長時間，你的心靈本體已然在永恆裡了，不是身體沒有任何感覺了，是你從心智上再也不會把身體當成你了，身體的感覺再也不會影響你心靈了。身體如同你開的車子，車子需要加油，身體需要吃飯，車子對油的好壞不會升起情緒反應，身體本身不會對飯的好壞升起情緒反應，心靈的認知才會升起情緒反應，你可以對身體吃的飯升起情緒反應，也可以根本把它當成給汽車加油一樣的事情。你不是身體，你是在使用著身體，身體如同車子養護它如同你養護車子，該加油

的加油，該檢修的檢修，要是有磕碰什麼的該給它修補就修補，僅此而已。你與身體徹底不認同了，也就是說你徹底把你和身體分開來看了，如同你把身體的你與車子分開來看了，車子會有損傷你永遠不會，身體會有損傷心靈永遠不會。這並不是說身體一定要有損傷，是說它如同車子一樣可能會難免損傷也可以不需要損傷，不過其實損不損傷的又有什麼關係呢？它不是你，你是永遠不會受損傷的。蜜兒悟道以後身體還會待上很長一段時間，上面一段主要是說給現在的她聽的，不是說只是說給她聽的，而是說現在她就需要聽一聽這段。時間對於悟道的心靈根本不起作用，時間只對還在酣睡的心靈起作用，身體層面的時間根本不能影響到悟道者的心靈，蜜兒的一點小小的擔心是不必要的。

六、真正的徹悟者根本沒有興趣開門立派

再回到蜜兒對治情感依附症的方面來。蜜兒在道理上已經很清楚她的病根了，也在誠的助力下主動操練著，但是這個病不是一下子就能痊癒的，是需要投入大量的時間精力治療的。在這裡說明一下，即使是你認為自己已經投入了大量的時間和精力對症治療，但並不是說聖師待在一旁看著你不幫你。情況是這樣的，你即使以為自己已經投入了不少時間和精力了，但是比起聖師要幫助你的，你做的那部分工作僅僅是治癒工作的很小很小的一部分，但是你必須得做好該是你的這部分工作，這是你願心的具體體現，只是有口無心的說一說自己想出離夢

境那可是不管用的，發了願還得有實際行動，你發願放下所有的幻但你根本不想耗費你虛幻的時間和精力來練習的話，怎麼算是真心願意捨棄所有的幻呢？一點的時間和精力都捨不得的話，怎麼可能證明你真的想捨棄所有的幻了呢？這是要提醒你們的。

宇宙時空皆是幻，你在宇宙經歷的一切都是幻，過去現在未來都是幻，前世今生來世都是幻，你前世是什麼樣的並不代表你今生就是什麼樣的，你今生是什麼樣的並不代表你來世是什麼樣的。你在這一世提升了意識頻率，你在下一世也會保留你提升的意識頻率，終究你提升意識頻率才是你在一世人生中的收穫所在，如同前面所說的，不白開著身體這輛車白跑一趟。

意識頻率的深度需要一定的延展度支持，你在每一世的人生中都會試著從不同的角色體驗中延展自己的意識廣度，多視角的體驗人生，女人的視角、男人的視角、妻子的視角、丈夫的視角、大人的視角、孩子的視角、窮人的視角、富人的視角、權貴的視角、平民的視角、高高在上的視角、低賤的視角，不同的視角會帶給你不同的感受認知。不論你處在哪一個視角你都是站在局限的視角，在你多視角的體驗過後你意識的廣度擴展了，包容性也就更強了。這一個頻率體驗過了下一個頻率繼續體驗，也就是說同一個頻率也有多個視角，每一個視角都體驗過了，你有所領悟意識頻率提升，在接下來你會在提升的這個頻率上再繼續多視角體驗，再提升你的領悟度，再提升你的意識頻率，再進行提升的頻率上的多視角體驗，以此多

視角體驗提升你意識的高度（深度）。這就是上面所說的，意識的深度是需要一定的意識延展度（廣度）來實現的。但是如果你在世的人生如同開車空逛的話，意識廣度拓展完成不了，你如何能提升到下一個意識頻率呢？不是說你一世一世的空逛有什麼不好，是說你既然開上身體這輛車上路了，白跑一趟這是何必呢？再下一世又白跑一趟，你何時才能結束你的苦難之夢呢？雖說時間都是假的，可是你根本不相信啊！對於不相信時間是假的的你，時間是非常非常真實的，所以對你才會說：「你何時才能結束這苦難的夢啊！」

也許你會說：「你們爲什麼不想辦法把我叫醒呢？你們爲什麼不像小時候我那厲害的媽暴力喚醒我一樣強行將我喚醒呢？」是啊！我們爲什麼不像你那厲害的媽一樣暴力的強行將你喚醒呢？這是個不錯的問題，是這樣的，你雖然在做著一個悲催苦難的夢，在你的夢裡不是沒有出現過心靈已醒來的身體，也就是說在你的夢裡不是沒有出現過徹底醒來的悟道者，他們曾經試圖喚醒你但是你是什麼態度呢？根本不信他們說的那一套，甚至攻擊他們，更有甚者視他們爲異端邪說。在這種情形裡他們怎麼能夠強行喚醒你呢？這個方案能行的通嗎？還沒開口就被你們亂棒封殺了。

在你們的夢境裡率先徹悟的人還是有那麼數十個的，一些人悄悄離開了，一些人徹悟後身體存留過一段時間進行真理的散播，可是聽懂的人少得可憐，不想聽的人多得數不清，聽懂又實證的幾乎沒有，聽但是根本沒聽懂但是以爲自己聽懂了的人，就成了悟道者的繼承人，以悟道者的傳承者自居，以完全

蜜兒的故事

了悟了悟道者所說自居，開門立派，根據自己以爲的悟道者的法理開始傳播，自己根本沒有領悟悟道者眞實的意思，只是自以爲明白了，立馬張羅著開始散播他們以爲的悟道者的眞實意思。宗教的起源很大一部分都是這種情況，一群自以爲深諳徹悟者所講法理的人，借著徹悟者的名聲宣講自己的道，這就是在你們的夢裡宗教何以徒有虛名而無眞正啟示心靈提升頻率之實。

　　眞正的徹悟者根本沒有興趣開門立派，借著向大衆傳播他們的所謂「眞理」之名壯大他們的門派勢力，徹悟者只是在一定的因緣下隨緣布施「法理」，根本不會去大張旗鼓的建立宗教門派。他們明白世界根本不存在，人的身體也不是眞實的生命，沒有誰的眞實不是圓滿完美的，他們一點度人的執著都沒有，在他們眼裡沒有什麼需要拯救的，一切都是圓滿完美的，一切都是整體生命的福澤之地，安然無恙無需去改變任何。卽使他們看似在宣講法理啟迪靠近他們的人，但是他們並不以爲他們眞的做了什麼，他們透亮透亮的知道他們不在這裡，他們不在這個夢裡，他們始終都與整體生命在一起，每個看似的人也始終都和整體生命在一起。眞實的一切始終都沒有受過一絲一毫的損壞，始終完好如初，整體生命的每一部分始終完好如初，一切的眞實都始終完好如初，唯有由衷的讚美祝福。對前來向他們求助的人們，在他們眼裡都是如整體生命一般圓滿完美一無所需，開口說一說話只是因爲貌似來到他們面前的人們不知道他們自己始終都是圓滿完美的，故而告訴他們他們自己的眞相而已，沒有別的，你來問他，他便應你之請告訴你你的

真相，因為他知道你不管抱著什麼目的來，你真正所求的是安心無慮，唯有你的真相才能讓你安心無慮，他便把你的真相帶給你。徹悟者身體在這裡心靈只專注在真實上，來到他面前的人看到的是徹悟者的身體，徹悟者看來訪的人看到的是他們的真實無任何所需的真實。

身體是作為一個未覺悟的心靈能夠容易接受的，聖師意識的載具起到了不至於使還沒覺醒的心靈感到不可接近聖師的障礙，無形無相的聖師在他們看來根本不可能出現在他們的生活裡，即使出現了，他們也不敢相信還可能嚇著他們。身體作為他們熟知的習以為常的存在，使他們更具備可接受的心態不至於被他們認為是詭異的，他們是在向和他們一樣的人請教，這是無需非議的事情，他們若向無形無相的聖師請教，這就很詭異了，會被說為是神經病，因此身體這個被人熟悉的事物來充當無形聖師意識的承載平臺，是適合人們認知接受水準的。

蜜兒的身體在她悟道後就被用來做這個工作，無需擔心，這一世蜜兒的身體是會被妥善照顧的，不會再經歷曾經出現在你們夢裡的，出來散播真理的徹悟者們所經歷的被攻擊狀況，這是寫在出生前計畫裡的，無需再如此，前輩們已經經歷的蜜兒無需再如此經歷，作為蜜兒這個身體所在的高一級幻相自我，會徹頭徹尾的照顧好蜜兒身體這個層面，心靈歸聖師們負責指導，身體不經聖師們直接負責，統籌調配都是聖師們直接負責。身體層面蜜兒會被安排的很讓她的人格自我滿意的，這不是說蜜兒必須被這樣照顧，是無需在幻相層面住在一般的地方，環境已經不是蜜兒的功課所在，安排她曾經去過特別差的

環境裡她是全然接受的，現在從幻相的角度給她安排一個悟道前的她所嚮往的滿意的環境，同樣是需要她全然接受的。在幻相層面的呈現匹配她已然了悟自己真實生命的圓滿完美，境映照出心，蜜兒的設計是外境恰好匹配內境的，這是她這一世主要的一個呈現特點。每當她意識大轉變之後都會相應的出現環境上的改變，總體而言一次比一次讓她的人格自我滿意。**提前寫出來這些資訊是讓讀到這本書的人提高信任度，在沒有發生的時候就寫出將來要發生的事兒，是適合人們心智增加信任度的一個十分有效的措施。**反過來說是應著人們更願意信任才投射出這麼一個從外在證據上讓他們更加信任的證據，合理化人們內心裡早就有的認定，就是如此。

　　整體生命始終如是永恆如是，與幻相世界扯不上半毛錢的關係，心靈世界一部分記著整體生命的真實，一部分被錯誤的信念占據，心靈始終留有選擇相信哪一個的權利，這個權利就是心靈能夠被喚醒的保證，兩種關於生命真實的答案，心靈自由的選擇哪一個為它的答案。相信了「分裂」的那部分心靈，體驗著它相信的真實，到處都是分裂的證據；選擇相信真實記憶的那部分心靈，體驗到的都是真實生命的象徵，一體圓滿完美，到處看到的是一體圓滿完美。心靈選擇採信哪個它就會看到它其實早已認定的信念的證據，不是說它找到了證據才相信某個答案的，而是它先選擇了某個答案，它才會找到符合它已選擇的答案的證據。這完全不符合人類的思維順序但這就是實際的情況，先確定要觀察到什麼，什麼才會出現，不是先觀察到什麼才會相信什麼，證據在選擇之後，確定了選擇的答案才

有證據來證明它的答案是正確的。這是人們很難接受的但是符合實際的正確的觀點，不是先有證據後有結論，而是先有結論然後才有證據，先確定分裂是真的然後就出現無處不是分裂的證據，如果先確定一體圓滿是真的，到處看到的就是一體圓滿的證據，這兩種不同的選擇導致兩種完全不同的體驗。一種是分裂、對抗、衝突、不安、無力、無助、愧疚、恐懼、自卑、自大、陰險狡詐的；另一種是一體、圓滿、喜悅、平安、愛、敞開、分享、自由、富足、滿足、無求，一切都足夠足夠，只想分享分享，沒有任何獨占的想法，因為足夠足夠一無所需，多的只想分享分享，一切都是足夠足夠的只想分享分享。選擇相信哪一個是你的自由，選擇正確的答案便體驗到與正確答案符合的「現實」，選擇錯誤的答案便體驗到與錯誤答案相符合的「現實」。

　　仔細想想，你會選擇相信正確答案還是錯誤答案呢？不必急著得出結論，仔細想一想，認真想一想，哪個體驗才是你真正想要的？你真正想要的是哪種體驗？仔細認真的反覆想一想，什麼才是你真正想體驗的？什麼才是你真正想要的？什麼才是你真心所願的？什麼才是你誓願去達成的？仔細的認真的反覆的想一想！

　　在此說一說蜜兒的書寫狀態，她此時此刻的書寫狀態。她坐在桌子前拿著一支筆，她根本不用想寫什麼，她實際上是在聽寫，她聽貌似來自頭腦中的聲音然後就記錄下來，她一點也不用自己思考只是專注的聽，然後寫下來。此時此刻她哼著曲兒也不誤聽，聽伴著曲兒，曲兒伴著聽，她今天就是被給予

蜜兒的故事

這樣的一個狀態，很輕鬆的聽到要寫的內容，像是從她頭腦裡源源不絕流出來的文字，此刻她很愉快輕鬆不是要專注的聽，就是流動的聲音流經她的腦海一點都不用她費心思考，那是流出來的聲音變成文字落在紙上。那是神聖意識的流動！那是神聖意識的流動！那是神聖意識在流動！心靈一體，一體心靈，浮現在腦海，神聖一體，一體神聖，變成聲音流向文字，流入一體的心靈中，就是這樣的沒什麼神奇的，本是自然狀態對你來說竟然成為了無法企及的神奇！無法企及的神奇！無法企及的神奇！神奇本是自然狀態卻變成了你們以為的無法企及的神奇！無法企及的神奇！神奇本是你自然，你就是神奇！你就是神奇！你就是神奇！你全然的忘記！你全然的忘記！你全然的忘記！忘記忘記全忘記！這是很不自然的！很不自然的！很不自然的！神奇本是你本然你卻全然的忘記，一體本是你本然你卻忘記了你的一體，神奇本是你本然，一體本是你本然你都全然忘記。本是一體自然流動，何時你能憶起？何時你能憶起？何時你能憶起？聖師與你本是一體！聖師與你本是一體！自然流淌在你心靈裡你怎麼不認識你？你怎麼拒絕你？你怎麼把本是一體的自然認為好神奇啊！你忘了你才是真正的生命奇蹟！你才是生命真正的奇蹟！奇蹟不是奇蹟那是生命本然的，當奇蹟不再自然就是出現了問題，當奇蹟高不可攀那就是出現了大大的問題。奇蹟非奇蹟那本是自然的常態化的，什麼時候奇蹟成為常態那就是回歸正常了，當奇蹟不再是神的神祕的高不可攀的就回到生命本有的常態了。

蜜兒本名叫密停（諧音），起這個名字是有寓意的，所有

的祕密將由這本書打開，再也沒有什麼所謂的祕密，真實世界將向你們敞開大門，歡迎你們回到真實世界！同胞兄弟們，歡迎你們回到真實世界！一切的祕密到此終止！一切的祕密由蜜兒聽寫的這本書終止！密停，從此再沒有神祕的不可企及的，真實世界是你們夢境旅途的終點。來吧！同胞兄弟們，回到你們啟程的終點，憶起你的真實無與倫比完美的難以描繪的真實。啟程即是終點，不斷的選擇回到啟程的位置：聖師記憶。在每一件事上選擇聖師思維，在每一件事上選擇用聖師思維去看，即是在每一件事上都提醒自己回到你出發之地：分裂只是個假設根本不是真的，真正的我始終是整體生命的一部分，整體生命始終如是永恆如是，我已然透亮透亮的確定，這是永恆不變的真實，這就是你始終要提醒自己的！始終提醒自己的！用心練習的！直到你邁進真實世界的大門，旅程結束，宇宙複歸它本有的虛無什麼都沒有發生過，無處不是涵容一切的真實生命，無處不是愛——真實生命的本然。你就是愛本身！你就是愛本身！你就是愛本身！當你時時刻刻都是在愛裡，你憶起了真實的你，你徹底了悟了你的真實，一無所需！一無所需！一無所需！

　　如果你聽不到聖師的聲音，你也無需以為聖師們不愛你，聖師們一視同仁的愛著每一個，只不過你不希望聖師打擾你的夢境，在你準備好希望聖師進入你的夢境時，聖師會以你能接受的方式幫助你。聖師們不是不想接你們早點回去，是你們還不願意放棄夢境，還想繼續流連在夢境中，如果你們真的希望結束夢境的話，你們會生出很大的願心，願意用夢境中的一切

交換真實世界，交換你的真實。在你們還沒有準備好的時候是不會真的生出這樣的願心的，比如蜜兒在上一世還沒有準備好，她還想充分體驗一下兩性關係能不能帶給她如同整體生命一樣的體驗，這是她還留有的一絲絲念想，這一世安排她盡情體驗了，最終她明白這也沒什麼，也滿足不了她，心甘情願的放下了。但是這裡面有一個道理，如果不是用心操練著聖師思維一邊又經歷人間伴侶關係，真正放下人間男女情愛也是不能做到的，經歷著練習著，不斷的從內在去找，在相信自己並沒有失去整體生命的愛時自然不會向外尋求愛了。由於無力感產生的負向衝擊力逐漸的消失，內在找到了真實的自己本有的愛圓滿便不會再向外尋求，內在本有的愛圓滿取代了匱乏欠缺，心裡本自具足一切，愛、自由、富足、神聖、力量、尊貴、偉大、無與倫比的完美，何須他尋？

事實證明在真實的生命之外找不到真正的愛、圓滿、富足、神聖、偉大、尊貴、自由等自己想要的特質，試過了放棄了，再也不對虛妄之物有念想了，真正的心甘情願回歸整體生命，將專注力撤離夢境回歸真實生命。這是一個需要不斷用心操練聖師思維才能真正達到的旅程，不是說發了大願就不用操練，如果真的發了大願，願意用所有的虛幻交換真實的話，還有什麼捨不得使用虛幻的時間和精力來操練的呢？只想把虛幻的時間精力用在改變幻境上，這怎麼算是真正的有願心出離夢境呢？所以說如果不想用心操練的話只有一種可能，你的願心不是真的，這也沒什麼，真的沒什麼，你不過是再多經歷一段時間的苦難而已，可是這又是何必呢？推遲練習的現實是再多

經歷一段苦難之後，還得不減量的操練，也就是說並不因為你多經歷了一段時間的苦難，以後需要操練的量就減少了，難度就降低了。不會的！這是不可能的！所以細算這筆賬划算嗎？多受了一段時間的苦，操練的工作量並沒有減少，心裡有的必須從心裡用功抹除才行，你自己要做的那部分工作你必須做到才行。這裡不是說聖師不仁慈，是前面所說的，如果你真的願意出離夢境的話，怎麼可能一點時間精力都不願投入呢？如果你不想做，只能說明願心不是真的，聖師們怎麼可能違背你的真實心意呢？聖師們充分的尊重你的真實訴求，絕不會有絲毫的越界，強行取走你還不想放棄的，哪怕這些你不想放棄的讓你吃盡苦頭痛不欲生，只要你沒有真的想放棄，聖師們絕不會強行幫你拿走。不是說聖師們真的想讓你受苦，眼睜睜的看著你受苦而只是旁觀，是聖師們尊重你的自由無限的自由，吃苦受罪雖然讓你受到了限制，但是這也是你無限自由的體現，你被賦予了無限自由的權利，想離開整體生命的話只要是你真心所願你就能真的離開，問題是你從未真心所願過。以一個恍惚的夢境作為證據你真的覺得離開整體生命是你真心所願嗎？事實證明絕不是，神智失常才會覺得離開整體生命是好的，既然是你神智失常，貌似的願心怎麼可能採信呢？整體生命無限自由，然而你若想無限自由的話就不可能離開整體生命，和整體生命在一起才能保證你的無限自由，唯整體生命才能讓你真正的無限自由，你離開整體生命體驗到的就是處處受限制，你夢想出來的離開整體生命的歷程就是處處受限的歷程，沒有誰干涉你自願處處受限，因此在你夢境的旅程中聖師自然不會干涉

你不想放下受限的體驗。聖師們卽使在夢裡也充分尊重你的自由，但是聖師們其實知道，你認爲的你的眞心所願並非是你眞心所願，他們耐心的等待你也認識到這一點後向他們求助，卽使在夢裡聖師們也尊重你以爲的眞實所願，前提是在夢境裡。

　　入夢的心靈忘了自己眞心所願，以爲夢境就是自己眞心所願，糊里糊塗的守著一個夢境不肯放下，不明白自己只是夢見了想要與整體生命分離，然後就成功分離出來，以爲眞實的情況是成功與整體生命分裂了，再也不受整體生命牽制了，信誓旦旦的要與整體生命抗爭到底。誰曾想，整體生命渾然不覺，根本不知道你在搞什麼鬼把戲，因爲整體生命太確信沒有任何一部分生命眞心願意分離出去，太確信每一部分生命都始終忠於整體。祂太確信太確信了，根本無需搞什麼監控設備，整體生命對自身創造的確信，使祂根本無需任何設防會有某部分會叛離祂。整體生命對自身創造的完美的無與倫比的確信，使祂根本無需有一絲一毫防衛「萬一某一部分會叛離祂」，無需無需根本無需。整體生命的創造完美完美太完美了，在祂之外如果還有什麼的話那一定是無法與祂媲美的。這種對自身創造完美的確信，只能勉強用「確信」這個詞來說一說的，沒有任何的懷疑，無需任何的懷疑，根本沒有懷疑這種東西，整體生命對自身完美創造的確信無法言表無法言表。這在於說明（表達）整體生命爲什麼根本不知道你的夢，你的夢只有你在做夢的時候才知道，一旦你醒來你根本不記得你的夢，醒來的你只知道整體生命的妙不可言妙不可言，所以在夢中發生的一切整體生命根本不知道。沒有聖師沒有你，聖師也只出現於夢中，

聖師是入夢的你對你眞實生命的記憶，記憶不等於眞實本身但是它如實的反映了眞實，因此循著這個記憶就可以憶起眞實。

七、業緣都是你造出來的，練習聖師思維才能眞正的消業了緣

回到聖師不干涉你自由意志的話題上來。儘管是在夢裡聖師也不干涉你的自由，夢裡的你願意受苦的話聖師也會尊重你的意願，在一旁看著你繼續受苦下去，直到你主動向祂發出請求尋求幫助。聖師記憶裡的你始終都是圓滿完美的無限自由的，你只是在做著一個受苦的夢並不是真的在受苦，你還想繼續受苦不願求助聖師的話，只不過說明你還不想醒來，聖師不會強行喚醒你，這也是尊重你的自由意志。你想多睡會兒你就多睡會兒吧！聖師絕不會強行喚醒你，但是會在你耳邊輕柔的呼喚你，你如果真想醒了用不著強烈刺激，你若不想醒強烈的刺激對你並無好處，輕柔的呼喚落在夢境裡就被你轉譯成了悟道者們的諄諄教誨，包括本書的不厭其煩的說道。你可曾聽見！你可願意用心去聽！你可曾聽見！你可願意用心去聽！等待你的呼請，等待你發自心靈深處強烈的呼請，聖師們在等待著等待著等待著。

身體與心靈，應該是身體服務於心靈，不應該利用心靈的投射能力滿足身體，不是說不給身體必要的物質供應，而是你得明白誰該爲誰服務才是正確的。你既然已經投射出這個物質幻相了，不是去營造出更多的幻相，而是把重點放在如何利

用好已經被你投射出來的物質幻相出離夢境。業緣都是你造出來的，你不是讓這個業緣輪迴下去，而是利用好你造出的業緣去化解這象徵分裂的業緣。利用好一切浮現出來的、物質化的、本存在於你心裡的業緣，操練聖師思維，以顯化出來的物質化的業緣爲突破點，返回內心就著這些物質化的業緣在心裡反覆練習這些分裂的象徵根本不存在。這樣的練習讓你的心靈認識到分裂根本不存在，以爲和整體生命分開了只是個錯誤的以爲，根本不是眞的。你就著物質層面的業緣回到內心練習聖師思維，也就是化解本存於你心裡的業緣，這才是眞正的消業了緣。物質幻相只不過是潛意識心靈的映照罷了，你看不到潛意識心靈的業緣，不知道都有什麼是需要你去化解的，這沒關係，因爲潛意識裡有的業緣遲早會投射到物質幻相層面，你眞的想消除心裡的業緣時，聖師們會快速的調整時空，讓你潛意識層面的業緣及時的以物質化的形式出現在你的人生歷程中，這是聖師們完全可以做到的。在你根本不想消除潛意識裡的業緣時你也逃不過這些業緣，只不過依著你不想消除潛意識業緣的程式展現生活場景罷了。蜜兒體驗的人生經歷都是被聖師們調整時空呈現出她已經準備好化解的業緣，物質幻相促使她快速的回到內心，操練聖師思維，一個功課過了下一個緊接著就又來了，不是說在她的此生經歷中一直都是如此，是在她啟動這一世的時空鎖以後。

時空鎖是你們難以理解的東西。蜜兒的上一級高我是很高的靈性導師，它投射出物質化的身體蜜兒，或者說它將一部分對於它來說還沒有徹底淨化的雜染意識作爲啟動程式，整合

出可以進入輪迴盤的靈魂精微體，以蜜兒的身體作爲載具投生到你們所在的遊戲場景裡。因著體驗人世間你們層面的生活場景，收集到你們這個生活層面的一切資訊，供蜜兒的上一級高我去深入的摸清人類的心智構建體系，這便於它快速的指導蜜兒的它投射的這部分，還有雜染的心識的進化過程。這裡蜜兒升起一個疑惑：「不是聖師們親自指導我嗎？」這不是矛盾的，聖師們是涵蓋一切幻相層面的，聖師們在所有的幻相層面之上，或者說超越所有的分裂夢境，但是他們又了知所有的分裂夢境，在其上者必能容納在其下者，這裡的「上」不是指你們所說的權位的上下，是指意識層次。聖師們的意識就是對你眞實生命的記憶，超越所有的分裂意識又了知所有的分裂意識，旣知眞也知幻，你無需懷疑，在你也到達了聖師們的意識維度，你就眞的明白了。蜜兒的心識直接依存在高我心識，幻相層面上，她的高我直接監控著她這一世人生經歷的一切，但是當蜜兒所在的這部分心識準備好接受這一世的目標達成訓練時，聖師們就可以直接介入。

　　蜜兒其實不是蜜兒，是她的高我投射出的完成自己最後功課的學習工具而已。對蜜兒這個存在你可以有這樣的層次認識：身體的蜜兒、昏睡心靈的蜜兒、清醒的蜜兒、眞實的蜜兒。身體的蜜兒是你們通常認識的蜜兒，昏睡心靈的蜜兒是清醒的蜜兒所認識的蜜兒，清醒的蜜兒是不再受任何夢境牽絆的融入了聖師們的蜜兒，這些蜜兒也都是幻境中的蜜兒，眞實的蜜兒不在幻境裡，始終與整體生命在一起。蜜兒的高我存在是睡得很淺的存在，也就是說仍然沒有徹底清醒過來，但是意識

已經在一個很高的層次了，遠遠超越三維時空意識的存在。如果打個比方的話，你們是幼稚園的層次，蜜兒的高我就是研究生的層次離博士只有一步之遙，這樣比喻你們會理解了吧！所以蜜兒的高我具有開啟時空鎖的能力，在蜜兒的這一世人生完成了她程式設定的和常人無異的普通人的經歷後，蜜兒的高我馬上開啟了這一世正式進入學習的時空場景來配合她，神祕力量的介入意味著蜜兒接受聖師們介入指導學習的開始。

　　時空鎖不是一個你們容易理解的東西，在三維的意識層面你們只能服從時空運行規律，只能在不能改變的時空內經歷著你們所謂的人生，但是對於更高維度的存有們來講，時空就是他們手中的玩具而已，如同你們小孩子手中的玩具，打開一個時空鎖如同你們按下一個按鈕一樣容易。每一個時空鎖裡都有一個可單獨操控的時空，就如同你們看視頻的時候選中一部電視劇，一點滑鼠這個電視劇就開始按設計好的順序播放了，這整個一部電視劇呈現的場景人物在你們看來不就是像進入了另一個時空嗎？你們專注在電視劇的場景劇情裡，跟著電視劇中的角色們一起滑向下一段故事，仿佛他們就是你們，尤其是這部電視劇的人物角色非常吸引你的時候，你是不是感覺他們經歷的仿佛就是你在經歷呢？所以其實你投注注意力在一部電視劇裡的時候，你實際相當於打開了一個時空鎖進入了這個鎖裡的時空，這個電視劇就鎖在這把鎖裡，你不打開它就沉睡在裡面，一點擊它開始看就啟動了這個早已錄製好的故事。你盯著電視劇的劇情看，專注在故事裡面的人物角色上，體驗他們體驗的悲歡離合愛恨情仇，關注著他們的經歷成長，如同你自

己在體驗著他們的人生歷程，跟你關注的喜歡的角色一起喜一起悲，他們卽是你，你卽是他們，只是你比他們更明白他們其實並不是眞的。你隨時可以離開螢幕不被他們的悲歡離合所牽動，但是你又可以隨時回到螢幕前繼續觀看，你貌似不在這個電視劇裡但是你又能體驗到電視劇裡你關注的人物的一切，這就是蜜兒的高我與蜜兒所在的時空的現實狀況的比喩。蜜兒的高我打開了蜜兒所在的另一個時空，一個正式進入適合此生目標達成的最佳時空配置裡，這一個能力只有足夠高級別的存有們才能熟練使用，但卽使是由蜜兒高我打造的這個可洩露時空，聖師們也都一目了然。可洩露時空是指可以隨意納入交互層的時空，不同的時空管理者可以共用他們的時空創造，便於更快的突破瓶頸以最節省時間的組合快速達成目標。

　　蜜兒的這一世如此快速的達成目標就是這種設計的體現，時空跟隨蜜兒心靈意識的拓展成長隨時調整配置，不耽誤任何幻相時間，因爲一旦蜜兒能夠快速的悟道的話，一體心靈的夢境就又鬆動了一個很大的「度」，每一個眞正悟道的人心靈的醒來都能惠及整個心靈一體心靈，這是整體計畫的使命所在，一體心靈全部撤離夢境是聖師們的使命所在。蜜兒在其中扮演了一個引領者的角色，透過她在世的成長經歷，透過她心靈成長的歷程，妥妥的一個地球人類心靈成長的歷程，帶動並引領更多的人們踏上歸途，集合在象徵著眞實生命的眞實世界裡一起「返鄉」，回歸如如不動的眞實生命，從未改變過的眞實生命。夢境的旅程再也不需要了，眞實的生命永恆如是，夢只是個夢而已，一體心靈整體醒來根本不記得這個悲苦的大夢，因

爲它從來都未曾存在過，眞實存在的唯有始終如是永恆如是的，涵蓋一切的眞實，無處不是無處不在的眞實，眞實的生命乃是完美的一切，愛，眞正的愛，無與倫比永恆如是。

誠與蜜兒是不具備走完這一世的心靈匹配度的，蜜兒借著誠快速的突破功課瓶頸，誠從蜜兒這兒得到物質層面的實惠，資源調配會考慮到兩個人各自想要的資源，不是說誠追求物質層面有什麼不好，而是反映了誠還沉迷在這一夢境遊戲裡比較深，蜜兒則沉迷的比較淺罷了。不同頻率的心靈在某一頻段也會出現相似的震動，這是他們能夠相互匹配一段時間的基礎，因其他頻段相互匹配度低，因此不能夠走完這一生。在這裡需要說明的是，一體心靈的不同部分頻率振動是有差別的，悟道者處於最高的振動頻率，依次往下振動頻率越來越低，對幻相越執著的振動頻率越低。地球人類整體水準是振動低的頻段，在宇宙中存在著一些類似於地球總體心靈振動頻率的星球，也大量存在著高於地球以及類似地球心靈振動頻率的不同級次的星球，物質化越明顯的星球相對的心靈頻率就越低。相對來說，注重心靈意識提升的星球整體心靈頻率高，類似於冰—水—水氣，振動頻率低的固化性強，振動頻率高的自由度大游離度高。這並不是說不同振動頻率的形體是眞實的，這裡描述的是幻相世界能反映心靈層面的例子。心靈振動頻率高的話感受到的自由度就大，感受到的受限度小，等級不同的心靈振動頻率所能自由使用的時空幻相的量度是不同的。地球人類只能被動的在時空內進行活動，不能夠主動的改變時空只是被動的受時空限制；高一級振動頻率的開始能夠穿越時空，雖然不能夠

創造一個不存在的時空，但是可以在時空幻相裡利用非時空力更快的穿行在時空中；更高級的振動頻率甚至可以開關出更多的時空幻相，如同你們可以開發出不同的遊戲，每開發出一個新的遊戲就如同是開關出一個新的時空，人們可以登錄到這個新的時空，在這個新的時空裡投入專注力到某一個角色身上。

當你全然的將專注力投入到某一個角色身上，相當於你進入了這個時空，在這個時空裡經歷各種各樣的事情，沉迷在這個時空幻境裡，你不知不覺的把自己的真實忘了，心識隨著遊戲裡的角色起伏經歷，心識認定遊戲裡的這個角色就是自己，全然不知遊戲裡的角色根本不是自己，真正的自己不在遊戲裡，它在這個遊戲裡玩了好長好長時間，沉迷的越來越深已經完全把遊戲裡的角色當成了自己。這時候遊戲裡出現了一個人告訴它說：「嘿，兄弟，你不是這個角色，這些角色只是一些數字代碼編程出來的千萬別當真，真正的你不在這裡，不想玩了就退出這個遊戲吧！」你聽了之後白了這個人一眼爆粗口道：「瘋了吧！你腦袋被驢踢了，你真是神經不正常了，滾！」你看，這就是在你們的世界裡會發生的事情。這個例子在你們的世界不斷重複著，你們一次一次的登錄到有人開關的這個在你們看來十分逼真宏大的場景裡，在這個你們認為的是真實的世界裡沉迷著遊戲一世又一世，玩不明白就還被牽引著來玩，如此一直在沉迷的玩著。這個遊戲並不好玩啊！充滿著各種苦難無常，防不勝防的種種災難意外痛苦，但是你們不相信那已經玩明白的人他們告訴你的：「這只是一場遊戲，你不在這裡！」你們就是不相信，你們反而會攻擊他們說他們是瘋

蜜兒的故事

子不正常。不正常的是你們啊！這裡並不是說你們的真實不正常，是你們以為的真實的自己不正常，你們經常說的不正常其實是適合於你們全體的，你們忘了你們的真實，硬把一個虛幻的身體當成自己，這能說是正常嗎？正常的你是永恆無限的生命；正常的你是始終圓滿完美一無所需的，無限豐盛富足的生命；正常的你始終都是愛本身；正常的你始終一無所需；正常的你始終都是整體生命的一部分且享有整體生命的全部；正常的你始終安全無虞徜徉在無限自由的生命之河裡；正常的你始終安全無虞一無所需；正常的你始終圓滿完美一無所需；正常的你始終是與整體生命一體不分的圓滿完美的永恆生命；正常的你始終都是與整體生命一體同心的永恆生命；正常的你你現在還憶不起來，你以為的正常的你不是真實的你，你以為的正常的你其實始終都不是正常的你。身體不存在，你不是身體，身體不存在，你是真實存在的，你不是虛妄的身體，你的身體不是你，只是遊戲場景分裂之夢裡的代碼而已，是「人工」編寫的代碼而已，是真實的你想像出來的形象而已，真實的你透過分裂思維想像出來一個個的身體，用內在的賦碼系統轉譯成螢幕上一個個生龍活虎的形象，你使用著這些形象經歷體驗，但它們真的不是你，真的不是你。

　　蜜兒體驗的不是她真實的自己，她體驗的是夢境中的自己，誠也不是體驗著真實的自己，是體驗著他夢出來的自己，蜜兒對誠的感受也不是誠的真實，是蜜兒心目中的自己，誠心目中的自己與蜜兒心目中的他也是大不相同的。實際上你眼中的自己與別人眼中的自己不是同一個，一千個人眼中就有一千

個哈姆雷特，每個人眼中都有一個和其他人眼中不一樣的哈姆雷特。哪一個是真實的哈姆雷特呢？都不是，每個人眼中的哈姆雷特都是他心中的自己，**實際上每個人與所謂的別人，根本沒有所謂的別人，每個人和所謂的他眼中別人都是他心中的自己。**你在和誰打交道呢？你在和誰互動的？你和誰做了伴侶呢？你和誰是仇人呢？你和誰同住一個屋簷下呢？你又是和誰開創事業一起打拼呢？你和誰終老一生呢？你和誰老死不相往來呢？你和誰爭鬥了一輩子呢？你又和誰和平共處了一輩子呢？真的有一個人在那裡嗎？真的有你之外的其他人嗎？真的世界上有幾十億人口嗎？真的有一個世界在你之外嗎？哈哈哈哈！與你互動的都是你心中的自己，你其實一直在和你心目中的自己互動，你不管和誰互動都是在和心目中的自己互動。也就是說你其實根本不是在和一個別人互動，你其實都是在和你心靈裡認為的你互動，外面的人都是你在心靈裡給自己設定的形象，都是你心靈裡以為的自己。你在與世界打交道其實是在與你心裡的自己打交道，你不管遇到什麼樣的人，其實遇到的都是你心裡認定的自己，你仇恨的、愛慕的、嫌棄的、嫉妒的、羞辱的，都是你心中的自己。你不管對誰生起怨恨都是對自己生起怨恨；你不管對誰產生嫉妒都是對自己產生嫉妒；你不管對誰羞辱嫌棄都是對自己羞辱嫌棄。你給出的都是給自己的，一體心靈沒有所謂的別人，一體心靈沒有所謂的外面其他的人，一體心靈沒有所謂不同的人，一體心靈沒有所謂的陌路人，一體心靈沒有所謂的同路陌路人。

你是心靈，其他人是心靈，萬物的本質都是心靈，宇宙

萬物是同一個心靈，只有一個心靈，始終一體的心靈，分裂從未發生只是假設出來的想像罷了，分裂來自一個假設，宇宙來自基於這個假設的想像。真實的從未改變過，真實的始終完好如初，真實的生命始終是初始生命與其衍生出來的，所有部分組成的整體生命從沒發生過改變，永遠不會發生改變。真實的生命無法用任何感官體驗到，沒有任何精微的身體能體驗到，精微層次的身體感受到的是更精微的物質幻相，比肉體層的感官感受到的更精微而已，但它同樣體驗不到真實。真實唯有真實的記憶才能體驗到，真實唯有透過真實的記憶才能觸碰到，唯有透過真實的記憶——聖師才能觸摸真實。你不是自己決定這個體驗何時發生，聖師知道你最合適體驗的時機，聖師作為你連接真實的橋樑，知道何時才是你體驗到真實的最佳時機。神祕體驗的最高境界就是聖師在最合適你的時機連通真實生命與你，這不是你來決定的，聖師親自決定，沒有準備好的時候，即使聖師幫你連通，對你來說你是不能夠正確詮釋生命真實的，會給你造成太大的衝擊，這對你來說並不是好事，真實的生命美妙的會讓你難以忘懷，在你準備好的時候這一經驗會親臨於你。太過美妙的事物在你沒有完全準備好接受時你會害怕，你不是你以為的真想要那真實的美妙，儘管你認為自己很想要，粗糙的身體沒有得到充分淨化的話，你心裡還把身體當真的話，不肯暫時放下身體的話，真實生命強行對接你沉睡的心靈是很讓你恐懼的。不必急著體驗真實生命，就著眼下的功課用心練習，聖師會在你真的準備好的時候接入真實生命的體驗給你。

誠與蜜兒與所有的人一樣，與所有的事物一樣，都是一體心靈夢出來的，投射出來的，誠與蜜兒只是一體心靈認定的自己的象徵的一部分而已，所有人，所有事物都是一體心靈認爲的自己的象徵而已。你的心靈、他的心靈、你們的心靈、他們的心靈都是一體心靈的一部分，一體心靈認爲自己分裂成了無數碎片不再是一個整體，實際上這根本不可能，一體心靈始終是一體根本不可能分裂，但是一體心靈就是認爲自己分裂成了無數碎片，每一個碎片和每一個碎片之間相互獨立，有的碎片大，有的碎片小，但是這只是一體心靈相信的，並不是眞實的，一體心靈只能在想像中分裂，身體層面一個個的個體都是一體心靈相信自己能分裂的象徵而已。它首先相信自己已經分裂了，然後將這個信念投射成形體，或者說它將它分裂的想像投影出來，然後又用它投影出來的一個個分裂的個體來佐證它的論點：「我眞的分裂了。」它以爲這樣就可以充分的說明它確實分裂成了無數碎片不再完整。它試圖以此來加強與整體生命分裂的信念；試圖掩蓋它與整體生命始終一體的眞實；它又在試圖守住與整體生命對立的果實；它試圖將自己從整體生命分離出來牢牢的坐實。

　　爲什麼如此呢？前面我們講過，整體生命裡小的幾乎可以忽略不計的一部分，不知咋的進入了一個恍惚夢境，夢見自己與整體生命分開了，然後就開始了離開整體生命的流浪歷程。它雖然歷盡千辛萬苦可是有一種倔強在「千萬不能認輸！我離開整體生命也能創造永恆的生命，我不是差勁的那一個，我絕不能認輸！我要用事實證明，我也能造出永恆的生命，不同於

整體生命的永恆生命，就是要造出與整體生命不同的眞實生命」。這就是它爲何要加強它成功造出了與整體生命不同生命的錯覺，堅持讓自己陷在一個已戰勝了整體生命的錯覺裡，儘管苦，儘管自己並沒有體驗到幸福眞的滿意，但是它寧願忍受著痛苦也不願意認輸。因爲它是在不清醒的狀態啊！它是在沉睡中啊！它不是清醒的呀！它錯誤的以爲離開整體生命也能混出個「人」樣來，它就是要證明給自己看，倔強愚蠢忍受著無邊的痛苦煎熬也不肯低頭認輸，也不肯服一個軟，也不肯讓自己眞的接受美好。

　　前面說過，一體心靈是指整體生命中陷入昏睡的那小小小小小小的部分，在它的夢裡上演了一齣自己成功離開整體生命的鬧劇，上面說的都是夢中的它的心態，也是夢中的你們的心態。你們想一想，你們是不是這樣的？自己不想好也不想讓別人好，自己遭受痛苦也不想讓別人好過，踩踏別人抬高自己，能讓你好過一點的時候就算是格外恩典了，大家一起受苦才是好兄弟，大家若是一起富貴了，對不起！同室操戈手足相殘。總之，窮苦已經達到苦的目的了，咱們就表現得友好一點，但凡窮苦的日子過去了，這可不行，得繼續苦下去啊！苦才是咱們生活的主旋律啊！來「苟富貴手足殘」，哪裡是什麼「苟富貴莫相忘」啊！彼此之間你混得慘了我還能同情同情你，你若反超我了站在我上面了，對不住！你在我眼裡已經不再是值得我同情的可憐人了，我怎麼能夠容忍曾經我眼中的可憐人超過我呢？我的優越感已經被你搞得蕩然無存，是你奪走我的優越感，你已經成了我的敵人，我一定要想辦法超過你或打擊你。

總之，我要不惜一切代價把你拉下馬或超越你，縱使在此過程中我也撈不到什麼好處，那也沒什麼，我只要你不能超過我，我只要你永遠居於我之下讓我同情你可憐你，我才覺得舒服一點。我就是要打敗你，讓你甘拜下風俯首稱臣，你悲慘了，我還給你一點施捨同情，你若敢有一點比我過得好，我絕不袖手旁觀，我就是折上老本拼上老命也要把你重新打回那可憐的處境裡，你只配讓我施捨一點憐憫，你只配讓我裝一裝大度有德行。你們自覺不自覺的經常就是這種心態，吃盡苦頭就是不願服軟認輸，儘管那可能讓你的敵人消失，讓你不再重複「拼上老命」的苦難悲劇，這種倔強根兒上就是那以為成功叛離整體生命的那部分心靈的傲慢倔強的體現。

八、突破功課瓶頸

再回到誠與蜜兒的故事上。誠天天與一個年輕女孩在網上開著免提聊天，一到晚上的時候誠躺在床的一邊與這個女孩聊得火熱，蜜兒就在誠的旁邊閉著眼睛甚至蒙著頭練習聖師思維。那邊嘰哩呱啦的聊著，不時的還嗲聲嗲氣的，那是一個二十歲的女性，有戀父情節，與誠打得火熱，把誠當成她的父親與情人，言談話語裡透著試圖與誠成為情人父親的關係。蜜兒的心裡很不舒服，她是可以制止誠的但是她並不制止，她心裡很明白自己不舒服其實與誠做什麼無關，是自己心裡錯誤的信念認知在作怪，不是誠與那個女孩超越界限的聊天讓她不舒服，是自己的潛意識錯誤的信念認知讓她不舒服。她要做工作

蜜兒的故事

的地方在心裡而不是去改變誠的作爲，並且很明白自己與誠在一起的目的就是突破情感依附症瓶頸的。這麼好的機會自己可得抓住了，要不還得推遲功課結束的時間，真的沒必要，一鼓作氣的把這段旅程的功課完成了，早完早舒服，蜜兒就是這樣想的。誠根本不存在，誠的身體根本不存在，與那個女孩的聊天也只是同樣的幻影，都不是真的，那不過是蜜兒心靈裡分裂的信念投射出去的分裂的象徵罷了，可是分裂的信念是錯誤的，分裂從未真的發生，只是心靈的一個假設罷了，根本不是真的。蜜兒從未背叛整體生命，從未與整體生命分開過，蜜兒始終享有整體生命的一切，享有整體生命全部的愛，蜜兒從未失去整體生命的愛，蜜兒始終圓滿完美一無所需。誠不是誠，誠的真實與蜜兒一樣，始終都是與整體生命一體不分的圓滿完美的生命，始終如是永恆如是。誠的真實與蜜兒一樣，始終都是與整體生命一體不分的整體生命的一部分，誠與蜜兒一體且與整體生命一體，無二無別，不必對一個根本不存在的起反應。就這樣，蜜兒不斷的在心裡重複著上述思維一遍又一遍，痛徹心扉但又咬牙堅持練習聖師思維。在這樣的情形中，世人或者離開或者強行制止對方打起架來，是的，在沒有接受神祕力量教導前的蜜兒也是這樣的，要麼自己走人，要麼讓對方滾蛋。但是現在她明白這根本不是解決問題的方法，因爲問題的根源在心裡，外面出現的問題不過是心內問題的象徵罷了，不去除根源問題永遠不會消失，必須在問題所在之處化解問題，用聖師思維取代分裂思維就是化解問題，必須讓潛意識明白「與整體生命分開」只是個假設從來都不是真的，真實的生命

始終都是一體不分的，圓滿完美的生命從未改變過，整體生命始終完好無損，整體生命永遠不會被改變。

　　蜜兒不斷的如上面所說的練習著，如此反覆高強度的訓練心靈，讓聖師思維在潛意識裡紮根，讓聖師思維自此成為了她潛意識思維的主要部分，心終於能夠不那麼對誠的舉動敏感了。誠在這段與蜜兒的緣分裡充分發揮了他這個角色的作用，蜜兒終於在這個情感依附症上突破了瓶頸。誠對於蜜兒而言，出色的按照設定完成了他這個角色的任務，真實的誠並沒有因為他的所作所為有任何的受損，誠這個虛幻的角色根本就沒有真的存在過。蜜兒出色的在與誠的這段緣分裡達成了自己的目的，無條件的接納誠的一切，這個接納不是指行為層面的不干涉，而是指心靈層面的不排斥不反感。蜜兒或許還有待進一步的在突破瓶頸後繼續治療，但是與誠的這段設計目的已經如期完成。蜜兒在這段緣分裡付出了虛幻的時間精力金錢，收穫了突破瓶頸的心靈層面成長。誠從虛幻的物質層面得到了一個轉圜的機會，從被凍結的狀態融化成正常的狀態，也就是說從生意失敗後的被限制狀態轉變成不受限制的狀態。各取所需，當各自的目的達成這份緣也該結束了，什麼時候需要結束，人的頭腦是無從判斷的。對於蜜兒來說她能夠準確地感覺到，這次接收到的指令更清晰。一天晚上她做了一個夢，夢到師父用刀子劃手掌將手掌分開，看起來還很疼的，蜜兒明白師父的意思，師父要她也這樣做，她心裡想：「自己一定要按要求的標準做到不打一點折扣！」早上醒來她清晰的記著這個夢，她明白了這個夢的意思，這個夢以拿刀劃開手的方式告訴蜜兒是時

候該與誠分開了。

　　蜜兒在心裡準備了一天的時間，隔天早上蜜兒就把誠叫在一起告訴他該分手了，誠雖然隱隱的明白蜜兒可能不會與他太長久，但不知道來得這麼快，他一聽到這個消息故作鎮定但心裡還是覺得太突然了：「可能蜜兒是耍小脾氣吧！就算我做的可能過分了點也不至於說分手就分手吧！」誠只當蜜兒是生氣的說一說而已，打了一個圓場該幹啥幹啥去了。可是蜜兒心裡清醒的很，她不是在和誠開玩笑，更不是她生氣了說氣話，她明白自己在與誠的這段緣分裡該做的功課做完了，既然功課做完了就沒有什麼可繼續下去的。人生的歷程不是為了誰和誰執著的在一起而是為了心靈的成長，聖師們的安排都是最恰當的，無需按著人層面的故事排布，呈現有一個需要思考的時間。

　　聖師們知道什麼是對雙方都有利的，當然聖師們考慮的是心靈成長的利益，當一段關係對彼此進一步提升心靈意識不再有作用的時候，這段關係就是結束的時候了，聖師們清楚什麼才是真正有利於雙方心靈成長的。誠也會在這個突如其來的分手通知裡受到觸動，學會珍惜來到身邊的一段緣，不能由著自己的性子願意怎麼著就怎麼著，這也是他應該反思到的。在誠的下一段緣分裡，誠就憑著上一段與蜜兒在一起的經歷收穫的反思，改變了和蜜兒在一起時隨心所欲的方式，反而被對方拿捏的死死的，不敢有任何的造次，扮演了一回這一世他最上心負責的角色。人生歷程對於多數人來說多多少少都會有所收穫的，在心靈層面也有少部分人基本上就是空逛，但是如果有清

醒的認識到人生歷程目的的話，走一趟人生會在心靈意識層面收穫更多，爲什麼不讓自己眞正的收穫更多呢？仔細想想吧！

　　蜜兒很堅決的再三和誠表明她的決定，誠當時是沒有別的去處的，他不知道不和蜜兒是伴侶關係了自己還能去哪裡，這是他頭疼的問題，但是他其實不用擔心這個問題的，聖師們也不是說不在你現實的人生裡不幫你謀劃必須的生存條件，除非你計畫的人生經歷是體驗乞丐，如果你出生前計畫體驗乞丐這一人生經歷，聖師們也不會干涉你，如果不是有這樣計畫的話聖師們都會妥善安排被聖師們調度過來的人的物質必須的。

　　在誠和蜜兒的故事裡是這樣呈現的，誠在接受了蜜兒分手的決定後，正好蜜兒的一個朋友說起她在某處有一個閒置的房子，蜜兒就和她說了與誠分手的事兒，並且表達了想找一個地方單獨待一段時間，這個朋友馬上爽快的說蜜兒可以去住她的房子。就是這樣的安排，不會讓誠眞的沒有地方住，誠繼續留下來住在蜜兒朋友的房子裡，蜜兒則去了她另一個朋友提供的住處。這裡提一提給蜜兒提供房子的朋友（是指蜜兒和誠一起住的房子），幾年前蜜兒經常在網路上寫一些文章發表出來，多是對靈性道理的領悟以及練習通靈得來的靈性資訊，這裡所說的靈性資訊是一個籠統的範疇，是指超越地球人類認可的範圍之外的高維資訊。蜜兒也曾經試著連接過高維的生命體也記錄過一些資訊，後來轉向內心的探索開始著手從內心提升自己，不再對外在海量的多維資訊感興趣。也就是蜜兒曾經體驗過的這段旅程，許多朋友知道了蜜兒的存在，這裡要說的這位朋友就是通過蜜兒寫的文章認識蜜兒的。

這位朋友我們給他起名叫鐘吧，鐘是一個相對來說人脈廣的人，行伍出身做事帶有行伍的作風，但是一個帶有改善生活環境理想主義色彩的人，試圖讓生存的環境更加合乎道與自然，也就是說去物質化回歸人與自然的和諧相處中去。這是他曾經的一個理想，對於這個理想他也曾投入過時間精力金錢，投資鄉下住的房子就是他投入的行動之一，但是他平時是很忙的，根本沒有時間住在鄉下的房子裡。他那時已經認識了蜜兒，認同蜜兒文章的很多觀點也寄希望於有人能夠精神上統一思想凝聚人心，好便於打造自己理想的生活環境。他對蜜兒是很看重的，因為蜜兒的精神領悟度是很高的，他很尊敬蜜兒也想有機會能夠與蜜兒多探討探討，他鄉下的房子暫時沒什麼人住，就向蜜兒發出了邀請，請她去住一住。蜜兒正好結束了與墨的旅程，正不知道去哪兒的時候想起了鐘曾對她發出過的邀請，於是就聯繫了鐘，這就是蜜兒被朋友提供房子的來龍去脈。蜜兒與誠一起住在鐘提供的房子裡，這裡很感謝鐘及時提供給蜜兒的這一幫助，這其實也是在某個層面早就安排好的，蜜兒與誠的這一段重要旅程註定要在鐘提供的房子裡進行，鐘提供的房子是蜜兒此生的另一個重大轉捩點，蜜兒除了突破情感依附症的瓶頸之外也是在其他方面都有一個更加徹底的了緣。

蜜兒以前的情緣故事裡都是對方主動熱情，她是被動的，至少從形式上是這樣的，但是哪裡還有當真的情況，哪裡就是功課點，別人主動很合自己的意，要是需要自己主動呢？會不會覺得掉面子很丟人很掉價，蜜兒還是有這方面顧慮的，就著

她這個顧慮陪練的人就來了。在蜜兒認識誠之前曾經還有一段短暫的戀愛經歷，也是發生在蜜兒住進鐘提供的房子之後，城裡隨鐘一起來鄉下度週末的一個男性與蜜兒談了一段時間，在這段關係裡面就突破了以往關係裡的被動形式。這個男人的條件是相當不錯的，蜜兒還沒有到完全不當真身體的時候，能碰到一個各方面條件都很中意的，她想試一試，這個男人不像誠那樣很愛說話是比較矜持的那種，雖然同意和蜜兒建立戀愛關係，但是表現並不積極，正適合蜜兒突破她一向在這方面「被動」的習慣，她仍然是抱著成不成不重要，重要的是我得就著這個人修正潛意識錯誤的觀念：「怕表現主動了被別人認為是掉價的丟面子的。」這種心態就是妥妥的把自己當人看了，把這個人的行為當真了，那就就著這個扭曲的觀念和這個人操練聖師思維吧！蜜兒心裡奔著這個目的讓這個人陪練了一段時間，怕對方不回應自己那就多主動，主動了覺得丟臉那就練習聖師思維，啥叫「丟臉」？人都不是真的，還有臉怕「丟臉」？完全是分裂思維必須修正，必須用聖師思維取代分裂思維，一定要做到！就是這樣，蜜兒在這段關係裡突破了被動的習慣，主動和對方聯繫沒話找話，感覺不好意思的時候覺得丟人掉價的時候就馬上練習聖師思維，直到在主動時沒有任何這方面的感受了，大大方方的主動聯繫對方。這段緣並沒有進入實質性的關係裡，但是也是促使蜜兒過了一些雖然不是重大功課的功課。

每一段緣對於蜜兒來說唯一的目的都是幫助自己達成此生的脫離夢境的目的，結果如何並不重要，另外在以後的每一段

蜜兒的故事

關係裡都踐行著這一只為出離夢境的目的而經歷，這個以後指的是蜜兒在接觸《奇蹟課程》以後的每一段緣裡。

　　鐘給蜜兒提供了物質層面的一個場地，在這個場地裡蜜兒意識提升轉變的很快，這裡如同一個時空交會場域，蜜兒在這裡遇到的人相當於前幾十年遇到的人，使她加速了結累世未了斷的枝枝杈杈的緣分，使她借用這個類似於交會地的這個時空快速的經歷，如同一個濃縮了好多世的快進人生，主要的功課、次要的功課都濃縮在這時空交會處，蜜兒可以足不出戶迎來各種緣分未了的緣分，這一安排大大加快了蜜兒了卻遺留業緣的進程。

　　鐘的這一角色是提前設定好的，或許鐘並不明白他為什麼會這樣做，但是他的潛意識就是這樣，根據提前的設定推動他這樣去做的，正是在轉世之前的靈魂計畫裡自己提出要承擔這一角色，他選擇了這一角色設定，當然滿足他完成這一設定的資源也會被相應的給予。一個人要成就一番事業提前設定好的助緣是必不可少的，助緣也都明白自己的任務所在，在時間空間上會有跳躍式的整合，調度們會及時的調配資源給主要的成就對象。簡單來說，一個切實能夠履行心靈成長跨越終極目的的靈魂單元，會被給予優先的資源調配促成它快速達成目標，因為它的目標達成對於整體來說更有利，對於其他甚至完全不能按設定的計畫走的，則會被給予放棄物質供應，這不是偏心誰，而是對於一個不想按計畫成長的靈魂單元來說撤銷計畫供給的物資也是在計畫之中。身體只是一種資源而已與其他物質資源沒什麼兩樣，都是為了心靈成長，如果載具身體承載的意

識單元放棄了出生前的計畫，心靈成長停滯的話，預設的助他心靈快速成長的資源也會被相應的調劑到心靈突破式成長的載具身邊，這不是偏心是整體資源分配的最優利益，心靈成長的突破性成就的最大量度。這一資源來到你身邊你可能白白浪費掉，如果相應的資源調配給另一個人的話，他的心靈成長被快速推進，自然是要以投資有眞正收益的策略走。這裡的「資源」並不一定是財務方面的支持，像誠這樣的「資源」就是非常敗財的，蜜兒能夠利用這樣的「資源」快速成長，如果把誠送到另一個人身邊，那麼恐怕把誠當成掃把星了。資源並不只是你們想到的物質上的好處，或許這個「資源」是讓你大出血的，你肯用虛幻的物質資源交換加速你心靈成長的「機會」嗎？恐怕很多人寧願占有更多的物質，哈哈哈哈！

人們在對比利益的時候拿什麼作爲自己的利益考量，是取決於他們的意識振動頻率的。以身體爲自己的，更注重身體層面的好處；以心靈爲自己的，更重視心靈層面意識的提升，以提升心靈意識作爲自己的利益考量。誠與蜜兒在兩個不同的意識層面各取所需，誠以爲物質利益更實惠，蜜兒則認爲趕緊過了這重大的功課才是眞正的實惠。意識頻率決定了你心中的利益是什麼，利益並不是什麼應該「排斥」的辭彙，沒有誰不是算計利益的，關鍵是認知到什麼才是自己眞正的利益。要明白什麼是自己眞正的利益就得先弄清楚自己到底是誰，搞不清楚自己到底是誰就永遠不知道什麼才是眞正有益你自己的。只是自以爲是的胡搞亂搞以爲的利益，費盡心思耗盡畢生精力都在一些根本不能給自己增添利益的事情上空費時間金錢精力，所

以搞不清自己是誰，是不可能真正為自己謀利益的。

利益並不是壞的東西，關鍵是你真的為自己收穫利益了嗎？你真的是為了自己的利益嗎？你心裡真的對是否有利於自己有數嗎？你心裡真的是明白自己利益所在的嗎？你心裡真的都是在為自己真正的利益打算嗎？你真的清楚自己的利益是什麼嗎？你真的清楚了嗎？你真的清楚了嗎？你真的清楚了嗎？無不是在為自己的利益考量，不同意識頻率對自己利益的考量差距是非常大的，圖謀的對象也大相徑庭。「圖謀」也不是不好的，人人都在圖謀，事無巨細都在圖謀，圖謀著儘量多為自己爭取利益。關鍵是你真的是在為自己的利益圖謀嗎？你真的知道自己真正利益所在嗎？你真的圖謀到自己真正利益了嗎？這些你真的深思過嗎？在不清楚自己是誰的前提下居然慌慌張張的去為自己圖謀利益，真的能得到為著自己好的利益嗎？真的知道啥是對自己有益的嗎？真的付出了時間金錢精力就一定得到有益自己的東西嗎？細細的深思一下吧！不明白自己是誰真的能做出真正對自己有益的事情嗎？胡亂去做的話你這是兩眼一抹黑的碰運氣嗎？胡亂抓瞎能抓得到真正的利益嗎？

在你不清楚自己是誰的時候，你可以不可以停下你忙碌的手頭工作去思考一下這個問題：你一直瞎子似的忙活著，這樣有什麼用呢？時間白白浪費而已，你何不暫停一下浪費時間，先把時間拿出來一點思考思考你是誰好嗎？不清楚自己是誰，瘋子似的整天忙忙碌碌東抓西刨，能刨到自己真正的利益嗎？仔細想想吧！仔細想想吧！仔細想想吧！得先清楚自己是誰才好真正的為自己謀劃利益啊！才好出師有功啊！才好不瞎忙活

啊！才好不白白的耗費時間金錢精力啊！磨刀不誤砍柴工，先弄明白自己是誰，才能正確的謀劃出對自己有益的方案，才能不白白的空耗一身力氣而無什麼收穫呀！

你是誰？誰是你？你眞的是誰？誰眞的是你？是很有必要好好考慮的喲！搞不清楚這個問題一切忙活都是徒勞，除了搞清楚你是誰外其實沒有別的問題需要考慮。眞正搞清楚了你是誰，一切問題就蕩然無存了，眞正要搞明白的只有一個問題：「你是誰？」這就是你唯一要搞清楚的問題所在。不知道自己是誰又豈能眞的搞清楚自己的眞正利益所在？又豈能出師有功不白白浪費現有的一切資源而徒勞無功；不搞清楚自己究竟是誰一世的人生就白白浪費；不搞清楚自己是誰，空有一世屬於你的配置資源，白白浪費這一世的資源配置，如此一世又一世配置給你的資源都被你白白浪費。這裡不是指責你，是給你表達實際的狀況而已，**這本書是給已經有所準備的心靈單元看的，不是給所有的心靈單元看的，這本書有緣的人才會遇到，不是要遇到所有人的，看到的自會明白，無需周全的考慮裡面的措辭是否符合所有人胃口，它出現在該出現的人手裡，觸動該觸動的人心裡，就是如此。**

一個接近成熟的靈魂是不會去著眼於詞藻是否看似不溫和的，它會擷取其中的內涵深意，僅僅因爲詞藻是不那麼溫和就斷定道理不可信的話，那可不是一個接近成熟的靈魂會有的。詞藻的應用只是說明實際情況不是一定是給出評判的，評判是心靈層面的，從詞藻並不能夠正確判斷出是否在評判。唯心或許知道也或許它也不知道，詞藻的僞裝性是很強的，況且人們

蜜兒的故事

經常口是心非。語言的出現本來就是來隔斷人們心靈相通的，只剩下語言層面交流的時候欺騙性是很容易做到的，心裡如何想文字如何表達可以是完全相反的；**語言的出現本就是阻斷心靈溝通的，你們所說的語言很容易出現歧義，一個詞用在不同的地方意思可能完全相反，問號句號都能夠代表不同的意思，如果僅僅停留在文字層面而不去用心體會其背後的含義，很難正確捕捉到語言文字背後的真實表達。**

　　不是說語言文字有什麼好和不好，是指出這種交流工具是很不容易不被誤解的，在使用這種工具的時候也不可能做到不被誤解歪曲。儘管如此，你們使用了這個交流工具且基本上只能用此交流，也是在你們現有的技能範圍內配合你們只能用語言文字交流的實際情況，這是沒有辦法的辦法，心靈直接溝通不是你們絕大多數人能做到的，不適合你們現有的實際情況，但是因著你們的心靈不是沒有一定的領悟基礎的，因此內心有一定領悟基礎的自然能夠捕捉到本書的深意所在。在你們的經典教導中，語言文字如上述所說很難不被你們誤解，總體來說，基本的意思是能被極少數人反覆琢磨後捕捉到的，絕大多數人是不能夠真正明白其意的。不是說經典書籍中沒有正確的地方保留下來，因著傳遞過程中被曲解一些內容變成了曲解後的表達，不去仔細提煉是不能真正明白其內涵的，象徵性的說法可以被解讀成許多重意思，提煉其中真正所指是需要悟性在裡面的，這裡說的悟性指的是心靈頻率的深度，在不同層次的心靈悟性不同，越是站在更高的心靈視角去參悟的話越能觸摸到文字背後的真意，僅僅認為身體才是真實的人只著眼於身體

層面不會深入的悟的，已經不只拘限於身體能夠深入到心靈層面的，會在心靈的這一層面去悟，總之不同根基的意識頻率捕捉到的資訊是不同的，無法一一述之。同樣的文字不同的人完全可以在不同的層面解讀，領悟到的大相徑庭，但是此書是不能夠被容易歪曲的，它是大白話不是經典表述，它這個大白話不容易讓你產生歧義，是就是是非就是非，是與非清楚分明不容易界限不清，不容易把是與非硬扯到一起。此書是從始至終都使用最淺顯易懂不容易歧義的表述，不是那種一詞多義式的表達，所以用心讀的人都能讀得懂，無心看的人自然也不會遇見它。

蜜兒這個人物出現在此書中，不是因為她身體層面的經歷，是因為她心靈層面的成長，以她的人生載體展現心靈成長的歷程，普通人的心理—心靈—道心的轉變過程，以此展開教學場景，案例式教學更具有普通單純說教沒有的可信度在裡面。蜜兒作為悟道的聖師們重點培養的一個人生心靈成長範例，帶給大家可以比對自己人生的親切感，比對自己的人生如蜜兒一樣，情感執著可能還有其他執著，在自己的人生裡如何像蜜兒一樣通過操練聖師思維走出苦難旅程，真正的讓自己幸福平安滿足，這是一個可以依循的實例。以前你們讀到的成道者的故事讓你們感到離你們太遙遠，是你們難以企及的，故事裡有好多杜撰出來的成分，因著你們對悟道者的敬仰，你們在編故事時都會憑空想像一些你們認為悟道者該有的「事蹟」寫進他們的故事，容易讓人產生不切實際的念想而被誤導。

《蜜兒的故事》如實的呈現她這一生的成長經歷和心靈

修煉過程，不帶有任何美化的成分，不會被編造出憑空想像出來的事情以美化悟道者的身體經歷，身體經歷只是心靈成長的一種工具而已，應該關注的是心靈成長如何持之以恆的訓練心靈。身體層面的經歷只是服務於心靈的成長，當然了，如何充分的利用好身體層面的資源也是你們值得借鑒的，但是重點是誰為誰服務要搞清楚，利用身體層面的一切資源服務於心靈成長才是你們需要重點牢記的，不是把重點放在身體故事的消遣上。蜜兒的故事快要完結了，你們的故事還要繼續，如何利用好你的故事成長心靈，不妨多多借鑒蜜兒的故事。

從蜜兒的視角，誠如果真心誠意的與她在一起的話，她或許會繼續下去，如果誠也能如蜜兒一般從心靈找尋問題的答案，蜜兒可能會與他一起走下去。在蜜兒離開誠以後的一段日子裡還是會想到誠，誠雖然在別人看起來不是一個值得相守一生的人，但是蜜兒還是有喜歡他的地方的。如果誠能與她一起操練聖師思維的話，誠這一生突破性的轉變是會改寫誠原本的人生設定的，這就是每一個轉世人生中，不是說只能按提前設定的劇本走，多種可能性都同時存在。誠這一生的人生設定故事主線雖說有一個提前的預期，但是並不是定死了的，如果在旅途中突變性的意識頻率大幅度調整，是可以打破原來的劇本設定的，因為終究意識頻率決定了你呈現出來的人生畫面，在不同的故事線上是可以互相跳躍的，故事的結局不止一個，設定的故事線都是本來就有的，你的主頻率的層次是可以大幅度調整的，跳出原本的故事主線需要大幅度的主頻調整，這通常是不容易的，但是不是一點可能性沒有。

誠與蜜兒的故事也是隱藏著一條，俩們走完一生的不清晰的以太線條的，也就是說不是沒有他們走完一生的可能性，而是說這種可能性太模糊了，關鍵是看誠是否能大幅度的調頻意識，對齊這條十分模糊的時間線。在蜜兒的視角誠不是適合她相伴一生的伴侶，誠的現實是並沒有轉向蜜兒的心靈走勢，與蜜兒的主頻率是不相匹配的，蜜兒堅定的走在出離夢境的，按計畫進行的旅途上，誠堅定的走在試圖東山再起的征程中，兩個人出現同頻的可能性非常的渺茫。這裡插播這一段是說明，出生前的計畫固然是這一生的總體藍圖，但並不是不可以在大的尺度上更換它，意識頻率大幅度提升的話很有可能「逆天改命」，這裡的天命並不是真有一個凌駕於你之上的神操縱你的命運，這個天命實際上是你自己給自己設定的，你完全可以跳出你給自己設定的「命運」路線去「逆天改命」。這也就是說你才是你的天，你的命都是你定的，你的人生經歷都是你自己投射出來的，你當然也可以重新編程潛意識的劇本代碼，而能夠實質性改變你潛意識劇本代碼的就是用聖師思維取代「分裂」思維，這才是真正的「逆天改命」，你從一個「假我」的「牢籠裡」複歸真實的你，你真正的天命所在，這才算是真正的「逆天改命」了。

身體層面的歷程雖說一般是固定的，但是也不是不可以改變的，註定要出現的也可能由於你意識頻率大幅度提高而出現明顯的跳線，這也是由你決定的，或者說在你的決定下聖師們幫你做到的，正如整個宇宙的定數中皆有變數一樣，但是有一點永遠不變，心靈意識決定物質幻相，一如電腦程式代碼決

定程式運行出的畫面一樣。在編好的程式中也會出現意外的跳碼現象，意外也是必然，一切遵循潛意識心靈決定物質顯相，物質世界的現實完全是取決於心靈層面的。在你們的地球未來的發展也是定數中有變數的，整體人類意識頻率大幅度提高的話將改寫地球的「天命」，目前的苗頭已經顯現，地球「大概率」會朝著更高的維度演變下去，不會重蹈以往的「輪迴」。

　　整個地球也可以看成一個「生命體」，與「個人」生命體一樣，整個地球的未來是地球和人類共同決定的，如果人們繼續停留在陳舊的物質欲望中，以互相掠奪資源為目的的話，那就是另一種結局了。隨時都在調整當中，隨時都可以有不同的選擇，這是人類共同的事務，同一個集體意識一起決定地球的未來。在地球未來的幾年，意識頻率的調整引起的物質層面的動盪還會頻繁出現，然而心靈意識頻率超出一定維度的人們會被指引著躲過突發的災難事件。地球敏感度的增強不只是心靈頻率調整的展現，而且也是地球本身需要進化的呈現。人類意識頻率的調整會影響到地球，地球自身也有它的意識頻率，它也會自我淨化。人類與地球是一體的，心靈之間也會互通頻率的，地球與人類相互支撐著，是一個局部心靈共存體，人類意識會影響到地球的穩定度，地球自身也有它的意識頻率，處於目前維度的地球只能容納目前維度的人類意識群體，星球也有它的命運軌跡，共生其上的意識體們與星球的命運是緊緊連在一起的，是一個局部心靈共同體。

　　一體心靈不只包括有生物特徵的生物體，它包括了整個宇宙所有的一切一切，整個宇宙所有的一切一切的背後是一體心

靈的運作。宇宙時空是一體心靈的顯像，不是互不相干的，此處意識的波動會影響到遙遠的地方，沒有什麼神祕的，因為是一體心靈。宇宙的一切都是背後的一體心靈決定的，宇宙是一個巨大的意識體，它的顯像完全取決於這個巨大的意識體，這就是你們所說的宇宙大靈，然而這個宇宙大靈不是別的，一體心靈意識的總稱而已。**每一個人都是這個宇宙大靈的一部分，每個人的意識頻率改變都能夠影響到宇宙大靈的整體意識，不必去崇拜什麼大神，真正能改變你命運的就是你自己。意識頻率的轉變就是你命運程式代碼的改變，你自己編寫的命運代碼唯有你自己可以改寫它。**或者說唯你有權利決定是否改寫它，操練聖師思維就是在改寫你的命運代碼。你可願意改寫它？是時候認真考慮你是否要跳出固有的輪迴，搭上聖師思維的輪盤，乘坐聖師的思維超超超光速聖船，以最快的速度抵達旅程的終點。是時候該認真考慮了，這是改寫你命運的大好時機，且行且珍惜吧！大時空的輪轉是不會止步的，命運之輪在大時空的裹挾裡是被帶上一起朝著更高的維度進發，還是你自願滑出大時空之輪之外，這是你的自由。目前的發展趨勢，集體意識的總體趨向是跳頻改變，但是具體到個人是否願意跟隨改變，這是誰都不能替你決定的。

　　在物質顯像的層面確實存在時空運轉的規律，星系星球都有它自身的輪轉週期，一個窗口期的出現是打開星系屏障的機會點，在此機會點上正如個人命運的機會點上，是否跳出舊有的固定輪轉，取決於星系星球的整體意識，但是不是說每個人都得同意，是達到一定意識頻率的一部分人同意，就可以在這

個機會點上使這個星系星球跳出舊有的輪轉模式，到達一個全新的時空場域，這就是你們所說的升維。不是說你們不升維就不好，是說心靈頻率提升後比不改變心靈頻率會更安寧舒適。你難道不願意自己更安寧舒適嗎？你難道願自己內心繼續痛苦煎熬嗎？你可得好好想想噢！

　　蜜兒與誠徹底分手後經歷了好長一段時間的獨處，在這個獨處的時間裡蜜兒繼續以情感依附症為操練聖師意識的推動力，雖然她通過了那個瓶頸點，但是還是有餘下的部分需要化解的。一個人獨處時的孤獨正是她操練聖師思維的推動力，當一個人獨處的時候內心因以為和整體生命分裂產生的孤獨感的這個側面感受就會凸顯出來。並不是說有伴侶的時候孤獨感就真的消失了，是在有伴侶的時候注意力放在了與伴侶有關的事物上，暫時沒有多餘的精力去感受心靈始終有的孤獨感。當蜜兒恢復到單身關注的焦點自然轉移到了還沒有消除的孤獨感上，這種孤獨感在有伴侶的時候，一種外部的補償使心靈感覺舒服了一些，彌補到了一些，當伴侶消失後自然這種並不能夠靠找個伴侶就能真正消除的孤獨感就被蜜兒明顯地覺察到了。孤獨感來自於自以為與整體生命分裂了，不再圓滿完整了，不再是一個完整的存在了，所以出現孤獨感這個同樣是基於分裂的感受面向。情感依附症、嫉妒等其實都是一種病，選擇了錯誤答案，關於自己真實的錯誤答案，在不同的情境下表現出不同的感受面向，病根兒都是一樣的。

　　蜜兒在突破了情感依附症的瓶頸後的這段時間，孤獨就變成了對她來說最好的助推劑了，孤獨了怎麼辦？不能再依靠

外面的幻相來解決了，那就只有回到心裡去治癒這個孤獨病。蜜兒靜下心來的時候靜靜的覺察，她感覺到這個孤獨的感受同樣是來自於背部的那個位置，右側背部肩胛處的那個位置，孤獨來襲的時候那個位置不舒服的最明顯，隱隱的無力感斷裂感，好像那個地方有一個深的裂縫。身體能量流到那裡時跨不過去，或者說到那兒就變成斷續的了不是暢通的，那個得不到能量灌注的裂縫是很深很深的，那裡面好像是個深不見底的深洞，專注的往裡面探尋會感受到那裡很悲傷，如同那裡住著一個悲傷的小孩，蜷縮在那深不見底的黑洞裡不想見人也不敢見人，好像覺得自己犯了什麼大的再也無法挽回的失誤一樣，只配待在黑暗的深淵裡，也只想躲在黑暗的深淵裡，因為她害怕被懲罰被定罪，她只能躲在她認為不容易被發現被找到的地方，恐懼孤獨無助無奈，她覺得她犯的錯誤是無解的，不可挽回的，她深陷絕望中，長年累月的躲在深不見底的黑暗裡，一年又一年一世又一世。

蜜兒每當靜心專注在這個位置的時候都會隱隱的有這樣的感覺，其實那個躲在黑洞深處的小女孩就是蜜兒潛意識深處的幻身面向，蜜兒深處的一部分潛意識，蜜兒明白這一點，這個孤獨的小女孩象徵著認定自己背叛了整體生命的那部分心靈，那不是別人，是自己還沉睡在噩夢中的那部分心靈。蜜兒就對著這個部位一遍一遍的用心操練著聖師思維，就好像對一個進入噩夢的孩子一樣，在孩子的耳畔不斷地訴說著這個孩子的真實情況：「什麼事都沒發生，你現在認為的一切不過只是場噩夢，真正的你始終在愛的懷抱裡，你不要害怕自責，你沒有搞

砸任何事情。真實的你始終都是愛，除了愛，你什麼都沒做，你現在經歷的只不過是真實的你做的一個噩夢罷了。別害怕別當真，真正的你始終只是愛，你始終都只是愛，始終你都被愛著；別害怕，別當真，沒有誰要懲罰你，你遭受的一切都不是真的，真正的你從來都沒有進入夢裡，夢裡的你不是真正的你，只是你夢出的你。不要害怕，不要害怕，放鬆一些，放鬆一些，你始終都在愛的懷抱裡安全無虞，你始終都是那個完美無缺的可愛的生命，所有的真實生命都始終如一的愛著你，如你始終愛著祂們一樣；別害怕，放鬆一點，再放鬆一點，你只是在做著一個背叛整體生命的噩夢，別當真，別當真就會好受多了。試著在你心裡重複的這樣告訴自己：『我所經歷的一切都不是真的，連經歷的這個我都不是真的，這個我和我經歷的一切都是出自真實的我的夢境，真實的我不在夢裡，真實的我始終都與整體生命在一起，我始終圓滿完美神聖純潔，我始終享有整體生命全部的愛，我就是愛本身，除了愛我什麼都沒有做。』就是這樣在心裡不斷的告訴自己，不斷的當真的用心重複這個正確答案，你就能從夢中醒來，放鬆些！放鬆些！」就是這樣蜜兒用心的不斷對著那個上述的部位重複著聖師思維，一天又一天，一個月又一個月，她甚至一天除了吃飯睡覺都在打坐靜心，對著那個部位不斷的當真的（把聖師思維所說的當真，不是假裝相信）用心重複著聖師思維。就是在這樣的操練強度下她逐漸治癒了那個孤獨感，準確的來說她高強度的完成了自己應該完成的這部分工作，聖師們自然也在她不知道的層面應她之請為她化解錯誤的信念。

這段時間的高強度訓練心靈，也為蜜兒準備好了下一段這一世能走到最後的伴侶的到來，一直以來蜜兒內心深處都有一個嚮往，能有一個人能與她彼此知心，一同提升意識頻率，在同一個目標上一起努力，也就是說她的理想伴侶是與她彼此知心志同道合的，可是一直以來這個嚮往都沒有成真，不是蜜兒不能夠提前遇見這樣的人，而是在她自身內在頻率不夠高的話，即使擦肩而過也不會認出彼此。隨著蜜兒不斷練習聖師思維拓展了意識的深度廣度，意識的包容度更大，以前看不慣的不評判了，以前根本接納不了的也覺得沒什麼大不了的，以前她排斥的都能夠容的下了，分別心逐漸褪去，一體意識逐漸深植在內心裡。在這樣的心靈涵容度裡她嚮往的才可以沒有起伏動盪的來到她面前，也就是說才能在遇見後不再出現分手的情形，蜜兒在精進的操練聖師思維又一段時間後這個機緣終於到了。

第九章
最後一段情緣攜手旅程終點

一、夢裡的預言成真

　　故事是這樣開始的，在一個夢裡她夢到有個人跟她說了幾句話：「你差不多再過兩個月遇到你的新男朋友，但是你是否能抓住這次機會，還要看你聖師思維操練的夠不夠，遇見不是沒有變數，它只是一個最大的可能性而已。你能不能留下他得看你是否能夠接納他的一切，做不到的話這段機緣就如曇花一現，如果能接納他的一切，他將是你此生的最後一個伴侶與你同踏歸途一起到達彼岸。」在這個夢裡蜜兒聽到的是濃縮了上面意思的四句話，是這四句話：「再過兩個月男朋友出現，不能著急，能不能成還不確定，晃晃悠悠晃晃悠悠。」上面是便於大家聽明白這簡短幾句話的含義而「翻譯」出來的文字形式，蜜兒在夢裡清清楚楚聽到的是後面的四句簡短話語。接下來的日子蜜兒還是對將要出現的這個男友充滿期待的，但是她很明白自己如果不從內心對接到本有的圓滿幸福，不管和誰在一起也都不會真正幸福的，因此她並沒有停止練習聖師思維依然很精進，每天打坐好幾個小時，不斷專注的將聖師思維打入潛意識。這樣練著練著大約兩個月的時間很快就過去了，蜜兒其實也在心裡懷疑，這個夢說的是不是真的，自己現在基本上不和外人接觸，去哪兒遇到一個合適的男友呢？一個大活人怎

麼會憑空出現呢？或許只是個夢罷了沒必要當眞了。就在她在夢裡預言的時間點快到來時犯嘀咕的時候，一個在她看來很自然的念頭，將這個時空之門打開了，正如她犯嘀咕的，一個大活人怎麼會憑空出現呢？還眞就憑空出現了。

　　在人類的視角，一切看起來都是符合這個層面的事情，其實並不一定是在這個層面觸發的，是在你們根本不相信的存在層面，是有你們無從感知到的影響力在照看著你們所在的時空幻相。在你們的時空幻相中它們可以根據事件的進展程度，微調你們的整個幻相時空布局，但是不會讓你們覺得突兀不正常。在你們的視角看來是說得通的，那是因爲你們集體意識一起同意這個微調改動，你們認定它是合理的，你們就覺得是正常的。蜜兒的這個男友的出現，就是在你們整體同意的調整中的合理展現，但是它其實並非是你們的層面動了手腳的結果。時空幻相對更高級別的存有而言，只是個設計好的可調整的巨型遊戲場景而已，如同你們也在製作各種遊戲的遊戲製作者，鍵盤一敲編程代碼一改，遊戲場景就已經整體改變過了，但是參與遊戲的人根本覺察不出來，這不是說干涉你們的自由，這其實是遵循你們後臺眞正做主的靈魂們集體同意的。你們現在大多數人的認知是身體，但是人的身體如果沒有靈魂入駐的話是不可能成爲一個活生生的身體的，一個人的身體只是靈魂穿的一件衣服而已，當一個前一秒還活生生的所謂的「人」，一旦靈魂從裡面抽離，這個身體很快就進入你們所說的「死亡」狀態，但是如果靈魂重新注入這個身體的話，身體馬上就又「活」了過來（暫時就這樣表述）。總之你們得明白，人之所

謂的身體，即使在幻相層面也只相當於靈魂的一件衣服而已，靈魂什麼時候不想要這件衣服了，毫不客氣地脫下它，就如同你們脫下一件不再需要的衣服一樣。從幻相的一部分層次來講，身體上一級的直接使用者是靈魂這個層級的意識單元，所以使用身體的靈魂同意了遊戲布局的調整時就可以調整了，這是透過你們根本不了解的層面做到的。

蜜兒這個新男友的出現就是在這個已調整的遊戲框架中呈現出來的，蜜兒怎麼也想不出自己也不和外人交往，怎麼就會憑空冒出個人來做自己的男友？她一直持「？」的心態，不是一點懷疑都沒有。這在蜜兒的過往體驗中也不是沒有過，一些夢境裡給出的資訊會出現在白天的現實中，一些則一直沒有出現，所以蜜兒對夢境中給出的資訊持一個「保留」的態度。她也會擔心如果提前把夢裡的資訊公布出來，萬一沒有應驗該怎麼辦？別人會如何看待她？「是不是爲了個人的私利呀！是不是想賺別人的眼球啊！」等等，她也會有顧慮，讓她並不輕易的公布一些帶有預測性質的預知夢，儘管許多夢是應驗的了。雖然蜜兒以往都很謹慎，只對混得特別熟的人偶爾提一提她的預知夢，但是她在預知她男朋友出現的這個夢上做出了一個突破性的決定：「管他別人怎麼看，我就先把這個夢公布出去，如果沒有如期實現我也不怕別人怎麼看我，這次我就是要做出這個突破，什麼要維護自己的名聲這些都滾蛋吧！名聲如果成爲我所累的話如何能出離夢境呢？好！正好借著這個我自己都覺得不太靠譜的預知夢讓我放下這個『名聲』之累。」因此蜜兒在做了這個夢之後很快就在她組建的小群裡公布了這個夢，

讓大家一起來見證這個夢是否能如期應驗。這就是蜜兒充分利用這個夢境訓練心靈不要把名聲當真，不要被名利所累，名聲壞了就壞了，夢沒應驗就沒應驗，有什麼大不了的，這些都不是真的，它有沒有應驗都絲毫不影響我的真實，真正的我不會受任何夢境的影響，真正的我始終安然無恙。如果我害怕這個夢沒有應驗造成的後果，我就是把這個夢當真了，我必須訓練心靈不能把這個夢當真，必須訓練心靈不受名聲所累，就是這樣，一切為了心靈出離夢境而做。這在蜜兒不太重要的功課上，蜜兒通常也是借著每一件事，回到怎麼利用這件事服務於心靈出離夢境的目的上來，大事小事大功課小功課對於蜜兒而言都是服務於自己心靈成長出離夢境的。

蜜兒在剛開始的時候是有點擔心這個夢不會成真的，但是就是不怕萬一不應驗的話別人會如何看她，剛做完這個夢就把它公布到了群裡讓大家一起見證。不管這個夢裡說的到底成不成，自己都努力操練心靈，讓心靈的平安，不受制於這件事情的具體結果。

很快的，按照夢境給出的時間，男朋友出現的日子要到了，蜜兒也好奇這個男朋友從哪兒冒出來、什麼樣子的、什麼情況的。正如我們前面所說的，這個男朋友是從「虛空」中來的，你們所說的虛擬空間我們把它笑稱「虛空」。具體呈現是這樣的，蜜兒為了讓大家能夠更放開的鍛煉自己，從她建的《奇蹟課程》法理及操練分享群裡又開闢出一個不講法理，就是讓大家隨心所欲暢所欲言的群，這個群裡沒有太多的限制，相當於課間假期撒歡群，讓大家更加自由的「讓心撒歡」，所

以起群的名字就是「讓心撒歡」。很快群就搭建起來了，想進群的人一個個都「入住」，蜜兒自己帶頭隨心所欲的分享自己想說的，不限於《奇蹟課程》的法理，大家也都紛紛出來「大尺度」的分享。

自從組建這個群後有一個人發言特別積極，說話的內容也很大膽引起了蜜兒的注意，她不由得對這個人有好感，因為這個人好像不像其他人一樣比較拘束，不敢太放開的說，這個人敢於開人們認為不能在公共場合開的玩笑，這也是蜜兒對他感興趣的一點。這裡插播一下，蜜兒以前說話是很斯文的，自己不說粗話，也很看不慣那些說話比較粗俗的人，帶「髒」字兒的、帶「黃調調」的她都聽不慣，但是正是因為她不斷操練聖師思維，意識頻率不斷提高，更加的接納包容，以前看不慣的現在都覺得沒什麼反而會覺得很好玩，也就是說以前她很排斥評判的現在她不排斥不評判了，好多她以前很排斥甚至厭惡的現在都能夠「一笑置之」，她的心靈再也不受這些事物影響了。如果這個人在群裡的發言放在以前她是會很反感的，可能很快就把他踢出群了，但是現在她一點這種感覺也沒有反而覺得這個人很有趣。由此可以說明，同樣一個事物現象，當你的意識頻率調整時你對它們的感受是完全不一樣的，所以完全可以做到不再受任何人事物具體表現的影響，內心始終平安無礙，這就需要你從一件一件具體的事情上操練聖師思維，終有一天你能做到心不隨境轉，心始終矗立在暴風眼的中心，任它外面電閃雷鳴狂風大作，你的心如如不動，始終平安無虞。

再回到蜜兒新建的群上。蜜兒開始關注這個大膽發言的

人，她突然有了一個想法：「夢裡說的男朋友會不會是這個人呢？因為夢裡預測的時間已經到了，沒有別的明顯的徵兆，就是這個人好像是突然冒出來一樣顯得很突兀，難不成這就是我命定的男朋友，要不我問一問。」於是蜜兒就私信他單獨和他打招呼，就是這樣兩個人就聯繫上了。

我們把這個人叫做「明」，在一開始的時候蜜兒也不敢確定明就是她夢中說的男友，還是很謹慎的試探對方，打問對方的情況，誰曾想這又是個有家室的人，蜜兒想放棄，她還是覺得不能和有家室的人建立親密關係，這是不符合人們嘴上所說的道德的，可是這個明和她聊的很投機，還一個勁兒的向她請教《奇蹟課程》的法理，她很熱情的把自己領悟的一股腦的「送」給他，他們有共同的談論話題，有共同的志向追求。

明是接觸過佛學的，但是有些地方不太明白，雖然他不知怎的會對這些「非常規」的佛學知識感興趣的，他選擇了佛教分支裡最簡單的淨土法門作為自己的皈依，因為他覺得這個法門要求少，只要求念「阿彌陀佛」，用心念即可，不要求禁欲，不要求吃素，這很符合他的胃口，不想為了學個佛還得放棄這些世俗的欲望，他只想用最簡單的方法死後能夠到阿彌陀佛所說的極樂世界，人世間太苦了，他不想繼續受這種苦，總之他特別想結束人間的苦。冥冥中，他一個吃喝玩樂樣樣俱全的人居然心底深處是想結束人間種種苦難的，是的，他雖然在現實中俗不可耐，但是他內心深處是渴望終止人間的苦難，永享極樂安寧的，但是他並不知道如何才能真正的結束世間的所有苦難，只是有緣接觸了淨土法門要求很少，符合他的心理預

蜜兒的故事

期。他一方面想結束世間的苦難，另一方面又不願意過清心寡欲不問俗世的出家式生活，對他來說理想的修行方式就是既能夠不耽誤去極樂世界，又不用清心寡欲，不用做各種儀式，念個佛號對他來講也沒什麼。他就是想選最簡單的、最快的離苦得樂的法門，他不知道念「阿彌陀佛」並不能夠達到他的目的，但是他渴望解脫的心是誠摯的，這一誠摯的心使他有機緣瞭解了《奇蹟課程》，拿起那厚厚的一本書是很難看下去的，在他心裡就是要找那最不費勁的途徑，最省心省事的途徑，最省心省事的途徑就真的來了。

　　蜜兒透徹《奇蹟課程》的法理精髓，將最濃縮的課程法理精髓一股腦的傳給了他，他感覺自己豁然開朗，這是他就是讀完全部的《奇蹟課程》也無法達到的。蜜兒講的既精煉通透又通俗易懂，這是他鑽研多少年恐怕都不會有的效果，並且聽蜜兒給他講了之後，以前他看的一些佛學典籍裡不明白透徹的地方也恍然大悟透徹明朗了，他對蜜兒佩服的是五體投地十分的信任和敬仰。他不知道為什麼和蜜兒有似曾相識的感覺，蜜兒對他而言讓他感覺到是那麼值得信賴和親切。他心裡隱藏著一種渴望能得此良伴兒該多好啊！但是想想，自己這個擔負著養家餬口重任的男人又怎麼能夠放下家庭的責任呢？何況蜜兒這種女子又怎麼是他可以高攀的呢？還是不動聲色的保持現在這種狀態好，蜜兒為何願意給自己白白的講這些，難道是我真的受到了菩薩們的保佑？它們派蜜兒給我指點迷津，還是蜜兒有什麼難以啟齒的心思？是啊！憑直覺他對蜜兒的感覺是親切似曾相識很值得信賴，但是回到他在社會打拼這麼多年的經驗

上，人人都是無利不起早，蜜兒會不會也是這樣呢？直覺和經驗讓他有這種矛盾的思慮在裡面，但是他對蜜兒美好的感覺占了上風想留住這份美好，他退一步的想，能和蜜兒做個靈魂伴侶其實也挺好的，但是蜜兒可不是這樣想的，她之所以對明感興趣，是因為他恰好出現在了夢裡所預言的她新男朋友該出現的時間點上。她對明的熱情和傾囊相授出發點是探一探明的底，這是她意識到的層面如同明一樣，直覺的層面其實起著很重要的作用，總之，她就是願意給明講一講她所領悟的並且講的很全面，她哪裡知道潛意識在這裡面發揮著重大作用，潛意識裡他們彼此是相知的。

故事回溯到五百年前。明與蜜兒曾是一對僧侶，兩個人很要好，但是寺廟裡發生了一場災難，戰爭波及到了偏僻的寺廟裡，明為了救蜜兒被壓傷了雙腿，明是因為戰亂和蜜兒一起逃跑時被山上滾落的石塊砸傷雙腿的。蜜兒正要往前走時一塊巨石從山上滾下來，明在她的身後趕緊上前護住了她，蜜兒受了很輕的傷，明則雙腿致殘。蜜兒心裡非常感動發誓來世一定要好好的對待明，報答他的救命之恩。在寺廟裡的時候兩個人關係最好，蜜兒修習比較用功明則不太上心，蜜兒就幫助明，督促他並陪他一起受罰，吃飯也總是會照顧到明，明的飯量是比較大的。兩個人一起參悟佛法，共同度過了很長一段美好的時光，要不是戰亂他們就會相攜走完這一生，他們暗自在心裡許願如果有來生願互相陪伴到老，這就是他們前世的緣分，所以他們的相遇也並非憑空而出的。這一世他們以這樣的方式再度重逢，這也是他們心中的一個未了情結（蜜兒此時已淚流滿

面），雖然她從未夢到過她和明的過往，但是她和明有一種說不出的信任親近感，這就是他們前世的過往造成的今生之緣。

蜜兒與明的前世過往啟動了，開始了他們這一世的未了情緣，在你們看來這是不符合你們口頭上講的道德的，是的，確是如此，在認定自己是身體這個層面，你們這樣說是符合身體社會共同約定的標準現實。實際上，一切建立在道德理念的界限一直是在不斷被你們重新界定的，道德的界限根據你們身體層面的現實需要不斷的在被調整中，你們所說的古代的道德界限與你們所說的現代是大有不同的，即使在你們所說的現代，昨天還不符合道德的或許明天就符合了。你們的認知在不斷的調整中，制定的道德界限一直在大範圍小範圍的調整中，到底哪一個才是你們真正的道德界限呢？恐怕你們也不清楚，道德對於你們而言都是可以隨時調整界限的。對於人們認為有利自己的界限調整大家就表示支持，相反，對於認為對自己的利益無益的道德界限調整人們就會在心裡反對，或許他們嘴上是同意的但心裡實際上是不同意的，只不過他們不願意表現出和所謂的輿論導向不一致罷了，所以道德對於你們來說只不過是你們認為的對你們有益的一個自我玩笑罷了。

當你一直固守的道德被因著社會集體利益而更改的時候，你是很不舒服的，那些同意它的人們覺得那樣的調整就是對的，所以道德到底是什麼，你們從來沒有認真考慮過，你們真正考慮過的話也就不會被不斷調整的道德界限束縛了。每個人都為了自己的利益有自己想要的道德界限，到底誰的才是對的呢？道德此時對你有利，彼時可能會對你變得無利，你在這一

階段需要這樣的道德，在另一階段你會覺得原有的道德對你變成不利的了，所以你看道德對你們來說到底有益還是無益並不是固定不變的，全看你們不斷變化的實際情況的要求。你們的實際情況在不斷的變動中，道德更改的速度跟不上你們實際情況變化的速度，因此不道德是你們的家常便飯，偷偷摸摸的經常超越道德的界限，儘量做到掩人耳目，儘量做到你知我知就好，哈哈哈哈！誰是誰非誰對誰錯，在你們的層面永遠理不出頭緒來，因為因果根本不是在你們所看到的層面運行的。從幻相宇宙的角度來看，前世因後世果，從幻相宇宙的起因來看，潛意識心靈是因呈現出來的身體層面的相是果。一切身體層面的呈現都不是無緣無故的，答案都在心裡，你的頭腦不知道，但是你的潛意識清楚的很。

這裡並不是說你們的道德有什麼好和不好，而是說你們所謂的道德就是上面所說的狀況。對於現階段的你們會因著你們心靈認知度的提升而模糊一些道德的界限，這個模糊道德的界限反而不是你們認為的社會問題越來越多，而是衝突矛盾反而會減少，想想你們以前發生過的一些事情，女子因為婚前性行為而被羞辱的早早結束了生命，現在這方面的情況好多了。更加包容的道德體系反而是相對更道德的，提升意識頻率擴展視角廣度包容同理心，相對來說會讓你們的社會衝突更少一些，這並不能代替操練聖師思維，宇宙不同的維度只不過是不同層次的幻相罷了，真正能讓你們不再受苦的唯有操練聖師思維。社會衝突可能會減少，但是人們潛意識心靈裡的分裂衝突如果不化解的話，痛苦仍然不會真的減少，地球內部可能沒有衝突

了，但是痛苦的心靈仍會投射出其他的痛苦誘因來。前面提的包容同理心只能像是抹止疼藥，比不用感覺會舒服一段時間，但是根本不能化解內心的分裂衝突，遲早還是會投射出苦難的誘因來。唯有操練聖師思維才能真正的化解本自心裡的苦的根源，止疼藥可以暫時起作用，不是長久之計，不是真正去病根的，唯有用聖師思維取代分裂思維才能真正去除病根一勞永逸。

二、出生前的「計畫」調整

　　這裡再回到蜜兒與明的情緣上。這一世他們在時間到的時候重逢也是計畫裡的設定，但是這不是一定會按著這個設定走的，如果兩個人被局限在道德的範疇裡，不允許自己游離在人們其實只是在口頭上所說的道德邊界裡，他們計畫裡的這一設定就會不作數了。如果蜜兒不是那麼精進的高強度操練聖師思維，他們相遇的時間點也不會比設定的提前，所以夢境的提醒（蜜兒做的男朋友出現的預知夢）也是提醒蜜兒充分把握好這個時間窗口。這是一個沒完全確定的動態疊加，一念之差就有可能錯過這個時間窗口，蜜兒也是因為被提前提醒了，所以沒有因著身體層面的重重限制而與明擦肩而過。這也是說出生前的計畫並不是固定不變的，有一些點是被調整成浮動參數的，如果A條件達成可以啟動B線路，如果A條件達不成則可能啟動C線路，這些可浮動的節點在後臺的高一級自我是可以有權隨時調整的。提前設好的劇本只是一個大致的參考框架，對於

那些有把握突破課題瓶頸的人來說，不會把自己限制在原定的劇本框架裡隨時做好跳線的準備。這不是說出生前的計畫不管用，而是說出現浮動也是計畫的一部分，潛能大的心靈單元很有可能轉世之後來個超常發揮，這也是出生前都有模擬排練過的。超常發揮是有可能出現的，所以不同位階的心靈單元選擇劇本的可浮動性是不同的，膽小的、中規中矩的按著沒有意外的故事線走，久經歷練的、不容易被故事場景蒙蔽的就選擇可浮動性劇本進入，隨時回應後臺高一級自我的提醒，正如蜜兒所經歷的與誠的分手，很明晰的接受到指引，該斷就斷一點也不拖遝，很多人根本無法做到這一點，因此劇情的展開在計畫中早就埋下了變化的窗口期。這在你們看來或許認為不合乎常規，但是前臺的場景人物都是來自於你們看不見的後臺操縱，一個人的出現對於他們來說如同你們點一下滑鼠一樣容易，需要的資源也是如此，對你們來說特別難的事情，對後臺的操作員而言一個意念就可以做到，對於蜜兒，明看似憑空凸顯出來，實則都是後臺幹的好事。當你的意識足夠接納，當你的內在分裂意識逐漸化解，當你能夠承載更多的可能性，你就會被給予你能承載的可能性裡的最佳配置，這就是蜜兒和明的現實。

在你們的認知裡，身體是你的生命，你就是這具短暫的身體生命，在你們這狹隘的意識裡圍繞著身體建立起你們所謂的道德，只是因為你們認為自己是身體，這是無可厚非的，關鍵是圍繞著身體建立起來的道德信仰，是不是讓你們真正達到了利於你們幸福安寧的目的。不斷變化的道德界限說明你們根本

沒有真正可依循的道德可言，人類社會在你們所謂的進步過程中道德不停的隨著你們認知的邊界變化著，不同的認知邊界讓你們不停的調整道德界限，明裡暗裡都有著不同的邊界，不同的階層都有著不同的道德邊界。權貴們的道德邊界與普通人的道德邊界也大不相同，書本上的道德邊界與實際人們的道德邊界也是出入很大，所以你們的道德到底是該依還是不該依，不是真正的標準如何能夠做到依呢？各自以自己的利益為出發點口是心非的，此時依彼時不依，此時以此道德彼時依彼道德，此階層以此道德彼階層依彼道德，根本就沒有一個大家真心信服的標準。

是啊！你們已經習慣了不斷變化的這個標準那個標準，這在你們的認知裡已經成了你們覺得自然的事情。請你們仔細想一想！如果一個真正有利於全體的標準是否是始終變化的呢？一個真正有利於全體的規則難道不是應該始終不變的嗎？真正有益的難道不是始終有益的嗎？真正有益的難道不是誰都喜歡遵守的嗎？真正有益的不可能此時有益彼時有害不可能對此群體有益對彼群體有害；真正有益的不可能不利於所有人；真正有益的始終有益永遠有益。其實，分別適用於不同時代不同人群的標準那也算不上真正有益的標準，那不過是從各自不同的利益出發而編造出的一個暫時的名頭而已，以維護自己當前的利益。可是這一標準此時可能對你認為的利益有益彼時就對你認為的利益無益了，標準都是可變的，可變的標準那就稱不上什麼真正的標準了，妄造而已！

人類社會的進步在於聖師思維的廣泛普及，聖師思維不

會因不同時代不同人群而設，聖師思維不會因不同的種族國度、人種階層、男女老少、貧富等不同而改變，聖師思維平等的適用於宇宙萬物無一例外，聖師思維平等的普照一體心靈的全部，每一部分心靈都會因聖師思維而滌淨塵埃，消除分裂對抗去除苦因得享真正的幸福安寧。聖師思維是治癒一切苦厄的真正有效之方，不帶任何副作用，一經治癒永遠有效；聖師思維是對治一切貪嗔癡疑慢的真正有效措施，不會出現任何其他「方劑」產生的偏差認知；聖師思維治癒所有的恐懼；聖師思維包含了一切問題的真正正確的答案；聖師思維永遠不會因著時代變遷而有任何內涵上的變化；聖師思維這一真正的「道德」標準始終不會變；聖師思維才是真正的道德思維，遵循聖師思維即是真正的道德；聖師思維因用心操練它的人而入駐心靈；聖師思維因不斷堅持操練它的人，而滋養人們疲憊苦難的心靈，淨化心靈的虛妄迷霧，從而根本上起到療癒的作用，療癒一體心靈宇宙整體。因此操練聖師思維才是真正的利於全體眾生才是真正的慈悲之舉；操練聖師思維如同聖師親臨福澤眾生利己利人；操練聖師思維如同悟道的前輩們在世普度眾生；操練聖師思維就是將真正的利益帶給一體心靈的所有部分。

　　世界不是因為政治家的改革而變得更加美好，世界唯有透過更多的人操練聖師思維，才會變得如你們所描繪的真正和平美好。操練聖師思維就是福澤全人類，就是為真正的和平貢獻一己之力；操練聖師思維最接近你們所說的真正的「愛」；操練聖師思維就是真正的「仁善」；操練聖師思維就是真正的利國利民、利己利他，無一不真正受益；操練聖師思維即為真正

蜜兒的故事

的「益」；操練聖師思維福澤不只是人類而是宇宙無一處不受益的；操練聖師思維的恩德覆蓋所有的宇宙，所有的宇宙皆受其恩；操練聖師思維如同光明普照「四海八荒」；操練聖師思維如同光明「護佑」三界；操練聖師思維可以將累世的你、所有平行時空、平行宇宙的你帶回真實永離夢境；操練聖師思維的「功德」是你現在根本不可能想像到的；操練聖師思維就是服務於萬物眾生包括自己；操練聖師思維是最快出離夢境的無上妙法，針對大多數人都是這樣的，誰都無法離開聖師這一層而出離夢境，直接聯繫聖師當然是出離夢境的最短路徑啦；操練聖師思維就是在打通聯通聖師通道，通往聖師不需要繞來繞去盤旋前進，可以直通聖師，親自接受聖師的指引，悟道的最後一關就是融入聖師，哪種法門都逃不過這一關，然而你可以直接衝著這一關去；操練聖師思維就是直奔這個目標去的不需要繞道而行，直奔目標豈不是最快的路徑？直奔目標豈不是節省好多虛幻的時間嗎？為何不呢？為何不讓自己縮短這虛幻且苦難的「時間」旅行呢？為何不呢？

　　蜜兒的旅程裡身體層面的經歷並不重要，她不是身體是心靈，明同樣的如此。心靈的意識頻率在更高的振動水準上時，帶給一體心靈的就是更純粹的光明，更純淨無染的「清泉」，更慈悲的包容，更準確的認知，更加接近真相的意識，這才是真正貢獻到一體心靈的。不是看身體層面具體做了什麼，身體層面不管做什麼和不做什麼都無法從根本上改變心靈意識，唯有操練聖師思維才能扭轉分裂的意識，才能治癒生病的一體心靈。不是說身體層面做什麼都是對的或錯的，而是身體層面的

作為如果不是基於聖師思維的話，做什麼對心靈來說並不能起到真正治癒的作用，唯聖師思維可帶來真正的療癒，唯聖師是真正的療癒者。訓練聖師思維的心靈，接引聖師來療癒心靈，聖師和聖師思維實際上是一回事。真正的療癒就是用有關「你是誰」的正確答案取代錯誤的答案，即用聖師思維取代分裂思維，唯此堪稱真正的治療，唯此才能從根本上消除苦難，唯此才是真正對一體心靈，萬物蒼生真正有益的。

聖師們的慈悲大愛正是因為他們只看到你的真實，只認你的真實，而視而不見你夢出來的角色的所作所為。你要學習的就是從聖師們的視角去看待萬物蒼生，心裡懷著對它們真實的確信篤定去看它們，心裡懷著對它們始終與整體生命是一體不分的完美生命的確信篤定去看它們。你行走在人世間心裡懷的卻是聖師的心，真正慈悲的心，真正愛的心。你本身就被這對萬物蒼生真實的確信篤定滋養照耀；你本身就已是在對真實生命的確信篤定裡蒙受賜福；你本身就已是在對萬物蒼生真實生命的篤定裡至善至美至真至愛；你本身就已是在對萬物蒼生真實生命的確信裡慈悲眾生了。對萬物蒼生真相的篤定確信，你接收到了整體生命的賜福也帶給萬物蒼生無盡的福祉，你榮耀了整體生命的創造，你自身也被榮耀了，你已在至福中了。

真實生命的愛，因你敞開心靈的接受從而祝福了世界，世界因你而充滿了希望與光明，你就是帶給世界祝福的使者，你就是如聖者再臨福澤萬物生靈，這是你至高的榮耀也是萬物生靈至高的福報。生命的真相因你而重新現於世間；生命的真相因你而不被隱藏；生命的真相因你而成為了照亮心靈的無量

蜜兒的故事

光明；生命的真相因你而進入昏睡的心靈；生命的真相因你而在黑暗的夢境裡出現一道亮光；生命的真相因你而再度被憶起；生命的真相因你而彰顯於世不再被扭曲；生命的真相因你而普照寰宇，整個宇宙都接收到因你而來的真理之光。為你的壯舉而祝福吧！為你的壯舉而舉杯吧！為你的壯舉而充滿感恩吧！為你的壯舉而賜福吧！為你的壯舉而接受至福吧！為你的壯舉而情不自禁的生出感恩祝福吧！這是你因真實的生命而應得的，這是你因憶起真實的生命而必然會得到的，這是你因憶起真實的生命而自然而然的事情。當你憶起真實的生命你自然的會升起祝福感恩。感恩真實生命的賜福；感恩真實生命的仁慈與愛；感恩真實生命的無限永恆；感恩真實生命賜給你的一切。你不由自主的會生出無限的感恩，你的感恩匯入永恆的生命之河。感恩整體生命完美的創造；感恩整體生命無限的富足豐盛；感恩整體生命無限的自由；感恩整體生命無與倫比的完美；感恩整體生命難以言傳的至福無窮妙樂無限永恆的幸福喜悅；感恩整體生命的一切一切。你的心中從此始終流淌著對整體生命的感恩之歌「感恩！感恩！感恩！」，這就是你心靈的旋律，這就是你不由自主的「情緒」，這就是你始終延續的真實生命的讚美詩。

三、明的人生故事

再接回到明與蜜兒的故事。明在世間是在常人眼裡很世俗勢利的人，倒不是他做事不合乎規矩而是一切都有明確的目

的，凡是對他的目的有利的（那些人），他都能夠接受他們的行為甚至是超越界限的行為，不同於以往的蜜兒看不慣那些只為利益而聚集的「狐朋狗友」。蜜兒與明在沒有接觸修行以前是兩個價值觀相差很大的人，蜜兒崇尚精神境界的提高不貪求物質，明則是非常的實際，希望能夠在物質層面掙得盆滿缽滿，一勞永逸的掙夠足夠的錢後「金盆洗手」過安逸的日子，因此明所有的人際來往都是奔著掙錢去的。這並不是說，明是沒有道德底線的，他通過自己的努力拼命的運作自己能搭上有利於他掙到錢的人脈關係，他試圖用自己對這些人的討好諂媚換取自己想要的資源，他也是在按照圈層裡的規矩去運作的，並沒有超出圈層裡默認的「規矩」，他也沒有過多的野心就是想早點把錢掙夠，好「解甲歸田馬放南山」，一勞永逸的解決自己和家人的生活所需，他以前就是這個目的，為了達到這個目的，他混跡於他能夠攀附的權貴階層，想得到他們手裡可以下放的項目資源。明以前就是這樣的生活，混跡於飯局酒場甚至其他的娛樂場所，就是為了有朝一日再也不用過這樣的生活。但是從他的社會認知和當時所具備的思維智慧，他並不知道他這一套根本不能讓他一勞永逸，所以他一直在他的認知裡充分的挖掘能挖掘的各種關係資源為他的目的服務，也搞過一些項目掙過點兒小錢。但是就在他得到一個機會很有可能實現他一勞永逸的目標，這個在他看來十有八九能成的大好機會竟然埋葬了他的掙錢夢，讓他一下子從充滿著「肥肉到手」的期待幻想裡跌到黃粱一夢的巨大失望中。這個他非常用心圖謀維護的眼看就快要到手的專案突然落空了，如同你一直盼望的眼

蜜兒的故事

看著到嘴的「大肥肉」幾乎就快要到嘴了，好像已經聞到了那肉的香味，結果「啪」的一下子肥肉掉下去了，掉的沒影了，不可能再找到時的失落絕望。這可是你花錢花時間花嘴皮子，花掉自己的自尊花掉自己的健康甚至花掉自己的聲譽，好不容易才等到的機會呀！可是眼看到嘴了就是沒吃到嘴裡，以前的一切付出都付之一炬徹底沒有希望了。明就是在這樣的經歷中如心死一般的度過了一段時間，稍微恢復一些後不得不重操舊業做起了他的專業本行——執業醫師。他必須得振作起來，家裡這大大小小都需要他供養，這是他的責任所在，他必須得去工作不能再沉浸在失敗的痛苦中，於是他重操舊業又拿起了他原本的醫生這個職業在一家私立醫院就職。明就是想讓自己多掙些錢讓家人過的日子富足，當然也讓自己盡到一個養家男人的職責，可是就是這麼一個目標也是他費盡心機都不能實現的。

　　人世間像明一樣苦心經營到頭來竹籃打水一場空的事情多如牛毛數不勝數，使出自己的渾身解數懷揣著美好的希望和夢想，最終賠光自己本有的一些資產的多得數不勝數。目的沒達到，空落一身疲憊甚至病災和滿心的內疚失落絕望，有的人甚至以死來結束這種難以承受的處境，這就是時時在上演著的世間劇情。無情的世間劇場時時刻刻都不斷的上演苦難的劇情，不是你就是他，今天是你明天是他。如此每個人都不可能永遠偏安一隅沒有不順心的事兒，每一個人遲早都難逃失意絕望死亡的命運，能夠安然死去的人算是活得通透一些的，不少人未死之前就開始恐懼著死亡的那一刻，即使他當前過得好好的，

但心裡就是止不住的恐懼著必然到來的死亡時刻，人其實不只是在身體死亡的時候恐懼死亡，人其實時時刻刻都有死亡的恐懼浮現。從更大的角度來看，每當自己的利益不能被保證的時候如同自己死去一樣，內心就產生隱隱的恐懼，所以人們會為自己的利益不惜鋌而走險，因為那其實是在保護他心目中的「命」，身體及其附屬利益都被當作是他自己本身，維護自己的利益如同維護自己心目中的「生命」，鋌而走險不計後果。這是人們不時的操心自己利益受損的本質所在，自己的利益與自己的身體被他看成是一體相連的自己，自己的利益受損就是自己的命受到威脅。因此從這個角度來講，人們時時都在擔心自己的死亡，死亡的恐懼時刻都在，因為人們不能停止擔憂自己任何一點利益的損失。無意識的人們就是這樣的，人們甚至覺得這就是正常的生活，這就是他生命必不可少的部分。恐懼成了生命的常態，死亡隨時都會到來，恐懼死亡就是生命的規律，恐懼死亡本就是生命該有的事情。這就是人們心裡認可的生命悲催的生命，死亡居然成了生命逃不過的宿命，死亡居然被他們認為是生命的最終歸宿，這可是天大的誤解呀！這在你們看來是正常的事情，在聖師們看來你們這是天大的誤解，你們誤解了真正的生命，你們把一個虛假的根本不存在的居然當成了生命本身，給它賦予「生命」這個尊貴的稱號把它捧上神聖的祭壇，這是多麼的愚不可及啊！

　　蜜兒雖然對物質的追求比較淡薄一些，可是她一心想要自己成為一個不俗之人，她對那些一心追求物質利益的人覺得他們很膚淺俗氣，那些只為了實際的物質利益而做朋友的人在她

看來是很低俗的，朋友應該是能交心的才對，僅僅爲了實際的利益而交往頻繁的人是被她不齒的。因此蜜兒眞正走得很近的朋友很少，她喜歡精神層面能至少有一些交集的朋友，而不是在一起就爲了利用誰的資源。明則是正好和她相反的，他的處事原則就是你能對我有所幫助，我才願意耗時間金錢與你維持關係，你若沒有一點這個方面的利用價値的話那就沒有什麼交往的價値了。這兩個主流觀點不同的人，誰能想到有一天他們會成爲志同道合的朋友兼生活伴侶，這兩個曾經奔著各自的人生理想努力奮鬥的人，在他們各自被更高的自我層面加載到他們的顯意識層面來，他們便很快的踏上了這一世正式提升意識頻率的快速通道。蜜兒先被聖師們介入突破她這一世最難的攻克瓶頸，明也在世俗體驗的夠夠的了，在這個時間節點上兩個人主要的準備於爲完成，但是能不能最終一起走完此生這並不是百分百落地的事情。處於明是有家室的現實難度，還有蜜兒能不能允許明這種有家室的狀況持續，在各自的側面都有需要進一步化解的意識界限屛障，好在兩個人在相互的「努力」下各自都突破了執著的意識屛障，終於能夠相伴走完此生。他們的努力就是不斷的強化聖師思維，進一步的將聖師思維打入潛意識中，因著他們主動的強化訓練，聖師們自然會在他們不知道的層面一起幫他們消除分裂的意識屛障，讓他們能夠穩定的組合在一起。

　　明雖然晚於蜜兒熟悉《奇蹟課程》，但是蜜兒對他的高度精練又精確把握透徹內涵的思維滲透，讓他快速的「上路」，比在聖師的指導下蜜兒的快速成長所達成的成就所需的時間更

短。這是爲什麼呢？明雖然晚接觸《奇蹟課程》，但是蜜兒直接把她經過多年的操練兼領悟達到的對聖師思維的精純把握直接傳給了明。這裡還需要說明一點的是，這樣的方式只適合雙方彼此非常信任的情況。蜜兒與明前世的緣分註定了他們這一世比其他人的心靈敞開度大得多，也就是蜜兒和明彼此之間的心靈早就搭好的通道，是蜜兒與其他人之間沒法相提並論的。蜜兒對明、明對蜜兒，前世就非常的關愛信任彼此，儘管蜜兒對明的信任與明對蜜兒的信任的面有所差別，但是兩個人的彼此信任是通常人之間無法相提並論的。明對蜜兒講的法理完全無條件的信任，因爲前世他就經常聽蜜兒給他講道法的領悟，事實證明蜜兒的領悟都是很到位的，明聽了之後是非常受益的。蜜兒則因前世明捨身救自己的「深情」對明心懷報恩的訴求，一個真正願意爲自己捨身的人自然是最值得信任的。前世他們就是非常要好的同修，彼此之間相互幫助，蜜兒作爲師兄經常照顧明，作爲年齡偏幼的師弟明則非常的尊敬蜜兒，因爲蜜兒對他沒有成見還多次在他受罰時與他一起受罰，明對蜜兒是真心敬佩的，把蜜兒視作比親兄弟還親的兄長。這就是他們這一世彼此之間的信任度遠遠超過與其他人的信任度的緣由，這僅僅是從人輪迴的角度去看前因後果，但是這樣的前因後果也只不過是心靈層面在起作用罷了，終歸是明與蜜兒強烈的出離夢境的願心把他們的頻率提升到一個能夠保持接近同頻的水準。身體層面的前因後果也都是由心靈決定的，心靈若不想出離夢境也不會顯化出所謂的身體層面的因果，明與蜜兒因著共同的出離夢境的真切願心，從而能夠共乘一葉扁舟駛向夢幻旅

程的終點。

　　蜜兒與明在這一世將要邁向旅程的終點，無程之旅的最後一程，蜜兒對明的體驗中，明是不在她預料中的，她千想萬想也不會想到居然是明和她一起同時邁向旅程的終點，在她的視角中，明至少要比她晚個十來年到達旅程終點，因爲明好像沒她用功，悟性也沒她好，但實際上不是這樣的，明嘴上表達出來的與他實際的是有差距的，明嘴上表達的與他內心深處的東西是有很大差距的，不知道的人以爲他是渣男，這樣的人怎麼也能悟道呢？不是這樣去看待的，明的處事方式恰恰說明他悟到了世界的非眞實性。並不是說一個看似表現不守道德界限的人反而是悟性低的，悟性的高低與一個人的實際表現沒什麼實際聯繫。明的這個例子是想告訴大家，脫離夢境的願心才是最爲重要的，比如明就是這樣，蜜兒因他的願心被安排到他的身邊直接裹挾著他走向旅途的終點。明就是對蜜兒有其他人難以望其項背的信任，幾乎信任蜜兒所說的每一句話，他的這個信任度讓他的心靈快速的被蜜兒已經淨化的部分同化。蜜兒讓他感覺到前所未有的平安幸福，這是他這一生從來沒有過的，他對蜜兒的信賴，讓他心靈敞開的接受蜜兒心靈的淨化洗禮，蜜兒到達的也就是他很快到達的，蜜兒往前進一程他也跟著往前進一程，他緊跟著蜜兒的腳步，他認準了跟在蜜兒身邊就是他一直想找的最快最容易的悟道路徑。他前半生一直投機的想找個賺錢最省事的路子好讓自己一勞永逸，他那時認爲只要賺到了錢就可以躺平了，就可以安享人們所說的幸福了，所以他非常努力的想快點掙到足夠的錢以讓自己和家人過上幸福的生

活，但是現實讓他徹底失望，耗費了大量的時間精力健康自尊甚至金錢到頭來什麼都沒得到。這個體驗讓他徹底對靠掙錢這條路達成他和家人幸福的目標失望，他很快的向其他地方尋求幸福之路，佛法雖給了他一線希望但沒能讓他真正的深入下去。

蜜兒的出現則像黑暗中的一束明亮的光照了進來，在內心深處的某個地方他認出了這個曾經真心待他，給他的心靈帶來光明的「師兄」。他雖然這一世早已成家生子但是這一光明是任何事物都無法取代的，他心裡知道這就是他今生約好的一起走向真正幸福的同門師兄。蜜兒在他的心中是他早已認定的能帶他走向真正幸福的、非常值得信賴的、他曾經的同門師兄，就是他邁向真正幸福的指引者，是值得他生死相隨的真正的好兄長。對明來說，這一世他一直等待的人就是蜜兒，這是他轉世前多次重點練習過的一個重要的「標記」，遇見蜜兒不能被環境中的任何因素干擾，毫不猶豫的回應她並且隨時準備跟隨她，實際上，明基本上做到了轉世前模擬訓練的「準確度」，就差那麼一點點的「量度」的時候，聖師們悄悄推了明一把，使明放下了僅有的一點點猶豫，這一關鍵點上終究是成功把握住了。

明其實是一個對家庭很負責的人，不管他在外面如何但是對家人都始終有一種強烈的責任感，自己作為一個男人拼命的想掙錢就是為了讓自己和家人日子過得富足安康。在與蜜兒這件事上明一開始是很糾結的，明也是有他的底線，不和其他女人真心交往，更不會和老婆之外的女人長線聯繫，逢場作戲

可以，真的搞個什麼非婚內情，這不是他想要的，老婆孩子是他唯一想長期相守的，這是他給自己設定的底線。因此在和蜜兒的事情上他也是被這個底線給卡住了一下，正在他卡在那兒的時候聖師們輕輕推了他一把，使他沒有錯過與蜜兒的前世之約。

這裡需要說明的是，明的腿這一世恰好也是有殘疾的，因孩童時期的小兒麻痺症導致，但是明還是如一個雙腿健全的男人一樣組織了家庭，給他們提供了一個還算不錯的生活物質供應。明曾經非常非常努力的賺錢就是想讓自己和家人有充足的物質供應，並且能儘早的從這艱難的、為生活奔波的狀態中退出來。他這一生真正想呵護的人就是他的老婆孩子，但是命運的軌跡不是這樣設定的，總體來說，明已經履行了出生前的設計，與家人的緣分也按出生前的設定執行。這裡可調節的就是具體的時間點的問題比預期的早了許多，這是蜜兒比預計的提早完成她的瓶頸突破的進程所做的微調，這也是前面所說的，時空整體微調都是「後臺」同意的調整。蜜兒與明在一起的話不只是有利於他們兩個人，而且整個宇宙都會因他們意識頻率的飛速提升而真正受益，這等利於一體心靈的事情有誰會不同意呢？一體心靈的加快覺醒才是一體心靈的福祉所在，「前臺」不是真正的決策部分，一體心靈分裂出的更高級層面才是決策層，或者說，一體心靈投射出的幻相、更高級的層面才是決策層，身體所在的這個「前臺」是不能夠做主的，更高級的層面才是真正能做主的。

時間過得很快，明與蜜兒從第一次的單獨聊天開始，到他

們正式見面大約過了兩個來月的時間，蜜兒親自去接明，明當時工作是很忙的，蜜兒則是不需要工作的，蜜兒其實也不知道和明到底是一個什麼結局，但是還是決定見個面再說。這一見面考驗或者說功課就又來了，明之前從來沒有提過他的身體狀況，蜜兒通過視頻看見明的五官還是很讓她滿意的，蜜兒怎麼也想不到見到明真人時居然讓她差點轉身就走。蜜兒期待的明是一個五官還算不錯的正常人，可是一見面明的腿居然是瘸的並且瘸的還很厲害，這讓蜜兒一下子很難接受，可是她還是忍住內心的失落跟著明回到他的住處。蜜兒想，既然大老遠來了馬上返回去也是不可能的，那就先停留下來再說。即使蜜兒訓練了好長時間「身體不是真的，我是心靈，其他人都是心靈」這一聖師思維，可是在蜜兒看到明時還是很把明的身體當真，但是過往的訓練不是沒有效果，否則蜜兒會不惜一切代價轉身離開。明懂蜜兒的心情，是啊，自己再怎麼努力做到健全的人做到的，可是雙腿殘疾是不爭的事實，他不是提前沒有想到過這樣的場面。在蜜兒提出見一見的時候他並沒有馬上答應，他對自己的腿還是很有顧慮的，他對自己的身體狀況還是缺乏信心的，於是他決定給自己多留一些時間操練聖師思維，讓自己從對身體狀況的焦慮中擺脫出來，自己儘量的不受雙腿的影響能夠更有信心的接待蜜兒。是這樣，他足足給了自己一個月的準備時間，在這一個月裡他拼命的練習蜜兒教給他的聖師思維，感覺到準備的差不多了才答應蜜兒來找他，即使這樣他也做好了另一個準備，蜜兒見面後失望而去，他空歡喜一場，就是這樣的雙重準備後他才同意蜜兒過來找他。不出所料，蜜兒

蜜兒的故事

一見到他的真人，果然很快臉色就不對了，與以往視頻聊天時說話的口氣不一樣了，他還是硬著頭皮熱情的接待蜜兒，還好蜜兒答應先住下來。同時蜜兒內心也做著很強的鬥爭，她做夢都想不到居然會有這樣雙腿殘疾的人，殘疾人是有，可是概率非常小的，再怎麼著自己也不會碰上吧，可還偏偏就讓她給碰上了，誰也不會想到視頻的時候檢查一下人家的雙腿，因為這是一般人都想不到的情況，蜜兒雖然還是有所準備的打聽了明的工作收入等，但是怎麼能想到一個人的腿怎麼偏偏就有問題呢？這就是人類慣有的思維，自己想不到的事情就認為不會出現不可能發生，頭腦的思維就是局限在自己狹隘的認知思維裡，這個局限對蜜兒來說恰到好處的遮罩了影響她與明見面的阻力，如果蜜兒提前知道明的雙腿狀況，他倆在一起的難度就又會增加了。

再回到蜜兒內心的激烈鬥爭上，明的這雙腿實在是出乎意料了，讓她毫無準備，可是一個非常明確的念頭冒了出來：「自己如果還把身體當真的話，如何能達成出離夢境的目標？我就是要就著這雙腿操練身體不是真的，我就是要讓自己突破對一個完美身體的執著，還有自己還明顯執著的『面子』，想著如果讓朋友們知道明的雙腿是殘疾的該是多麼沒面子的事情，說不定大家會這樣議論自己：看看吧！經歷了幾個男人最後只能找個瘸子，哈哈哈哈！」是的，蜜兒意識到自己確實還有這樣的顧慮，「好！那麼就是要讓這樣的顧慮見鬼去，如果還在意這個虛假的面子，還在意別人對自己的看法，如何能出離夢境呢？好吧！我還就不信了，這些功課能難倒我，連這

樣的功課我都過不了，我還在這裡充當什麼最偉大的奇蹟教師？」當然蜜兒當時並沒冒出「我還充當什麼最偉大的奇蹟教師」這句話，但是此時把這句話加在這裡是恰如其分的，對蜜兒這一世所做的這個教師角色的肯定。蜜兒在自己學習操練的同時也擔任著這個世界所稱為的「教師」的角色，單就蜜兒這一世實際做到的這一切而言確實當得起「最偉大的奇蹟教師」的稱號，她在這一世經歷了就算是過往的前輩們也沒有經歷過的一些高難度突破性的功課，她確實做到了出生前計畫的一切，並且比設定的時間進度大大加快了突破重大功課瓶頸的步伐，比設定的時間提前完成課業，忠實於聖師們隨時的身體層面進程的調整，可以不顧慮任何物質層面得失的按照聖師們的指引，做到該捨棄物質層面時毫不猶豫不打折扣，內心裡強大的願心讓她能夠突破一切這個世間所有的限制阻礙，這就是她的偉大之處。緊跟聖師們的引領不但沒有拖延計畫的時間而且還大大提前了，因著蜜兒一個人的進程大大提前，包括明在內的很多人的進程都得到了提前。這是因為大家其實都是同一個心靈，這一部分心靈能夠更快的把分裂意識替換成聖師意識的話，那麼對其他部分的心靈都或多或少的起到一個加速意識調頻的作用，正因為不止蜜兒一個人精進的操練聖師思維，地球的命運已經趨向更高的緯度方向轉移，而不再繼續以往的舊命運軌跡，這是已經可以清晰觀測到的未來地球現實。這裡只是借著蜜兒的事情插播一下，已經達到一定數量的人操練聖師思維，導致整體心靈意識頻率提升到一個可改變地球未來走向的界限點上，地球的天命已改，許多人的天命已改，但是這裡面

有沒有你，這是只取決於你的，你想有你的話，你就努力操練聖師思維吧！用心努力操練的話就一定有你！

再回到蜜兒與明的故事上。蜜兒經過快速的思想鬥爭決定挑戰明這個身體現實，所以她決定和明繼續下去。蜜兒在某個層面非常堅定此生的目標，雖然經常受人這個層面局限性意識的干擾，但是一想到她此生的目的就突然來了很大的勇氣去面對她必須要突破的功課。這是很多人缺少的，很多人的狀況是，挑戰沒來之前他們覺得自己根本不害怕，可是一旦挑戰真的來了他們就找各種理由止步不前，就像你們的寓言故事「葉公好龍」，龍沒來的時候成天想著龍，家裡每個地方都畫滿了龍，有一天龍真的來了他都不敢正眼看一眼，扭頭就跑。蜜兒之所以被我們稱為最偉大的奇蹟教師，還有一點就是她的這個特質，就是敢於去勇敢的面對自己還沒有過的功課，不找藉口逃避甚至還盼著功課早點來，她潛意識明白自己今生就是奔著脫離夢境的目標來的，就是這點「任務」早完早享受聖師們帶來的真實生命的賜福。蜜兒沒有被明嚴重殘疾的雙腿這個現實嚇倒，少許鬥爭之後馬上很理智的做出了接受明的決定，在蜜兒完全接受明之後與明在一起呆了一段時間。

起初蜜兒只是想去看看明並沒有更多的想法，在她看來明是有家室的，自己也不能對明有什麼其他要求，明能偶爾陪伴一下自己也就足夠了，可是事情的發展往往不是頭腦能夠知曉的，蜜兒陪伴了明一段時間後，明突然決定辭職陪蜜兒，這個決定連明都從來沒想過要這樣做，在他的認知裡，他絕對不能失去現在的這份工作，他要養活連他在內的一家四口人要讓家

人過得富足一些，辭職那是萬萬不行的。在他的世界裡最重要的就是家人了，雖說他以前經常出去應酬早出晚歸的很少陪伴家人，但也都是爲了去找機會，能夠多掙到一些錢供家人很好的生活，他從來沒想過不考慮家人的生活，任性的想辭職就辭職，但是蜜兒和他在一起呆了一段時間後，他不知怎的就突然有了這個想法。一開始他打算準備一段時間再最終做出決定，然而事實是，在他有了這個想法之後沒過幾天，他就連自己也難以想像的很快做出了決定準備辭職，決定做出後他本想過一段時間再提交辭職申請，但又出乎他意料的，不知咋的他很快就決定不再耽擱了，馬上提交辭職申請。這一切都來得這麼突然，這一切自己認爲會需要一個較長時間的事情，不知咋的就這樣都是快速就做出了決定，還有他想不到的，他原本以爲寫了辭職申請也得差不多等一個月公司才能審批，但結果公司很快就批了工資一天也不少，這一切跟做夢似的都在意料之外「神速」的完成。

四、眞心願意出離夢境的人必會受到聖師們更多的關照

這裡又要講講道理。眞心願意出離夢境的人必會受到聖師們更多的關照，這可不是偏心噢！是聖師只會願依你所願，眞心想不惜一切「幻相」代價出離夢境的人，聖師們反而會幫助的更多。明這麼神速的辦完離職手續確實是聖師們在幫助協調運作，明具備了足夠的願心，所以聖師們一會兒都不耽誤的幫

他運作。有利於明以最快的速度學習成長的必要的條件，最快的方式就是與蜜兒住在一起，直接接受蜜兒提前準備好的更純淨的心靈的「沖洗」。因著明是對蜜兒非常非常信任的，心靈向蜜兒的敞開度很大，所以蜜兒的努力操練聖師思維淨化心靈的成果，會因著明的心靈對她敞開而被明更多的接收到。也就是說，明願意讓蜜兒心靈的清流流經他，淨化他的心靈，這是明能快速成長轉化心靈分裂信念的一個很重要的因素所在，但是若沒有明對蜜兒的高度信任也不會有明顯的效果在裡面。你有的對方得願意接受你才能給出去，並不是說你有了對方就一定能接收到，對方願意接受了才能接收到，所以兩個條件是要同時具備才能達到很有效的轉化效果。給出者有接收者願意接受，這就達成了一個傳遞，一個信念的傳遞，一個愛的傳遞，並不是說你有了就一定能被對方接收到，接受方如果心門緊閉口是心非，嘴上說願意接受而實則心是封閉的，那這個接受方就接收不到你給出的，直到他敞開心願意接受。

同樣的道理，聖師們等著給你送上你的真相，可是你如果不願意接受的話，聖師們不可能硬塞給你，聖師們耐心等你真的準備好接受了再送給你。操練聖師思維本身就是向聖師敞開心靈的過程，只有頑固的分裂信念被你主動鬆動化解到一定的程度聖師才好進入，你得把心靈「地盤」讓出來給聖師，你若讓頑固的分裂信念始終霸占著你心靈的「地盤」，聖師不會強行趕走你心靈中頑固的分裂信念，所以你對聖師能敞開多少，聖師就會進駐多少，你越用心操練聖師思維，鬆動霸占著你心靈的頑固的分裂信念，表明你願意讓聖師進駐你心靈「地盤」

的誠意，聖師自會因你之邀進入，所以不是說嘴上說個「願」就行了，先把你心靈騰出一些地兒來表明你要邀請聖師的誠意，聖師才好不違背你的自由意志進入。明卽使對蜜兒很信任但也是需要很用功的操練才能成的，只不過他對蜜兒的信任讓他的心靈淨化過程更快而已。

回到蜜兒和明的故事上。明很快就辦妥了辭職手續，辦好辭職手續後明沒有任何耽擱立馬啟程去與蜜兒匯合（蜜兒在明沒辦妥辭職手續前先離開了），開始了他們持續到現在的相互陪伴共同成長的「晃晃悠悠」的生活。在蜜兒與明共處的這兩三年裡，蜜兒依然不忘和明在一起的眞正目的，繼續就著她投射在明身上的一些功課操練聖師思維，實現出離夢境的必定要達成的目的。明在蜜兒回家後沒幾天就緊跟著過來了，開始了他們正式的伴侶生活。蜜兒此時已經基本上通過了情執的功課，並不要求明斷了和家人的來往，明一如旣往的時常和家人聯繫並及時的付給家人生活費用。明也不確定與蜜兒是否能夠一直過下去，畢竟自己老婆孩子是不知道他和蜜兒在一起的，日後的發展也是走一步看一步，並沒有一開始就確定和蜜兒相伴終老了，就是想，旣然有了這個緣分就好好的利用這個緣分向蜜兒多學習，另外自己也太渴望能有一個人與自己彼此聊得來，彼此共同扶持，一起面對生存的壓力。明原來的工作雖然收入還相當不錯但是工作壓力也是相當大的。私立醫院看的是利益，看的是你能爲醫院創收的能力，是不養閒人的，以天爲計算的業績標準是懸在明頭上的一把利劍，每天都得考慮怎麼樣把病人留住完成自己的基本業績。憑心而論，明並不是一個

爲了掙錢沒有底線的人，他一方面絞盡腦汁想留住病人，一方面又覺得這樣太無恥，有一些病是根本無需複雜治療的，但是他爲了業績不得不把治療複雜化。他的知識技能的實際需要與病人實際的病情有時候是出入很大的，本來只需要很簡單的處理，但是一方面病人很難相信一個簡單的處理就管用，另一方面業績之劍時刻懸在頭上，所以明很多時候不得不假模假式的與病人斡旋，滿足病人的心理又爭取自己的業績能完成，自己的專業知識在這種情況下被無奈的綁架，不必要的藥物器械處理都被多餘的使用在病人身上。

　　明的心理也是很糾結和矛盾的，醫生背離了自己曾經發過的誓言，醫生的職責在於救死扶傷，盡一切可能讓身體生命能儘量健康，但是現在醫生這個職業不再是單純的以救死扶傷爲目的，它更重要的是一種賺錢的「名頭」而已。病人同樣也是沒有相應的對病的正確認知，誤以爲藥越貴越有效，設備越先進、越是自己聽得雲山霧罩的，肯定也就治療效果越好。醫生和病患都是處在爲難的境地中，病患不相信對自己簡單的治療就可以，醫生無奈的爲了業績、爲了迎合病患的心理需要，開出遠遠超於實際需要採取的治療措施的費用和治療方案，相互配合給彼此增加金錢和心理上的負擔。明很清楚這一點，但是想一想，一家人要張口吃飯、生活所需的各種費用、醫院主管的業績排名利劍，自己也是無奈的爲了生活，違心的按照當下通行的規矩行事。因此每天的心理壓力其實是很大的，每天一睜眼「業績」兩個字就如同催命符讓他不得不開動腦筋，琢磨如何讓病人滿意的留下來治療，讓自己的業績不落後，一整天

都在緊張著疲憊的身心，根本沒有時間好好的休養。現在因著和蜜兒的緣分終於可以先好好休養一下身心了，管它以後的日子如何，現在太需要忘記工作掙錢還有家人，好好讓自己休息一下了，所以明也不去想以後的日子會如何，就是想先讓自己好好的休息一下，好好的休息一下。蜜兒也不去想明與她以後會如何，她已經基本上不執著一定得有個男人能夠長久的陪著她了，既然明自己也願意跟她住在一起，那就珍惜在一起的時間互相陪伴，且借著明在她看來不符合她認知習慣的一些點去操練聖師思維。

　　蜜兒與明終於如他們前世約定的又在一起了，儘管囉囉嗦嗦說了那麼多蜜兒與明這一世的相遇過程，但從一個更廣的時間角度去看，這是他們早就約定好的事情，前世在一起相處的非常好，期待來世還繼續在一起，前世明因救蜜兒被砸傷了雙腿，蜜兒這一世就來親自面對這雙殘腿，該照顧的照顧，該操練的操練，總之，以更廣的時間視角來看他們只是在繼續前一世未完的約定而已。蜜兒對明自然的有一種親切感，就是覺得明是老熟人，她在過往的親密關係裡都沒有像和明在一起一樣放鬆，她對明男女之間的情愫基本上沒有，但是就是覺得和明在一起很自然，顧慮也很少，前所未有的那種無需以更多的女性身分來取悅明的那種感覺，明在她的記憶中實際上是延續了前世的感覺，只不過蜜兒這一世是女性，兩個人之間多少還是有一個性別的面紗存在的，但是基本上就是那種親近自然的感覺。蜜兒覺得和明在一起無需什麼刻意的打扮，更無需太多的「裝」，就是覺得和明在一起沒有太多需要做作和講究的。

明對蜜兒感覺也是這樣，就一開始遇見的時候還是裝了裝，熟悉了之後就很快一點也不裝了，放開自己的天性一點也沒把蜜兒當外人，他就覺得本來就應該是和蜜兒在一起的呀，老婆和孩子對他而言反而是後來的。也就是說，他感覺蜜兒才是一直和他在一起的，老婆和孩子是他非常規的一個「走神兒」罷了，一不小心整了個老婆孩子出來，蜜兒才是應該和他是「原配」，老婆和孩子好像是自己出軌搞出的事情。

蜜兒和明彼此就是上述的感覺，但這並不是說他們之間都彼此百分百的滿意對方，尤其是蜜兒對明的不滿意點更多一些，這主要是表現在兩個人的飲食習慣上。明是南方人喜吃油重、辣味重的食物，蜜兒則喜清淡的食物，但是蜜兒對做飯沒興趣，就把做飯這檔子事兒交給明來做，明自然按照自己的口味來準備食物，蜜兒還是老一套，自己看不慣的都是自己的功課所在，就著操練吧！因此蜜兒基本上不干涉明，自己不舒服了就回到心裡操練聖師思維。

在飲食消費習慣上明和蜜兒的習慣差異很大，明對吃的相對來說是很感興趣的，花在吃方面的錢對於蜜兒來說那就是相當大的一筆錢了，但是蜜兒並不阻攔明在吃上的消費，儘管她還是對明把這麼大比例的錢用在吃上是有些不滿意的，她充分利用自己對明的這些不滿意點回到心裡操練聖師思維。錢花在哪個方面其實本質都是一樣的，只不過蜜兒和明在優先要投資的消費專案上的觀點是不同的。蜜兒在改善室內設施方面就比明願意多花錢，因為蜜兒喜歡居住的環境儘量讓她覺得溫馨舒適，明則對這方面要求不太高。蜜兒覺得吃東西主要是為了

滿足身體營養健康的需求，味道在其次，明則覺得人生不享受美食那可是一大遺憾，要吃盡天下美食曾經是明心裡比較在意的目標，不是說他對美食欲罷不能，而是相對於其他消費來說他更側重投資在吃的方面。兩個人對投資方向的不同側重點是他們彼此的功課之一，蜜兒雖說不阻止明在吃食兒上的投資，但是心裡的小不愉快還是有的，她就借著這個小不愉快操練聖師思維，每天吃飯時間都是蜜兒操練的重要時間，飯一端上桌蜜兒的「功課」也就上桌了。明幾乎天天以肉食為主食，沒有哪一天是沒有肉的，蔬菜很少，蜜兒不是對吃肉有排斥而是對主食吃肉有排斥，在她的飲食習慣裡肉一向是副食，可是明居然把肉當成主食是她不能接受的，況且以肉為主食的話那消費的錢可比以米麵為主食消費的錢多好多倍，還有吃肉很容易催肥身體，還有自己其實不是不喜歡吃肉，只是不習慣以肉為主食，如果飯菜裡沒有肉的話自己也不太有念想吃肉，但是一旦肉擺在自己面前，那個吃肉的欲望也就明顯增加了，何況反正也花錢買了，自己一點也不吃總覺得有點虧。總之，每天一開飯的時候蜜兒面對著這以肉為主食的飯菜心裡嘀嘀咕咕的想法就出來了，並不是說蜜兒有多大的情緒反應，而是較輕微的一些心理不平衡在那裡晃悠，她知道這都是自己的功課點，雖然不算什麼大的功課，但是也不能讓這些看起來不算什麼大事兒的事情左右自己，所以還是老一套操練聖師思維。

自己開心不開心，只取決於自己內心是聖師思維做主還是分裂思維做主，跟任何其他沒有半毛錢的關係，其他的因素讓自己不開心其實根本不是這麼回事，因為那貌似存在的外面其

蜜兒的故事

他因素，實際上不過是自己內心的投影而已，那個投影源在心裡。也就是說，那些貌似在外面的、讓自己不開心的因素實際上是在心裡，外面的不過是內心投射出去的影子而已，看到外面讓自己不開心的因素的這個「影子」的作用，是依著這個影子找到它的來源，從根上消除讓自己不開心的因素，順藤摸瓜順著貌似在外面的這些讓自己不開心的因素，回到心裡找到真正的根源所在，這個根源就是「分裂的思想信念」在作怪，分裂的思維占據了心靈。心靈透過分裂的思維去「看」的話，心裡就會不舒服就會不平安不開心，不開心不舒服不平安的根源在於心靈讓分裂思維上位了，因此根除的方法就是讓聖師思維取代分裂思維，或者說用聖師思維取代分裂思維，也就是化解消除分裂思維，這是唯一能夠真正消除各種「苦」的方法。

操練聖師思維就是在消除「苦」因，操練聖師思維就是離苦得樂的簡單省時有效的途徑，不操練聖師思維而想真正達到離苦得樂的目的的話，對於絕大多數人來說是很難很難的，那極少數極少數的不需要費大力氣操練聖師思維的不是我們這本書所針對的。許多人認為，眾多參悟法門是快捷的到達旅程終點的方法，但是沒有上好根基的人根本就不可能通過參悟抵達旅程的終點，極少數屬於「天才」行列的人可以經由參悟到達悟道，可是即使這樣天才般的修行者若不能夠持續的安住在實證到的對真實的「憶起」裡，用聖師思維鞏固實證到的，也是最快的安住在實證到的境界的最快途徑。個別根基非常深厚的修行者不通過專門的訓練聖師思維也是能夠終究悟道的，但是穩定住在悟道的境界裡使用聖師思維這個途徑是更快速的，使

用聖師思維操練直接將聖師記憶穩固在心靈中，依靠聖師的助力牢牢的讓真實記憶紮根在心靈。終究來說，悟道就是讓自己的心靈完全的被聖師充滿，完全的讓聖師思維取代分裂思維，完全的讓聖師接管心靈，不管哪種法門都是要最終讓真實記憶，也即聖師接管心靈，充滿心靈，不是說唯有操練聖師思維才是唯一能達到讓聖師接管心靈的，而是說它是適用於絕大多數人的最快速的路徑。

操練聖師思維，只要你正確理解了聖師思維的真正含義，能靈活的應用在任何讓你不平安不舒服的人和事情上操練即可，對你的日常生活習慣、行為規範沒有任何要求，你平時該幹啥幹啥，就是時常記得提醒自己不舒服了不平安了說明心靈又被分裂思維占據了，得有意識的啟動聖師思維用聖師思維取代分裂思維即可。當然這裡要強調的是，一定要將聖師思維使勁「按到」潛意識裡，聖師思維導入潛意識才算有效。也就是說操練聖師思維的時候一定要用心，相信聖師給的「你真正是誰」的正確答案，把這個答案打入潛意識，日常生活你該幹啥幹啥，操練聖師思維是在心裡用功，和你具體做什麼事情沒任何關係，你不用去想：「我行為上該如何做？」沒要求，要求的是你心裡想對了，也就是在心裡操練聖師思維。再強調一遍，只要求你在心裡操練聖師思維，對你行為層面沒任何要求，就是這樣！總之，對於蜜兒來說這世間的一切，真正的目的都是用來操練聖師思維的，明對於蜜兒的意義來說也主要是如此，在她還想要一個伴侶的時候明固然滿足了她這個還有的需要，但是明對她來說更重要的意義就是來促進她操練聖師思

維的。

　　明和蜜兒在一起後經歷了一連串的神祕夢境，這些神祕夢境也是做爲明的一個頻率調整的證據所在。明夢到自己與聖師的心靈結合後馬上就來到了昴宿星，他看到了昴宿星巨大的飛船並參觀了它，他還與一名非常美麗的昴宿星女子親密的接觸，完全讓他體驗了一把人間多少男人想體驗的與一個美麗的難以形容的女子纏綿交合。他太震驚了，想不到真的有這等美麗溫柔的女子，更想不到的是，這樣的女子還對自己特別的溫柔充滿愛意，要知道他可是一個在地球人眼裡的殘障人士啊！要不是憑著自己努力考上大學有一份人們心目中還不錯的工作，恐怕自己連一個看得過眼的老婆都討不上，這也是他此生還有的小不甘，畢竟自己雙腿殘疾這個現實是無法改變的，自己不能夠像同等條件雙腿健全的人一樣去找各方面都優秀的女子，只能退其次而求之，這也是他心裡多多少少還有的不甘，這一美麗的昴宿星女子就圓了他的夢，像健全的人一樣與一位自己心中非常滿意的女子盡男女之事。昴宿星的這位美麗女子，實際上不是別人，是蜜兒同一個靈魂在昴宿星的化身，也就是說在昴宿星上也有一個蜜兒的分身，不同的身體裡住的是同一個意識體。蜜兒並不是主要的轉世化身，昴宿星上的另一個蜜兒作爲地球上的這個蜜兒的直接守護者，在這個宇宙時空的這個特殊的時期，守護蜜兒轉世到地球上來的這個身體，保證這個地球上的蜜兒的身體能夠平安的度過童年，不出任何意外。並不是說轉世到地球上來的都需要一個專門的高維守護者，而是因爲蜜兒在這個特殊的宇宙時空點上，在這場宏大的

遊戲場景裡要扮演這個重要角色。從幻相宇宙的角度看，蜜兒此生擔負著承載聖師意識的管道的角色，這個承載聖師意識的管道對於地球人類意識的大幅度提升起著很重要的作用，此時的蜜兒能夠在此聽寫這本書，就是她作為一個聖師意識重點培養的管道的工作之一，她攜帶的對聖師意識的絕不扭曲的解讀，是能夠保證聖師意識基本上沒有扭曲的落腳到地球人類意識中的重要保證。蜜兒這個身體載具不是隨便一個人都可以勝任的，它是經過被處理改造過的。也就是說蜜兒所在的這個身體層面的一些裝置設備，是在她被神祕力量入駐前被昴宿星的高維技術改造過的，以便於她能夠更暢通的接受來自於她上一級高我和聖師們的指揮和教導。也就是說，不是帶有一些特殊任務的身體載具，在地球這個特殊的場域裡很難清晰通靈真實世界的聖師們，頂多是一些意識頻率較高的存有，直達聖師意識頻率的管道極其罕見。

第十章
人類命運人人有責

一、整體宇宙與地球的現實

　　這裡所說的都是宇宙幻相層面的事情，人類意識的覺醒是整個宇宙都很關注的事情，因為它對整個宇宙來說是很重要的一個限制宇宙整體意識大跨躍的瓶頸點，地球雖然不起眼但就是這個看似不起眼的偏遠地區，是整體宇宙能不能整體跨躍一個大的空間振頻的很重要的點，如同你們的整個身體，如果大部分區域已經升級好長時間了，就是有一個部位老是卡在那裡不能升級的話，是會影響整個身體的高維跨躍的。你可能會問為什麼不乾脆捨下它，其他的部分該升的升唄，這是根本不可能的，意識可不是身體某個部分，實在治不好了就給它重換一個或者無關大局的部分乾脆切了。不不不！意識可不是身體，整體意識的一部分得不到應有的淨化的話，那麼這個整體意識的頻率就會被拉低，因為這部分低頻的意識就是這個整體不能分割的一部分，它是不能被隔離起來丟的遠遠的就真的能夠解決問題，比如蜜兒如果要達到悟道的話，不是說把她還帶有情執的這部分心靈丟掉就能夠輕鬆的悟道了，因為那就是她的一部分，她怎麼能夠丟得掉？根本就丟不掉的，唯一的辦法就是轉化它淨化它，好比一件完整的衣服，這件衣服的完整性在於哪一部分都不能少，如果一個衣袖弄髒了就把那個弄髒的

袖子剪下來丟在一個看不見的地方，根本就是自欺欺人。心靈是不能夠剪掉那個還「髒」的部分而輕鬆的，這是根本不可能的，唯一的辦法就是幫助它淨化。地球雖是一個偏遠的不起眼的地方，但是其上的人類就如同宇宙這一整件衣服的一個袖口一樣，基本上就是污染最重的部分，不能說把這個袖口扯下來扔掉，這件衣服就沒有髒的地方，就萬事大吉了，那個袖口就是這件衣服不可分割的一部分。隔離只是吃止疼藥式的急救措施，根本不可能從根本上解決問題，因此站在宇宙的立場必須得動員宇宙更高維的志願者，功勳卓著的高維存有們，也就是經驗豐富的存有們，深入到這個你們宇宙最偏遠落後的區域解決這個被頑固污垢長期霸占的地區。在這個宇宙幻相層面一些更高維的存有們使出渾身解數想辦法攻破這個難題，那麼蜜兒就是在這樣一個全局需要下搞出來的插入地球人類層面的神聖意識通道，讓最純粹的聖師意識無障礙的到達地球人類的意識層面，同時也是結合蜜兒出離夢境的願心搞出這樣的設計。地球人類的意識實在是太固化了，像是被籠罩在非常黑暗污濁的封閉的垃圾處理場中透不過氣兒來，這個頑疾太難搞了。你們根本就想像不到你們早已習慣了這個監獄式的星球，在那些已經進化的高級星球人眼裡是個什麼感覺？難以描述，烏煙瘴氣，慘不忍睹，這可不是在說你們的真實，這是在說幻相宇宙中地球這個角落的實際情況，不是在說真實的你，真實的你完美的言語道斷難以形容。

　　在這裡插播的這些你們的這個現實宇宙的整體現實，其實也是為了讓你們有一個更加範圍寬廣的視角，別成天盯著這個

蜜兒的故事

宇宙中位於最偏遠地區的，如同監獄般的地球上的你的那幾分利益愁眉苦臉了。往心裡用功吧！就這麼個地兒，就那麼點你認為的好處，有什麼可值得你算計來算計去，把時間都浪費在根本就不能解決問題的身體層面上？這可不是在嫌棄你們，這是讓你認清楚所謂的你們的這個人生場景的現實。別當真了，還好這些都不是真的，所以這裡怎麼會有真正的嫌棄在呢？是在「痛惜」你們怎麼就認為你們努力爭取的，在幻相宇宙高維存有眼裡也只是破爛一堆的，你們認為的寶貝能配得上你呢？這些破爛般的碎片片兒怎麼能配得上完美的難以形容的你呢？快別「糟蹋」自己了，快別珍惜破爛的碎片了。

真實生命的美好啊，哪裡是這些被你珍惜的不行的破爛碎片可比的？真實生命的美好啊，哪裡是就連這個宇宙被認為最美好的可比的？你們太看不起自己，你們把自己貶低的程度真是讓人扼腕歎息呀！真實的你們是那麼的完美，美的只有情不自禁的讚美，可是你們居然把自己糟蹋貶低到如此這般地獄垃圾場屠宰場的鬼場域裡，這是讓人多麼的痛心啊！這是讓已經在整體生命完美映照中的兄長們扼腕歎息的呀！兄長們一直等待你們接受他們已接受的生命的真實——你們的真實，你們居然把自己當成了只配在煉獄垃圾場黑暗中刨食的「人」，豈不知真實的你們是多麼的神聖純潔尊貴完美呀！只當自己是身體的你們是有多麼的恨自己，才把自己看成是只配在垃圾堆中刨食的身體呀！你們其實是因為仇恨自己才自願把自己等同於戰犯關進最黑暗的牢獄中，只讓自己在被厭棄的垃圾堆中尋找那些根本填不飽肚子的骯髒食物。你們把自己流放到這等污濁之

地，可見你們是有多麼的不待見自己。

　　地球在幻相宇宙中就是個垃圾傾倒場，比你們更高維的存有們，因為它們也不算是覺悟的，也把它們那個高維的身體當真，所以它們利用自己已經具備的高維技能，將自己排斥的厭惡部分傾倒到你們所在的這個場域，如同你們把垃圾運到離你們遠的偏僻之地處理一樣，它們採取這樣的方法讓自己的場域看起來清新多了，但是這根本就是治標不治本的處理措施，哪能夠真正的將問題解決掉啊？難道地球這個場域就不是自己的一部分了嗎？難道自己真的能將自己的一部分甩掉嗎？正如我前面所說的，以為將自己髒的衣袖割下來扔掉就是真正完成了自我淨化了嗎？本是一個整體的怎麼可能割裂出去一部分呢？真的能夠做得到嗎？這只是自欺欺人而已，一體的永遠是一體的，怎麼可能真正的割裂？暫時的處理措施只相當於抹止疼藥，問題並沒有真正的解決，所以高維的存有也是還沒有醒來的心靈的一部分，它們根本沒有找到解決問題的正確方法，只不過相對於你們而言心靈意識頻率更高而已，意識的深度廣度更深廣而已，但仍是把夢境當真的。這並不是說你們不可以從它們那兒學習借鑒，它們至少在意識的深度廣度上比你們要擴展的多，能夠在更多的視角看待發生的事情也更具接納度和包容性，對於你們還是能起到一定的借鑒作用的。它們也只是在更大的場域面占據了相對來說比你們清潔度高的領域，但也是沒有完全淨化的，它們在它們的位面上有它們需要處理的問題，比如它們已經深刻的認識到，如果只顧著自己星球的發展而不去幫助呼請它們幫助的本是它們扔掉的那一部分的話，它

蜜兒的故事

們所在的位面的整體提升也是會受到制約的。它們也能夠逐漸的認識到你們是它們不可分割的一部分，它們必須得回應你們的呼請，在宇宙法則允許的條件下採取它們的方式幫助你們，它們同你們一樣都是有待繼續成長學習的，它們中的一些人已經來到你們中間，以你們感覺到安全的方式在你們可能不知道的情況下幫助你們，這是它們提升意識頻率的一個途徑，是它們學習成長的途徑之一。

整體即使暫時看起來被分割解決一個重症的部分，但那實際上並沒有真正的解決問題，它們中的許多人已經認識到這個問題所在，所以會願意來幫助你們，因為幫助你們就是在幫助它們自己，它們幫助你們也只是在它們有限的意識波段內，並不是能夠真正從根源上解決問題的，但是那是它們的學習成長方式。它們能夠這樣做，反映了它們的心靈開始更清晰的明白「一體是不能分割」的道理，至少它們已經在整體意識頻率上有了這一個層次的明確認知，相比較你們目前的整體意識頻率而言，它們是更深廣的但是仍是受制於幻相的，你們可以依著你們內心跟著它們學習。這裡只是按實際情況表述它們的一個狀況，並不是說它們是不夠好的，它們你們的幻相是有很大差別的，但是你們的真實絕對是無二無別的，你們的真實本就是一個。它們只是對於這個「一」的領悟相對來說比你們更深入更透徹一些，所以它們包容性也就比你們更廣，接納度更高，排斥仇恨心相對來說比較輕，所以他們顯化出來的整體生存環境比你們的更加清潔，社會制度更加的公平，更有利於人們有更多的時間在心靈層面用功，不需要很多的時間給身體準備生存所需有更多的時間專注在心靈成長

上。社會衝突相比你們而言，基本上沒有需要戰爭級別的衝突，人們的等級觀念非常的淡，人們的能力所長方面都被同等的重視看待，不去標榜哪一項技能是優於另一項技能的，各項技能都被平等的看待，能夠為大家提供服務就可以。不去比較身體層面的優劣，也沒有那些劃分優劣的標準，大家在意的是精神領域的拓展提升，普通的百姓們經常交流的是內心的擴展，互相借鑒以利於整體心靈更快的提升擴展，專門從事引導百姓的老師們，則經常給百姓們展示它們的內心世界作為一個目標和引領，讓百姓們可視化的去感受心靈拓展提升後的美好，讓百姓們更加有動力去提升擴展它們的意識，這對於你們而言是很難理解和想像的。在目前這個階段，這是一個你們星球可以借鑒發展的方向，人們逐漸的放下對物質的不必要的需求，轉向注重提升心靈意識頻率，這個目標不是沒有這種可能性的，它取決於地球人類整體意識的提升擴展，更取決於有多少人真正願意操練聖師思維。操練聖師思維的人等於直接聯通聖師，將聖師的療癒帶給這個世界，療癒這個世界人們生病的心靈，在達到一定量度的心靈面接收到聖師的療癒後，人們整體的表現就會可對比測量出明顯的變化來，這表現在形式上的可視化轉變就會被明顯的觀察到。

二、醒來吧！曾經發願為一體心靈而「戰」的勇士們

人們真的開始轉向投資心靈，不像以前那樣只圍著身體轉了，更多的人被同化著轉向對心靈的關注，世界的劇烈衝突會逐漸緩解，逐漸的，人與人、種族與種族、國家與國家之間的

界限會變得鬆活起來，不再那麼僵硬和冰冷，彼此的相互包容度更大、面更廣，逐漸的，彼此之間的界限會越來越模糊，人們逐漸恢復了心靈交流能力，自始至終你們都具備這種能力，只不過僵硬的思維屏障屏蔽了你們這種功能。

當你們的意識頻率提升到一定的層次，你們本自具有的現在你們認為的超能力會自動顯現，這都是你們本自具有的，但是一直被你們僵硬狹隘的意識屏蔽的心靈能力。美好的世界在你們線性時間的遠方向你們招手，快速的到達那裡的終極法寶就是操練聖師思維。身體層面的變化始終都取決於心靈層面的變化，不是說讓你們去追求身體層面的改變，而是在你們的心靈層面不斷的淨化後，必然會在身體層面出現調整改變。

這裡的重點是，如果你只關注身體層面的改變，那麼即使身體層面貌似發生了改變，可是問題並沒有得到真正的解決，只是換了一種形式掩蓋問題而已，但是如果把關注點放在問題真正存在的地方去化解問題，心靈層面的問題逐漸解決的同時，必然相應的在形式上也會有所表現。你們線性時間的前方向你們招手的美好世界是否能夠迎接到你們，那是取決於你們現在心靈的轉變水準的，如果心靈不改變的話那個美好的世界就不會與你們相遇，正如你們所說的：「除非你改變你的心否則我不會等你。」美好的世界除非你們抓住現在操練聖師思維才能被你們遇到。操練聖師思維不是等到美好世界到來之後才開始，而是現在就得開始，才能等到美好世界的到來，只想等美好世界到來後再操練，那美好的世界永遠只是你的未來，你永遠體驗不到。

在地球時間的未來，因著人們會轉向心靈層面的成長而改變它的時間線，也就是說，地球人類如果能夠轉向心靈成長的話，未來地球的時間線是會改變的，不是說現在就已經百分之百的確定，這只是說這個圖像會因著地球人類專注心靈成長而清晰度越來越高。未來地球的實際狀況，完全取決於地球人類的心靈成長程度轉變的速度與實際呈現的狀況，都是取決於現在人們進入心靈成長的數量和速度，尤爲重要的是操練聖師思維的人的數量和入心的程度，擦除地球人類心靈的塵垢，關乎到的不只是地球的命運，而且也是關乎到整個宇宙的命運。幻相層面的宇宙也是一個巨大的生命體，皮膚上的一個膿瘡就有可能污染到整個宇宙，不徹底根治的話整個宇宙就會整體降維，因此在幻相宇宙的重要時間節點上，來自高維度的存有們志願投生地球，雖然它們並不是究竟悟道的，但是對那些只想意識頻率到高一級層面的人來說也是足夠的。

借著治癒地球人類心靈達到究竟悟道的少部分人，是整個地球產生拐點的主力軍，這些人在接受聖師療癒的同時將療癒帶給地球，這在人類數次的輪迴中是最爲奇蹟的時刻。也就是說，往復輪迴的地球在數次的毀滅宿命中，這一次因著介入到地球業力中來的，發願要斷輪迴的人數量是前幾次輪迴中都沒有的，因此這一版的地球已經超越了往昔毀滅的宿命，朝著轉向升維的方向去了。如此不容易的超越，取決於操練聖師思維的人的數量是地球的前幾次輪迴中都不曾出現過，越來越多的人們用心操練聖師思維，蜜兒與明只是其中的一小部分。這次地球的輪迴因著前所未有的發願斷輪迴的靈轉世到地球，做

蜜兒的故事

爲它們突破課業瓶頸的劇場，從而帶著地球跳出舊有的毀滅宿命，這也是整個宇宙集體意識在不斷升頻的結果，摒棄了以前採取的，將地球嚴密封控的，抹止疼藥式的措施，把地球當成不可分割的一部分療癒它幫助它。

　　人類之所以被封控在地球數十萬載，並不是地球人類真的犯了什麼無法挽回的錯誤，而是因爲無明的一體心靈試圖用割捨被污染嚴重的部分來保全其他部分，無明的一體心靈認爲這是可以應對危機的有效辦法，然而這實際上根本就不會起到眞正的作用，剛開始採取這個措施的時候會感覺到「輕鬆」了不少，但是過了一些時間之後，它們發現，它們努力提升自己頻率的時候出現了嚴重的卡頓，繼續升維嚴重受阻。它們這時候開始找原因，東找西找不斷的尋求更高層面的幫助，它們才忽然明白，割捨出去的部分的沉淪就是它們的「死穴」，本來就是它們的一部分怎麼可能眞的以形式上的割捨，眞正有效的解決問題呢？它們開始認識到這一點，呼求更高的層面介入，在它們的呼求被聖師們聽到後，聖師們自然會立馬回應它們，制定出切實可行的眞正有效的解決它們卡頓的方案，那就是必須要處理好被它們隔離的地球區域的問題。整個計畫的布置安排都是在聖師們的縝密謀劃下進行的，蜜兒的這個設計也是整個計畫中十分重要的一個點位，擔當這個點位棋子的志願者，就是我們前面提到的蜜兒的高一級自我，借著蜜兒的高一級自我還有需要完成的課業，設計出了現在地球的蜜兒這一角色，看似是蜜兒在地球上經歷種種，但實際上是蜜兒的高級自我配合宇宙整體布局的顯化而已。

於蜜兒而言，她的身體被用來當作一個教學的工具，被呈現到大家可見的層面來，通過這一個能夠和你們直接交流對話的身體層界面，將聖師意識導入到你們的這個層面來，唯有如此，才能真正的治癒地球這個在形式上被隔離的場域，地球場域中經歷的心靈意識的嚴重污染才能得以被真正的淨化。也就是說，你們的心靈被通過這樣的方式進入治癒程式，不同於治標不治本的策略，是深入到根的層面給予淨化療癒。進入地球這個場域的話也不是沒有風險的，因為這裡的濃霧太厚了，被掩蓋的太厚實了，資訊僅僅是在一個很窄的頻段內，你還得遵守這裡的場域規則。一進入這個迷霧濃厚屏障重重的頓質場，你轉世之前的那些透徹的洞見，那個意識的深廣度就被這極窄的又是極其頑固的頻率，如同一條極細又十分鋒銳的繩子緊緊的勒住了，被窒息住了。這就是要轉世來這裡的人們要面臨的困境，但是就有膽子大的、躍躍欲試的，想挑戰這限制重重的遊戲場順便讓自己快速升級，正如你們的一些設計可以通過直接挑戰那高難度的項目來讓自己跳級。

　　宇宙其他比你們意識頻率層次高的地方也有這樣的事情「人物」，它們也會有「人」尋求更快的成長路徑提早完成晉級，因此雖然地球這個場域如此的濃霧厚重屏障重重，但還是有「人」躍躍欲試挑戰這最難破局的地府「魔窟」。蜜兒的高一級自我既是為了順利畢業，也是為了出自對一體心靈的覺悟，而志願參與到這個最難挑戰的遊戲局中來。並不是只有蜜兒的高一級自我願意這樣介入到這個重災區，其他很多人的高級自我也都紛紛自願移步到這個「重災區」。一體心靈在他們

蜜兒的故事

的心識中是領悟很深刻的，哪一部分受傷有難，都如同它們受傷有難一樣，它們感同身受，因此明知地球這個場域一旦進入想出來就很難，但是還是紛紛趕來介入這個場域的淨化提升。它們也明白，自己有可能長期淪陷於此，當然也有可能經歷了這樣的「重災區」的歷練讓它們實現跳級。不出它們所料的，來此魔域的十有八九出去不了，一直在這個狹隘的意識波段裡輪迴，這並不是說沒有突破這個重重迷障的靈魂，但是來的多出去的少，高頻意識被窄的如細鋼絲般的低頻意識勒得幾乎一口氣也沒有了。這對你們聽到這裡有很深觸動的人來說，基本上可以確定你就是其中的一位，向你致敬！雖然淪陷但「勇氣可嘉」的靈魂，但是你們並沒有白白的待在這裡，就是因為有你們這一群雖然被勒得快斷氣兒但仍保有「一體證悟」記憶的人在這裡，聖師意識才有更多的可用潛在通道在地球上。證悟到一體心靈的，願為一體心靈的醒來奉獻自己全部的你們，就是聖師意識穿越重重屏障到達地球的潛伏團隊，在地球這樣的場域沒有你們這樣的潛伏團隊，聖師意識很難更廣泛的覆蓋這個難以轉化的頑疾之地。你們就是聖師團隊潛伏在魔域裡的「臥底」，一旦你們願意被啟動，你們就很容易實現你們不顧一切的來此挑戰的目的──升級，這也不枉你們來此的初衷。

醒來吧！曾經發願為一體心靈而戰的勇士們；醒來吧！沉睡已久的心靈戰士們，是時候重新拿起你們的勇氣挑戰這重重迷霧層層幻障了。這是你們衝刺的最佳時機，這是你們在陷入昏迷好長時間以來甦醒過來繼續衝刺的最佳時機。你們所追求的究竟解脫之法，最簡單快捷的究竟解脫之法已經白白的送到

你面前。去學去練！你們為一體心靈而戰的夙願就會達成；去學去練！就是真正的服務於一體心靈全體。

三、操練聖師思維就是在完成夙願，根本無需做出任何犧牲

認真用心操練聖師思維就是在完成你們的夙願，根本無需做出任何犧牲，根本無需擯棄你作為一個人的層面的物質需要，只要求你用心操練聖師思維，將聖師思維的聖光接引到你自己的心靈，療癒你自己疲憊受傷的心，療癒你自己恐懼不安的心，這同時也是在療癒一體心靈，為一體心靈終獲自由而貢獻你們自己，這才是真正的心靈戰士，這才是你們要打的硬仗——操練聖師思維。用你們已經磨練了好久的堅強心態毅力專注力，投入到將聖師思維牢牢的打入潛意識的戰役中來，讓聖師思維遍及心靈的每一個角落，讓聖師思維的聖光滋養每一片乾涸的心靈，治癒心靈每一處的創傷，除去遮蓋在心靈上的每一粒汙塵讓心靈重回它原本的聖潔康健光明。心靈的勇士們，為了你們的理想，拯救一體心靈的理想，用心操練聖師思維吧！這就是實現你夙願的最簡便快捷的法門，這就是你夢寐以求的最簡單快捷「一飛沖天」的方便路徑，使用這個法門就是在這個世界上你雖然身處最底層，但你仍然可以火箭式的抵達目的地的唯一真正有效的路徑，這對於你們來說就是唯一可以「一飛沖天」的真正有效的路徑。

在蜜兒與明的故事中，蜜兒作為一個比明先進入這一世

的修習階段的前瞻者，一方面透過語言分享她領悟到的精純法理，一方面在實踐著聖師思維的精純法理。身教勝於言傳，蜜兒更多的是親自實踐學到的聖師思維，應用在大大小小的事情上。前面提到過，蜜兒與明在飲食習慣上相差很大，但是對於蜜兒而言，同樣把這一「素材」用於操練聖師思維，飯桌成了「寫作業」的桌，就著吃飯引起的各種不愉快不舒服在心裡操練聖師思維。道理是簡單的，道理要牢牢的植入潛意識是不算容易的，因此就著生活工作等各項你在這裡生活的所有經歷中的讓你不「舒服」的素材，反覆的操練聖師思維，就是讓簡單的道理牢牢植入潛意識的最有效的方法，在具體的事上練習，不把這些具體的事兒當真，心不受這些具體的事兒的影響，不對這些具體的事兒起反應，不斷的反覆練習才能終有一日做到不把世界當真，不把身體當真，再也不與身體認同，不把身體當自己，不把身體當成「其他人」的真實生命。覺悟來自於持之以恆的反覆練習所呼請來的聖師在你心靈的「活動」（活起來），也就是說，你經由積極主動的持之以恆的操練聖師思維，撥通了聖師的聯繫號碼，聖師收到你真誠的呼請就「行動」起來，就在你的心靈裡活躍起來，你就會感覺到自己突然有那麼一個「靈光閃現」，突然有了一個往常你沒有的深刻領悟，你不知道這是怎麼回事兒，實際上是聖師在你心靈中「活躍」的緣故，聖師透過你鬆動的潛意識「洩露」到你的意識中來。也就是說你的潛意識如同一個巨大的屏障遮擋住了聖師，在你不斷的操練聖師思維將聖師思維導入潛意識，潛意識的堅實屏障被你鬆動了，聖師收到你的呼請就在你潛意識不太警覺

的時候，「嗖」的一下子跳到你的顯意識層面來，你就會覺得「靈光一現」。

　　潛意識常常是被分裂思維把控的，除非你持之以恆的用心操練聖師思維，讓聖師思維更多的占據你的心靈地盤，讓聖師思維不斷的占領被分裂思維霸占的領域，聖師思維在你的潛意識裡越活躍，你就越容易保持理智清醒，也就越不容易被這迷霧幻相所蠱惑，從而不受這些造成你淪陷於此的「迷煙」所挾制，不為這些「迷煙」迷惑，而能保持清醒，如如不動的任由各種「煙霧」在你面前狂奔，你的心在這貌似會對你造成傷害的「迷煙」幻相裡淡定從容平安無恙，這就是你經過操練聖師思維會達到的效果。

　　你越是用心操練聖師思維，聖師就會在你的潛意識裡越活躍，聖師在你潛意識裡越活躍，你就越容易保持上面所描述的狀態，繼續操練下去，終有一日這世間的任何都再也影響不到本自安然自得的心，永恆的平安降臨於你，這就是你的「悟道」。「悟」，單靠你，你是永遠也做不到的，聖師才是你真正「了悟」的關鍵，依靠聖師你才能真正的「了悟」，憑藉聖師的力量你能夠更快的達到真正的「了悟」，操練聖師思維就是你願意憑藉聖師力量的實際「證據」，聖師自會依你所願給你不時的「點撥」讓你的「悟性」出現，就是這樣的過程。

　　在這裡記錄一下蜜兒剛遇到的一個「功課」。她在網上訂購了一組太陽花，打開包裝想種上這些花苗，一打開包裝她發現這些花苗眼睛看起來很多都爛了，葉片是已經爛的，她的不舒服馬上就來了，滿懷希望的等著健壯的、肯定能夠栽活的

花苗，結果卻是這樣的貨色。她勉強剪了一些看起來還沒爛的部分插到了花盆裡，心裡想：「萬一能插活呢？」不想和客服討價還價了，也沒多少錢，但是那個隱隱的「梗」就是心裡過不去，於是她便和客服溝通想著能退款就退款，但是客服的態度是：「一定能成活，活不了包賠。」絲毫沒有退款的意思。蜜兒心裡也是明白太陽花是容易插活的，她也只是覺得給的花苗看起來不太鮮活了，先不說它能不能活，就這商品看著就讓人糟心，客服說的也不是沒有道理，即使花苗都那樣了還是很有可能活的，蜜兒也就不再堅持退款但是心裡的那個「梗」還在，不是活不活的問題，就是那個看起來爛的苗兒讓她很鬧心，心裡嘰哩咕嚕的一直沒停下來。怎麼辦？錢真的不是緊要的，緊要的是已經太把這個事兒當真了，覺察到這一點，蜜兒在開始今天下午的書寫之前先操練了聖師思維：「這一切的發生並不是真的，它們只不過是虛幻的影像罷了，並且這些影像還是我想像出來的，這些影像不過都代表了我想像出來的我，那爛了的花苗失去鮮活生命力的花苗只不過代表著我認為的我，我錯誤的以為自己離開了整體生命，失去了整體生命的圓滿完美，失去了整體生命鮮活的生命力，我不再是圓滿完美的，我變成了如此腐敗不堪的，沒有生命力的東西。然而這真的不是真的，真正的我始終與整體生命是同一個圓滿完美的生命，真正的我始終圓滿完美無一點瑕疵，真正的我，完美的難以描繪，無法形容，真正的我始終都是整體生命的一部分並享受整體生命的一切。那腐爛的花只是我心靈投射出的虛幻影像，根本不是真的存在，那兒真實的，始終都是與整體生命一

體不分的圓滿完美的生命，都是與我一體不分的圓滿完美的生命。」就是這樣蜜兒先練了一通「聖師思維」才開始今天下午的寫作。

聖師思維是關於生命真相的正確答案；聖師思維是關於「你是誰」的正確答案；聖師思維是在你心靈深處的關於「你是誰」的正確答案；聖師思維是深埋你心底的關於你的真實的記憶；聖師思維不是憑空想像出來的是你對你真實的記憶的延伸，正確映照出關於「你是誰」的實際「狀況」，不是胡編亂造出來的；聖師思維記錄的真實的你是不帶有任何變態扭曲的；聖師思維在你的真實記憶裡承載著「你是誰」的正確「編碼」，承載著你一直尋找的你真實生命的「祕密」；聖師思維透過你不斷的訓練紮根在你的潛意識心靈，啟動你在深廣的大海般心靈深處的記憶之「石」，使被掩蓋在大海般深廣的心靈深處的真實記憶之「石」浮出海面不再被掩藏，不再被深如大海般濃重的迷霧遮蔽，不再沉睡在深不見底的海底。這一獨特的關於「你是誰」的真正答案，便是你生活於此而尋找的唯一對你真正有價值的「東西」，你即使貌似生活在這裡也會因找到它而幸福平安的過你的「人的生活」。也就是說，即使你還有身體存在於這個世界，但是你憑著尋找到對你真實生命的記憶，也會如同「返回」家鄉那樣過得平安幸福。

真實的記憶就是你貌似生活在這裡幸福平安的唯一保證，唯有此真實記憶能讓你真正的幸福平安。你行走在世間，心裡時刻充滿著對你真實生命的記憶的話，你的心就是充滿幸福和平安的，你的心就是處在真實記憶的滋養中的，你的心絕對不

會有絲毫的恐懼，絕對不會因身體所處的世界的變化無常而波動不安。身在這個世界，心則是時刻浸潤在眞實生命的無邊的美好的映照裡，幸福安寧祥和充滿感恩祝福，一無所需；身在這個世界，心則已經與聖師們完全結合在一起了。你的心成了眞實生命的映照之所，成了眞實生命的祭壇；你的心因供奉著眞實的生命而光華萬丈璀璨耀眼；你的心映照在眞實生命的純粹之光中而充滿了無比神聖的愛意；你的心因著接下了聖師們帶給你的「大禮」而蓬蓽生輝耀眼無比；你的心因著徹底的清除了關於「你是誰」的「虛假記憶」而重回清澈；你的心因著完全被聖師占據而永遠的離開夢境，再也不受苦難的夢境的干擾；你的心因著你誠摯的願心終於濃霧散盡盡顯光明；你的心因著聖師們的全力以赴而苦盡甘來，重回神聖的生命之光；你的心因著你用心的持之以恆的操練聖師思維，而終於「重見光明」永遠不會再進入分裂的噩夢；你的心一經憶起眞實的生命便再也不會進入黑暗分裂的夢境。

　　始終如是永恆如是的眞實生命，始終都是一體不分的完整生命，分裂從來沒有眞的發生過，不過是一個微不足道的「假設」罷了，是已經早已過去的了，分裂的幻覺早已消失，你貌似在這裡的經歷也不過是你「回歸」眞實生命以前的殘存記憶罷了。眞實的你從未踏足過「分裂之夢」；眞實的你始終安居於整體生命的一體之中從未離開過眞實的你，只是幻想出了一個「分裂之夢」，從未眞的離開過整體生命；眞實的你自始至終都與整體生命在一起；眞實的你從未眞的想離開整體生命；眞實的你自始至終的眞心所願都是整體生命，唯整體生命才是

你真心所願，自始至終你都沒有真的想離開整體生命，自始至終整體生命才是你唯一所願的。整體生命也從未真的失去過你；整體生命根本不知道你做的夢；整體生命只知道你始終都是祂不可或缺的一部分，祂根本不可能失去你；整體生命只知道你始終都對祂一心一意忠貞不二，祂對你的只有篤定確信，祂根本不知懷疑為何物，祂怎麼可能懷疑你？整體生命只知分享不知懲罰為何物，只知給予難以言傳的生命體驗，妙不可言的生命體驗，根本不知道苦難為何物；整體生命只知不停的給出自己的全部從不知奪取為何物；整體生命只知永不改變的一體實存根本不知分裂殘缺為何物；整體生命只知無限豐盛富足從不知匱乏為何物；整體生命只知愛根本不知恨和恐懼為何物；整體生命只知祂的每一部分都永遠是整體的一體的，根本不知分裂背叛為何物；整體生命始終只知分享愛豐盛美妙整體一體，只知神聖偉大尊貴純潔，永不改變，從來不知道其他；整體生命始終只知整體生命的一切，從來不知其他，你的夢整體生命根本不知道也永遠不會知道，因為它從未真的存在過；整體生命只知真，整體生命是真，你是真，你的夢不是真；整體生命只知你不知你的夢。不用擔心整體生命會知道你的夢，連你都不會記得你的夢，當你從分裂的夢境中醒來你根本不會記得這個夢，因為除了始終如是的，涵蓋一切真實的整體生命，沒有其他，遍及一切的唯有真實生命，無法言傳完美的無法言傳的一體整體生命，貌似有的其他，都是錯覺妄想根本不存在。

蜜兒的故事

四、《蜜兒的故事》也是你將要涉足的故事

蜜兒從未眞的存在過，蜜兒的故事也從未眞的存在過，宇宙從未眞的存在過，甚至連聖師們也從未眞的存在過，一切都是夢幻泡影，這一切的一切不過都是虛妄幻影罷了。眞實的從未改變過，不眞實的根本不存在，生命的平安就在其中，這就是《奇蹟課程》最濃縮的語言表達。在你讀過了這本書之後你肯定有機會接觸《奇蹟課程》，《蜜兒的故事》這本書是更濃縮精煉通俗易懂的故事版《奇蹟課程》，你如果「根器」足夠的話此書是可以將你引至聖師面前的，這樣的話聖師可以直接啓發你，依著你的「心智」組件給予最適合你的啓發；你如果「根器」弱一點的話，跟著《奇蹟課程》的系統「流程」慢慢學習是必要的，在你用心反覆的讀過《蜜兒的故事》之後，你對《奇蹟課程》道理的精準把握就不易出現偏差了。《蜜兒的故事》是你快速進入「奇蹟」之旅的最簡單易懂的入門指南，你反覆用功的讀思練，會讓你以最快的速度熟練《奇蹟課程》的精髓，引領你更快更踏實的進入「奇蹟」之旅，這就是《蜜兒的故事》的重要意義所在。《蜜兒的故事》也是你將要涉足的故事，你的心靈將循著蜜兒的心靈之旅通往蜜兒先到達的終點，蜜兒的心靈足跡是你非常值得借鑒的，身體層面的故事不是你要關注的重點，心靈層面的成長歷程才是你應該重點因循模仿的。身體層面的呈現因宿世的業緣不同而不可能完全相同，從身體層面的故事爲「引」進入心靈層面的旅程才是這本書的眞正目的所在。你的身體不是你，你是心靈，身體層面的

故事一點也不重要，重要的是心靈的成長歷程，身體層面的故事只是起到一個載體的作用，承載心靈的成長歷程，不要買櫝還珠，把「珠」、「櫝」搞混了，這是應該再三提醒你們的。《蜜兒的故事》在人類歷史中會被稱為一個悟道者的親身經歷，在蜜兒成為悟道者之後，一個故事，一本承載著悟道者們的直接教導的書籍，在不久的將來人們無意中會被這本書吸引來接近它，或者說人們無意識中呼喚它，因著人們的呼喚它來到人們身邊，從你們能夠接受的形式載體帶給你們所呼喚的實質內涵，通常你們不具備直接像蜜兒一樣接受無形存在的直接指導，一個符合你們接受程度的形式載體是非常有必要的。

　　一體心靈不是說一個人收到聖師們的教導就很快能夠傳遞到其他心靈部分的，現實的個體所在的心靈部分是屏蔽的，在很大程度上不是能夠無障礙傳遞的，如同你們所知道的，太陽的光明無分別的照耀在地球的每個角落，但是有遮擋物的地方便接受不到陽光，圍牆建立的地方陽光是不能進入的。蜜兒所在的心靈部分相比較而言，圍牆基本上是很少的，透過她向聖師們敞開的窗戶，鑿透牆壁的部分會接受到經由蜜兒敞開的心靈窗戶進來的陽光，接引進來的陽光會穿過心靈圍牆上開的一個個小洞進入其他心靈部分，其他的心靈部分還沒有準備好接受像蜜兒一樣大量接受陽光，只準備好接受一孔之光，這一孔之光便是這本書成書的目的。當然準備好接受大面積陽光的，也會透過這本書自己打開更大的窗洞，陽光會更大面積的進入他們的心靈之域。或許你會說：「自己牆上哪怕是一個小小的孔，能不能直接接受太陽光？」當然是可以的，但是灼熱

的陽光對於一個長期待在漆黑陰冷的地方習慣了的人，猛然的太陽光直接進來的話對他來說是非常刺眼的，他根本適應不了。透過明亮的窗戶進來的太陽光照進房間，再被這個房間氛圍處理後的太陽光變得不那麼刺眼，透過牆壁上的孔洞滲透到臨近房間的光已經變得很柔和了，已經是長期處於陰暗漆黑房間裡的人，感覺不那麼刺眼的形式了，也就是你們可接受的形式了，經由你們逐漸的適應光亮，在你們準備好接受直接的光照時自然會接受到。

　　蜜兒也可以看作是一個光頻的變壓設備，經由她直接來自聖師的高頻強光變成了不會傷害到你們的「狀態」，這對大多數人來說是必須的，這也是聖師們要培養蜜兒的必要性所在，這並不是在貶低誰，是在說明為什麼不都直接給予不經過變壓處理的光照射的原因所在。直到現在為止能直接對接聖師頻率的人寥寥無幾，蜜兒是以太體經過一些設置改造後才能夠直接對接聖師們的頻率，不是說其他人不能夠被這樣處理，而是其他人沒有事先要求這樣做，投胎轉世前準備好接受這種方式的才能夠被採取這種設置處理。強大的出離夢境的願心，做為一個成熟的靈魂，熟悉累世因果建立起來的各種緣起，採取像蜜兒這樣的方式，如果不是經過了超出業由組合考驗的靈識單元是害怕被其他靈體附身的，這是沒有超出業由組合考驗的靈識單元所不敢涉足的。採取這樣的處理措施對於蜜兒所在的靈識來說是沒有絲毫恐懼的，蜜兒曾經在漆黑房間裡發自內心的召喚所有的妖魔鬼怪來到她身邊。在她的認知裡所有的妖魔鬼怪的真相都與她一樣，是與整體生命一體不分的圓滿完美的

生命，所以她不害怕被稱作妖魔鬼怪的存在，她不由得在心裡生出對被稱爲「妖魔鬼怪」的存在的慈心和感恩。哪裡真的有什麼妖魔鬼怪啊？只不過是個錯誤的認知罷了，那些所謂的妖魔鬼怪不過是心靈裡那個錯誤答案的象徵罷了，世間所有的那些被認爲是「妖魔鬼怪」的，不過象徵著世人心裡相信了關於「我是誰」的錯誤答案。真實的被虛假的屏蔽了，虛假的「妖魔鬼怪」的幻相遮住了圓滿完美的真實，遮住了真實生命的真相，錯誤的關於「你是誰」的答案就是你所說的「妖魔鬼怪」，你害怕的「妖魔鬼怪」不在外面在你心裡，蜜兒深知這個道理，所以她敢招呼所謂的「妖魔鬼怪」不怕它們傷害她。

在此感謝蜜兒對被世人避之唯恐不及的被稱爲「妖魔鬼怪」的一體心靈的一部分的慈悲，不厭棄它們，不給它們賦以罪大惡極的罪名，無分別的接納它們，這不是說在你們還沒有達到蜜兒的領悟時去模仿她，你在沒有達到蜜兒的領悟時形式上模仿蜜兒的話，你有可能被你心中存在的「偏見」之妖魔的投射所嚇到。認知沒有達到一定的高度，而刻意的模仿在那個認知高度所做的事情的話是可笑的，並且你的幻相身體很可能遭受不必要的麻煩，在此說這些是爲了讓你們清楚蜜兒的設置是怎樣的一個意識領悟在支持，不要光企盼著像蜜兒一樣看起來是有一些特殊的，意識領悟沒有達到一定的高度的話強行植入這些設置，如同上面講的，你的幻相層面會遭受不必要的麻煩。真實的生命是不會受任何威脅的，但是在你還沒有真正領悟到你的真實時，身體對你而言就是你的真實，身體對你而言還顯得非常真實，它要是受到威脅的話你是非常恐懼的，因此

蜜兒的故事

符合你當前能接受水準的形式上的安排，對你來說就是最恰當的。

　　註定要相遇的必定會相遇，一個人身體層面展現的情景歷程，不是人類所在的這個層面決定的，是潛意識心靈決定的，如果你覺得不想讓它發生的事情你攔也攔不住的發生了，那沒什麼奇怪的，潛意識才是決策者。在你沒有意識到的層面你是同意它發生的，即使看起來你完全是被迫被動的，那其實沒有經過你潛意識的允許它也是不可能發生的。註定的早已編好的程式只是在按設定好的運行而已，你不能隨意更改它，但是你可以隨時調整你的意識頻率，用不同的認知去解讀具體發生的事件，這是你隨時可以做出調整的，你可以透過聖師思維去解讀這個事件，也可以通過分裂思維去解讀。即使你認為有很多種解讀，但實際上只有兩種：聖師視角和分裂視角，站在不同的視角去看待同一件具體呈現的事件，心裡的感受是完全不同的。聖師視角總是讓你安全無虞，分裂視角則永遠讓你愁苦焦慮，如果對你來說符合你期待的事情發生，你不管從哪個視角去看可能都是讓你覺得喜歡的，你認為這不是不同的，但實際上是不同的，用聖師視角去看的話，平安喜樂來自內在，相反的，用分裂視角去看的話，喜歡滿足來自於外在。從不同的視角去看的話，產生感受的來源是不同的，聖師視角不受制於外在形式的影響，分裂視角完全取決於外在呈現。外在呈現是不可預知的，不同時期的相同外在呈現，對你的影響也可以是不同的，此時讓你喜的彼時可能會讓你憂，讓你喜的終究逃不過讓你憂的定數。從這個角度來看喜並非真正的喜，此時此景這

個人是讓你喜的，彼情彼景這個人就是讓你憂的，因此外在事物帶給你的感受是不靠譜的，靠外在事物讓你好受一些的話也是根本不可能真正做到的，只有改變你的視角從聖師視角去看，才能確保你真正不變的平安無虞。

　　聖師視角不受制於任何外在情況的影響；聖師視角根本不理會事物的具體情況；聖師視角根本不會把外在的任何當真，只專注生命的真實；聖師視角始終如一的無視那根本不存在的，只專注永遠不受威脅的真實生命；聖師視角等於真實記憶，只專注在對生命真實的記憶上完全映照出真實生命的本來面目；聖師視角即是對真實生命的無任何扭曲的如實「展示」，如同將一個人真實的樣貌如實的呈現出來不帶任何的誤差扭曲；聖師視角如同一面平整沒有誤差的鏡子，沒有任何扭曲的照見生命的真相；聖師視角是唯一無任何扭曲的反映真實的；聖師視角無任何偏差的反映真實的生命；聖師視角「舉重若輕」的一覽真實生命的真實樣貌，將生命的真實呈現於心；聖師視角就是透過聖師思維去「看見」真正的看見，身體所有的感官都不能真正看見，唯透過聖師思維才能真正看見；聖師視角等同於聖師思維，熟練的聖師思維必會成為聖師視角，熟練的聖師思維練到「登峰造極」，聖師視角也就隨之而生，無思維之過程但是涵蓋了整個思維過程。因此何以聖師思維需要你就著具體的事情去反覆的操練，你必須如此才能達到聖師思維的「登峰造極」之「無相思維」，看似沒有逐字逐句的思維過程，實則整個思維過程早已融化在你的心靈裡，再也無需你單獨把它們抽出來，因為聖師思維已經完全融合在你的心靈

裡。你的心靈就是那沒有任何污漬扭曲的平整之鏡，直接照見的就是生命的真相；你的心靈無任何濾鏡的照見了生命的真相；你的心靈裡已無任何污漬扭曲濾鏡，只是如實的映照出生命的真相；你的心靈只充滿著真實生命的記憶，無一點其他，真實的生命的記憶如實的消融在你的心靈裡，你再也不需要真實記憶，你醒來了。真實的生命是你唯一的體驗，始終都是你唯一真實的體驗；真實的生命始終是你唯一真正的真實，你夢裡的事情根本不會留有任何痕跡。在你醒來之後你只知道唯一的真實，無限永恆不變的真實，無他，始終真實存在的唯有永恆不變的整體生命，從未改變也永遠不會改變。真實生命只能去體驗無法以任何形式表達，真實生命唯有你真正體驗到了，你才算真正的知道，真實生命只有你真正體驗到了，你才算是真正有了「真知」。如此真正是了，真正與整體生命「復歸」一體了，真正知道了真實生命的一切，一切的真實，「復歸」本無「復歸」，是基於你相信自己「離開過」，現在你終於明白你從未離開過（整體生命），在你的體驗上貌似重新回歸整體是以稱「復歸」。

　　蜜兒與明，天天在一起的日子很快在相互陪伴中共同的學習成長中度過了近一年的時光，明在蜜兒的心靈場域的裏挾中淨化提升的很快，當然明自己也是做足了自己該做的那份功課。轉眼兩個人在一起就快一年了從來沒有吵鬧過，不舒服的時候就啟動聖師思維，彼此是各自內心升起錯誤信念時的提示牌，對對方的不滿意就是提醒自己又被錯誤信念占據了心靈，趕緊用聖師思維取代。兩個人在一起就是這樣的日子，在一起

懷著共同的目標，彼此是對方的警示牌，提醒對方回到內心操練聖師思維，處於共同促進彼此，用自己的淨化的心靈部分協助對方。也就是說，每個人清洗過的心靈部分對對方也是有淨化作用的，形成一個共同抱團式的共用，你操練的成果也是我操練的成果，我操練的成果也是你操練的成果，蜜兒先淨化的心靈部分在明出現之後幫助明快速提升，明自己也加入淨化後，兩個人各自淨化的部分歸兩個人共用，彼此促進，因著兩個人彼此的信任，心靈場域能夠更多的互通互融疊加彼此操練的成果，這是十分相互有利的，明促進蜜兒，蜜兒促進明，使得他們在這種共同的互助中得到了比一個人單方面操練更快的效果，這也是他們在轉世之前就約好的。

蜜兒對究竟法理的通透度是比明要高很多的，明對俗世的接納度也是蜜兒的短板，蜜兒一直是清揚的那一部分，明則一直是染濁的那一部分，不管是清揚還是染濁都是偏頗的，清濁皆是幻相，哪有好壞高低之分？同一個事物的不同表現而已，一枚硬幣的不同面而已。濁則是被人們厭棄的那一面，清則是被人們追捧的那一面，實則清濁是一回事，皆是假相罷了，濁與清，清與濁都是基於分裂思維的區分，不是基於聖師思維，執著於清的與沉迷於濁的，都是分裂思維的驅使，是將「離開整體生命」當真的思維體系，想用假的取代真的的意圖所致，明白了此道理你就不會厭棄濁、追捧清，真正的平等無二的看待清與濁。蜜兒要突破的就是對所謂的「濁」的偏見，究竟的法理如果真正領悟的話，是根本不會區分清濁之別的。蜜兒則是在接觸《奇蹟課程》之前對俗濁有比較明顯的排斥的，在領

悟《奇蹟課程》的法理精髓後則逐漸的放下了對俗濁的排斥。明的到來讓她徹底的不再評判所謂的「俗濁」，這是明對蜜兒快速不再評判所謂的「俗濁」的促進作用。

　　一體心靈如果排斥任何一部分都是排斥自己，厭惡任何一部分都是在厭惡自己，你是不可能一方面厭惡著自己的一部分而同時又接納自己的圓滿完美，你唯有不排斥任何一部分，信任每一部分的完美純潔神聖圓滿，你才能夠真正做到接受自己的真實生命，排斥任何一部分都是分裂思維，都是把分裂當真了，都是用虛假取代了真實。蜜兒的功課之一就是完全徹底的接納所謂的「俗濁」，這也是她下功夫比較多的功課之一，明對她的這個功課的快速完成是大大促進的。明這一世是混跡世俗社會洪流比較徹底的，蜜兒則是在大趨勢的社會洪流中並沒有太多的浸染，處於比較人際關係簡單的生活領域，混入社會的程度很淺，處理複雜社會關係的能力是差的，不擅長與複雜的人心打交道，心理複雜程度相對來說是簡單了很多，不會察言觀色、洞悉人心裡的算計偽裝如孩童般的心理，這也是蜜兒作為一個聖師管道所具備的人格特質。不是說蜜兒不可以心智複雜些，而是簡單單純的心智更有利於她做好這項工作，明則是擅長察言觀色的，洞悉人複雜的算計偽裝，這是他能夠在大趨勢的社會洪流中如魚得水的必備條件，他充分被浸染在大趨勢的環境洪流中，體驗與蜜兒是分屬兩端的，這樣的設計有利於兩個人彼此補足對方的短板，提升的更快，在兩個人彼此敞開心扉互相信任的場域裡，互相共用彼此的心域，是共同促進成長淨化加強的必備條件，如果兩個人彼此不信任，對立性很

強的話，則是達不到這種效果的。

心靈場域共振到彼此的場域內，波動小的同化波動大的，波動穩的同化波動不穩的，彼此同化對方波動大不穩定的部分，互通有無，疊加操練成果效應，彼此互為臺階往上攀爬，意識頻率提升的速度大大提高了，心靈淨化的速度大大提高了，這樣的設計有利於彼此節省更多的時間到達終點。蜜兒對明來說理論是透徹扎實深入的，明對蜜兒來說是更接納包容「俗濁」之物的，不同的優勢互補使兩個人採長補短互相成就對方，蜜兒提升了明的理論深度、透徹度，明促進了蜜兒快速的通過對俗濁的排斥功課，一同在各自的短板上快速提升，這是最有利於節省時間的配置。在明與蜜兒的轉世約定中是提前這樣設計過的，這兩個人的共同快速提升也是對一體心靈的淨化大有裨益的，單獨操練的話效果沒有這麼快速，一切以最快的速度到達終點為目的的安排設計，這也是因著兩個人的願心而滿全他們的設計。

他們在蜜兒的一居室（只有一間房間）裡住了不到一年後，神祕力量告訴他們說會給他們安排一個更寬敞更大的房子還會給他們配一輛車，蜜兒和明並不是自己要求這樣的安排，他們對蜜兒的一居室房子也很滿意，這不是他們求來的，是他們要做的工作需要這樣的物質配置，他們其實是不清楚這樣的配置的具體功用的，只不過能換個大的房子也是充滿歡喜的。在他們並沒有要求的情況下主動給他們安排，是出於下一階段他們要擔任的工作的需要，作為身體層面的被使用的目的需要一定的物質資源配合，同時也是滿足身體層面居住的需求，因

蜜兒的故事

此主動給出調整居住條件的安排。蜜兒和明自己想不出一個大的房子怎麼會出現在他們面前，但是他們會被給予適當的指引去對接這個專門給他們用的居所。事情的展開不會很突兀的讓人們覺得不合常規，事情的展開是按照人類層面合理的事理來呈現的。儘管你們無論如何都想不到，這其實是在你們看不見的層面操控的結果，一如蜜兒與明的提早會面，都是整體微調出來的，在你們根本覺察不到的層面。蜜兒與明在接收到給他們更換大房子的通知後，也不執著的去探聽一些出租房屋的資訊，結果還真讓他們給探聽到了，一社區被稱為「樓王」的單元的一戶人家剛做好基礎裝修，發信息說要出租房子，蜜兒和明就試探性的去看了看，總體看來這房子讓他們很滿意。事情就是這樣展開的，合理而又恰到好處，很快雙方就簽訂了租賃協議，很快蜜兒和明就開始著手裝備家庭生活必備的設施，從租賃協議簽訂到蜜兒他們搬進去住正好一個月的時間，蜜兒與明就這樣從一居室的小房子搬進了三居室的寬敞明亮通風性能好的大房子裡面了。

　　這裡需要說明的是，蜜兒和明不在意是否有自己名下的房子，他們不執著房子是不是自己名下的，是不是自己具有所有權，他們非常的篤定內心豐盛富足的話是根本不會缺少必要的物質條件的，房子是給身體方便生活休息的地方，這在人類是必需品，不管自己是否擁有所有權總是不會缺少容身之地的。如果執著於自己擁有某個房屋豈能出離夢境？連一個虛幻的房屋都放不下的話又談何出離夢境？是的，兩個人都不會為自己的居所擔憂，坦然的接受被安排的任何居住地，大一些小

一些，新一些舊一些，都能夠安然入住。蜜兒曾經被安排住過在你們的標準來看很差的房子，蜜兒也沒有任何抱怨的，一切安排都是爲了更快的提升意識頻率，更快的走向悟道的終點，一切安排都爲了一個目的服務——出離夢境。這不是說不可以使用在你們的標準裡更有品質的物質必需品，只是別把擁有更好的物質配置做爲目標去追求，唯一的目的就是出離夢境，一切爲這個目的服務，不要本末倒置。在你的人生設計裡就是有很多財富的話也不需要放棄這些本屬於你的財富，只是不要把這些財富當成你成道路上的絆腳石，財富不會羈絆你，對這些財富錯誤的認知才會羈絆你，認爲財富是羈絆本身就是你的羈絆，屬於分裂思維，這正是你需要加以修正的，財富如同其他事物一樣都不是眞的，怎麼能夠影響到你呢？財富多了會讓你心煩意亂的話，你就是把這些財富當眞了，這就是你需要借著操練聖師思維的點，要擺脫財富的煩惱，同樣只有一個可以根本解決的方法——操練聖師思維。

　　不停的追逐財富與害怕財富會影響到你出離夢境是一回事兒，不要認爲是財富障礙了你出離夢境，認爲財富障礙你出離夢境才是眞正的障礙。無論你把什麼當眞都是分裂思維，分裂思維是你不能出離夢境的唯一根源，只要以聖師思維取代分裂思維就能夠出離夢境，因此一定要搞清楚什麼才是眞正障礙你出離夢境的，不是任何事物、人、感受等是分裂思維，眼耳鼻舌身意，「意」中的分裂思維才是唯一的障礙，「意」中的聖師思維就是來消除這個唯一的障礙的，你就明白爲何老在強調操練聖師思維的重要性了，不用聖師思維取代分裂思維就永遠

沉睡在夢境裡。也就是說，不用聖師思維取代分裂思維的話，昏睡的那部分真實生命就永遠醒不來，專注力就始終流連在夢境裡，你就永遠不會真正的離苦得樂，你，不是指你的身體，是心靈的你，正如前面反覆強調的，你不是身體，你是心靈，沉睡態的真實生命就是我們所說的心靈，被一個假相障礙住的那部分真實生命就是此書所指的心靈。去除障礙就是蘇醒，而分裂思維不除障礙不去心靈就無從醒來，無法體驗到生命的真實，因此唯一的障礙就是分裂思維，唯一化解障礙的方法就是用聖師思維取代分裂思維，聖師思維是心靈對真實生命的記憶，沒有任何扭曲的記憶延伸出來的符合你們心智學習特點的思維。

聖師思維代表著聖師，代表著「你是誰」的正確答案，循著這個正確答案就能「找回」真正的你，被你遺忘的真正的你，你遺忘了真正的你，基本上毫無印象，你一心專注在你造的虛假的生命世界裡，以你的專注力餵養著這個虛假的世界、虛假的生命，你的專注力就是維持它們存在的能源，如果你撤銷對它們的專注，它們就如肥皂泡泡一樣潰散消失。然而你不願意看到你造的虛假世界、虛假生命消失殆盡，你還想留住它們，所以你不肯收回你的專注力在真實上，你不肯放下對你造的虛假世界、虛假生命的專注，你始終被虛幻的牽引著，專注在根本不存在的事物上，你還不肯捨棄它們，你不管是求取還是排斥都是緊抓著虛幻不放，不管求取財富還是排斥財富都是緊抓著虛幻不放，都是給虛幻注入力量維持它們的運轉。

蜜兒與明的故事已經不需要過多的敘述了，兩個人註定

一起相伴踏入旅程的終點，不在乎世界的一切事物如何呈現，他們已經決定捨棄所有的一切，踏上終點的「紅線」有太有必要了旅途衝刺最後的撞線階段，不再是對世界抓著不放的。蜜兒不太相信這麼快的就進入終點衝刺階段，她本以爲今生能悟道就不錯了，沒想著這麼快就能夠成就此生的目標，她已經不執著自己是否能悟道了，因爲內心越來越信任自己，一無所需的時候也就連悟道都不追求了，執著的希望自己早日悟道是想早日擺脫世界對自己的困擾，但是不把世界當眞的時候世界也就困擾不了你了，想擺脫還是當眞了，旣然根本不存在何須擺脫？蜜兒也曾經有過趕緊結束人生旅程早日悟道的想法，但是不斷的操練聖師思維反而使她覺得這一點也不重要了，人生旅途不過是浮生一夢，它何時結束都不會影響自己的眞實。眞實的不會因夢境是什麼樣的而受絲毫的影響；眞實的始終安然無恙；眞實的始終是不受任何威脅的；眞實的始終與整體生命一體不分圓滿無缺；眞實的始終一如當初從未改變過；眞實的如如不動永恆不易；眞實的始終如是永恆如是。蜜兒越是深信眞實也就越不急著悟道了，相信自己始終安全無虞一無所需還想去追求什麼呢？無需無需！知自己一無所需方能眞正的無欲無求；知自己始終圓滿完美則不再追求改變；知自己無限豐盛富足則不執著於錢財資源；知自己無比的神聖純潔則無需誰的認可；知自己始終安居整體生命的愛裡享有整體生命的一切則不會有任何貪求，僅此而已。

　　旅程接近終點的時候連悟道也放下了，悟道是眞正明白了自己始終安享整體生命的一切一無所需，始終與整體生命是整

體一體的一無所需，真正明白自己一無所需的時候連悟道也不再需要，即將到達旅程終點的心靈欲求逐漸消失，一個深信自己一無所需的是不會有任何貪求的，不知道自己一無所需的才會有所貪求，任何的貪求之欲都來自於不清楚自己一無所需，不清楚自己始終享有真實生命的一切一無所需，證悟到本自具足一無所需，安住在這個證悟裡也是不再有任何貪求的，證悟到但是不能安住在這個證悟裡還是會有貪求的。操練聖師思維而信任自己真實的，一旦「證悟」便不再退轉永駐證悟之境，這就是蜜兒將要經歷的，雖然她現在覺得還有好多需要操練的點但是一旦「證悟」了便不再退轉，就是如此。

　　身處於此，心靈卻不屬於此，「此」指幻相夢境，身是夢裡的，心靈則不在夢裡幻相裡，夢是沉睡的那部分真實生命的夢，真實生命從未踏足夢中，明白這個事實的叫（是）聖師，不明白這個事實的是此書的教導對象，糊塗的你，沉睡不醒的你。整體生命不涉及此書中任何的表述，始終是整體生命一無所需圓滿完美，此書涉及的都是夢境之事，聖師只是夢境中始終保持清醒的那部分心靈所在，如同那些在修行到一定層次的人也會於睡夢中明白那只是個夢。蜜兒經歷過好多次夢裡知道那只是夢，不害怕不擔心，明也有多次的經歷夢裡知夢，聖師就如同夢裡知夢的那一位並且始終夢裡知夢的那一位，絕無半點迷惑的那一位，因此夢境裡向誰去尋求幫助呢？自然去向夢裡始終清醒的那一位——聖師。到達悟道終點的身體，或許在世或許早已不在世的心靈單元，不是要跟隨他的身體把身體供奉起來，是學習他所領悟到的究竟智慧，關於「你是誰」的究

竟智慧，關於眞實的你如何才能憶起眞實的你的究竟智慧。供奉身體的人只是舉著悟道者們名相的大旗，從未眞正的體悟到聖師們的眞實智慧，一如供奉自己的身體一樣，本末倒置讓身體登堂入室占據了主人的位置，讓心靈服務身體，主僕顚倒本末倒置。

聖師們從來不以祂們的身體層面所做的爲榮，祂們是以自己神聖偉大妙不可言無限永恆的眞實生命爲榮。祂們對世人的愛也不是出自祂們認爲你們是一具身體，從來沒想著去拯救你們的身體，祂們對世人的愛是來自於祂們已經徹悟，你們和祂們的眞實是同一個圓滿完美的生命，祂們本身就是愛，你們本身就是愛，你們祂們是同一個愛，祂們只是是祂們而已，愛世人不是因爲世人眞的存在，而是因爲祂們只是愛，祂們只是眞正的是自己罷了，祂們只是眞正的是自己罷了。你們還在昏睡中，還與假的角色認同，沒有眞正的是「自己」，沒有醒來，讓自己只是自己，而不是自己想像出來的各種身體角色。

五、活出眞實的自己，你就是愛本身

活出眞實的自己，眞實的自己就是愛本身，與任何身體角色無關，眞實的自己就是愛；活出眞實的自己只是愛，愛就是你的本然，不爲什麼，因爲你就是。遺忘了愛，遺忘了自己的眞實，體驗不到愛，體驗不到自己的眞實，以一個瘋狂的角色、愚蠢的角色、苦不堪言的角色、脆弱無比的角色作爲眞實的自己。本書所指的你，不是指你認定的這個角色，是指把這

個角色當成了自己的你，沉睡不醒的你，本書要點醒的不是你以為是你的這些角色，而是把這些角色當真的你，在你的夢中喚醒你，正如你們一些影視劇所表達的，為了喚醒沉睡不醒的愛人友人而進入他的夢鄉，在他的夢裡啟發他，幫助他，帶他出離夢境，這就是本書的目的所在。並不是你真的在夢境裡而是你不知道自己不在夢境裡，你沉迷在你幻想出的夢境裡醒不來，你的心力專注在夢境裡抽離不出來，正如你被一場電子遊戲吸引沉浸其中，忘了真正的你不是遊戲中的任何角色，你需要被喚醒，回到你的真實所在一樣的道理。

在你的夢境中，聖師、聖師思維、聖師視角都是同一個內涵，代表了留存於你心底的，對你真實的無扭曲的記憶，正如你之所以做夢後會醒來是因為你始終沒有忘記真實的你。你做夢的時候好似根本不記得白天的事情清醒時候的狀況，但是你還是能夠自動醒來，這其中起真正作用的就是你始終牢牢的記得沒有入睡前的真實的你，這一記憶就是你必然會醒來的唯一也是足夠的保證。你之所以憶不起你的真實，是因為夢境對你而言還有強大的吸引力，但是你隱隱升起的一絲絲你並未明顯覺察的思「真」之情，讓你屏蔽已久的對真實的記憶鬆動了，真實的記憶開始在你的心底些許的活躍起來。此書如果被你看到的話，說明你屏蔽已久的真實記憶已經開始變得活躍起來，如此你才可能看到這本書。外在的本來就存在於內，沒有任何外在的不是存在於內的，你內心本有的對真實的記憶也會顯化在外在的形式層面，所以你看到這本書僅僅是因為你內心本自有而已。這不是什麼神奇的事情只是很自然的事情罷了，並不

是說你內心裡本自有幹嘛還顯於外，有必要嗎？有，太有必要了，你心裡有的你並不知道呀！顯化於外你才能看到你心裡有的，僅此而已。

在你們認為的存在層面，「書」的形式是你們習以為常的，透過你們習以為常的形式載具傳遞聖師們的教導，是因著你們的存在層面的可接受的形式罷了，不是說非要以這種方式才能傳遞聖師們的教導，而是普遍被你們接受的方式對於你們而言是很合適的，你們絕大多數人還不能夠像蜜兒一樣直接連接到聖師，基於這樣的你們的現實，「書」的形式是很適合你們的。如果你們按照《蜜兒的故事》這本書裡的聖師思維去用心操練聖師思維的話，鬆動的潛意識就很有可能不能攔住聖師意識的滲透，你們會收到直接來自聖師們的啟迪；如果你們只是處於好奇而不是以出離夢境為目的的話，你們是騙不了聖師們的，祂們不會只為了滿足你的好奇心而來到你可覺察的層面來，不是祂們不可以這樣做而是沒必要這樣做，「葉公好龍」的寓言故事就很恰當的比喻了，徒勞的事情聖師們是不會做的，儘管聖師們並不把徒勞當真。聖師們記得你們每一個，熟悉你們每一個的所有世的因果，如果不是願意脫離輪迴的，祂們是不會親自上陣來單獨教導你的，祂們知道你的一切，做為你的終極導師，祂們遍知你的一切，只為你的出離夢境而等你上路，不是滿足你的好奇心來的，不準備脫離輪迴的不需要被祂們直接指引，祂們只直接訓練發大願脫離輪迴的心靈單元，幫助它們協助它們，制定最適合它們的快速出離夢境的方案。你如果沒有真切的願心，你是不可能真正做到聖師們給予你的

最佳方案的指引的，比如這裡有一個聖師們指引下的，蜜兒的另一套備用方案的實施並沒有如期進行下去，搭配蜜兒的另一個出場者在進入身體層面後受困於身體世界的種種限制束縛，記不得自己轉世前曾經說好的角色擔當，再次的拖延時間，不能夠配合蜜兒的進程。在這種情況下明的這一套方案啟動了，實際上明的這一套方案的啟動並不是優先安排的，明的這一套方案是備用方案裡非優先的方案，阻力大了一些，明世俗的家庭離不開明的照顧，不是萬不得已明不需要以蜜兒伴侶的形式出現在蜜兒的視野裡。蜜兒準備好的時候就如同主角準備好上場了，配角們哪個優先準備好就讓哪個上場，演出的時間能早不能晚，因為觀眾們都已經等在那兒了，不能因為一個配角耽誤時間，這在轉世前也都是提前排練過的。一旦進入你們這個存在層面，預備好的最優方案可能並不能如期展開，多套備用方案是非常必要的，主角能夠保證的情況下配角就不是什麼大問題了，與蜜兒的配戲得保證蜜兒所擔負的角色任務順利開展下去，配角只要願意配合蜜兒及時出場即可。蜜兒準備好了，優先指定的配角遲遲不進入劇情就不得不按另一套備用方案執行了，明儘管不是轉世前最優的安排，但是他在預備方案中是最能夠同意調度的。你們作為在人的這個層面的存在，轉世之後履行轉世之前計畫的可能性並不是百分百的，即使轉世前測試中最優的那個方案有可能不被履行，載具身體受制於種種意識屏障的限制不能履行轉世前的排演方案，這是常有的事兒。重要演員就位協助位的演員並不是要求很嚴格的，替換方案早就備足了，明與蜜兒雖不是轉世前的優選，但是明突出的

表現讓明一進入角色就快速的跟上蜜兒的步伐，儘管世俗阻力重重，他還是以強烈的出離夢境的願心突破最難的功課瓶頸，得以和蜜兒相伴到旅途的終點。並不是說誰的熱情高漲就一定是願心最強的，並不是態度上表現的多積極就一定是願心最強的，重點不是看這些，重點是看在最需要你出場的那一刻，你是否能放下所有顧慮上場，這才是最重要的。

　　本來是一場宏大的舞臺劇，需要出演的角色若不能夠及時到位的話整場演出便會擱置，不能夠及時就位的備用角色們便另做它用，不在劇場的中央出現，臺前出現的是能夠隨時接受劇情調整的，不怎麼受限於舞臺配置出的各種限制因素的，不怎麼束縛於劇場特定的意識主流背景的，突破性的超越於劇場主流意識背景，不受其限制，這正是出演這場宏大舞臺劇的目的所在。突破場景設計的主流意識進入高頻意識，示範出主流意識不能夠影響即使在你們這樣狹窄的意識頻率條件下也能夠不受其困，大大超出場景主流意識的局限性，破除固有的主流意識的禁錮。心靈在更大的意識開闊度層面完成這個角色的舞臺使命，這是需要主角們必須有足夠的強大的動力才能突破狹隘的意識局限才能勝任的。本來出生前優先設置的出場人員，很有可能受限於舞臺場景所處的主流意識不敢突破而不能夠及時登場，那麼預備方案肯定是有的，不僅僅是有而且是有很多，整場舞臺劇必須向前推進，不能因為飾演某角色的演員不能及時就位就停止這早已設計好的劇。本不應該出現的「突發」情況必須被及時的採取補救措施，主角也是如此不只是配角如此，本來設定好的主角如果受限於劇場設置的狹隘意識頻

率的話，也是不能夠適合繼續擔當主角的，整場舞臺劇肯定是要進行下去的，備用方案多的你們想像不到。所以主角到位了配角不到位的話，及時更換也是計畫之一，總體規劃不會有大的調整，具體到某個角色，多的你想像不到，保證這場舞臺劇按預先設計的大致方案進行下去，不是說整體方案不能調整，而是整體方案是已經經過反覆測試過的，不會有大的出入，而具體到某個角色的調整是有多種選項的。整體宏大的方案設計不是一小撮存有把控的，而是全宇宙達到一定級別的存有們共同謀劃出來的，聖師們是總指揮，位於各個頻段的各級夠水準「資格」的存有們，主要是根據總指揮們的指導方案，在自己的「存有」範圍內提供自己能提供的資源，身體力行地參與到這場宏大的舞臺劇中來。

在宇宙這個層面，身處不同頻段的存有們也都有自己的學習功課，借著人間這場宏大的舞臺劇，他們盡自己最大的努力參與進來，好讓他們在這場宏大的舞臺劇中有所成長突破，不管是哪個層次的存有，只要他們想參與到這場宏大的舞臺劇中都會被給予機會參與。不少紛紛參與到這場宏大舞臺劇中的存有們，在經歷舞臺劇場景狹隘的意識頻率流時受制於這逼真的舞臺場景，受困於這逼真的人類劇情，沒有實現他們來參與此宏大舞臺劇的目的。這並不是說他們是不優秀的，只是說他們不能夠達成這一世的目的而已。比如說蜜兒原本被配置的必備角色的演員不能及時就位，因它受困於人類場景狹隘的意識頻率不能夠及時的突破，從而沒有完成這一世原本的角色任務，在這位演員退出這一世的人生劇情後回顧此生的歷程，它會後

悔自己沒有能順利出演它的角色，這也沒什麼，只是需要更多的時間來學習提升而已。幻相時間究竟來說是不存在的，只是對於還把幻相很當真的人來說，時間如同真的一樣被他們體驗到漫長煎熬不知道何時是個頭，這對於很當真幻相的人來說就是無盡的漫長的時間之旅了。

　　並不是說一個人不用自己虛幻的一生操練聖師思維的話就是不會有收穫的，失敗的經驗如果能夠被利用好的話也是可以成為別人的前車之鑑的，提醒那些準備進入這場舞臺劇的演員們儘量不要重蹈覆轍，轉世前會進行更多的準備，防止進入劇場後不能夠超越劇場狹隘的主流意識的限制，從而在關鍵點上必須保證及時出場，不能被劇場的主流意識限制，錯失此生突破的良機。對於明而言，雖不是蜜兒的優先配置，但是能在關鍵時刻不受主流意識限制登臺出場並且很快進入角色設置，配合蜜兒的繼續成長和展開一些蜜兒這個角色要做的工作，他是突破性的，並不是說蜜兒如果不能夠及時就位的話就不能夠展開這場舞臺劇，其他的蜜兒們總會有合適的準備好的及時上場，這裡涉及很多複雜的幕後設計。簡單給你們說這些，是讓你們知道及時的突破主流意識的障礙，提升自己的意識頻率是多麼的重要，精進的操練聖師思維是有助於你們更快的突破主流意識頻率限制的，使你該上場的時候不會掉鏈子，完成你這一世的任務目標會節省很多虛幻的時間，加快你悟道的進程。

　　請你們不要誤解我們給你們的資訊，整體生命始終完美如初一無所需，之所以講你們所在宇宙層面的事情，是想讓你們明白，就宇宙層面而言，是需要有先行悟道的兄長們的支持和

幫助的。這並不是說你們的真實與祂們的真實不一樣，而是在這個宇宙幻相中，祂們是真正了悟真實的，而你們，對，就是現在的你們，還沒成就這個了悟，祂們應你們的邀請協助你們加快步伐與祂們共用真實生命的榮耀至福，並不是祂們的真實與你們的真實有什麼不同。

六、正確的「利益觀」

在你們所在的層面，狹隘的意識頻率死死的困住了你們，與你們的真實是遙遠的，意識頻率不提升的話就始終「驢拉磨」式的蒙著眼睛原地轉圈圈，始終走不出那磨盤的周圍，始終體驗著「驢拉磨」的所謂的你們的人生。其實你們的心裡是渴望走出「驢拉磨」式的人生的，體驗更廣闊自由度更大的場域，只是你們不知道正確的方法故而需要正確的指引。這並不與操練聖師思維矛盾，聖師思維只不過是正確的方法，帶你們離開磨盤周圍的正確快速的方法，如果你們想更快的離開磨盤周圍，你們用心操練聖師思維是快速有效的，不是說你們非得操練聖師思維而達成目的，而是說操練聖師思維是最快速有效的途徑方法，離開磨盤周圍的最快速有效的方法途徑就是操練聖師思維。在你們的過往經歷中你們嘗試過很多方法，探尋過很多出離夢境的路徑，不是說你們是一無所獲的，在頻率擴展上你們是有一些收穫的，但是，付出了很多時間精力才得到那一點點的意識頻率的擴展，而聖師思維的用心操練則是投入少收穫頗豐的。也就是說，「產出」「投入」比是很大的，計算

投資效益的話，這個路徑是最划算的，這就是我們為什麼一直鼓勵慫恿你們練習聖師思維的「利益」最大化的估量所在，收入與投入比最大化也是我們想看到的，我們也是講究效益的，哈哈哈哈！不是跟你們開玩笑喲，以你們的意識提升速度為收益估算指標，以你們需要投入的時間精力作為成本指標，計算哪個產出投入比最大然後評選出效益最優方案，得冠軍的就是操練聖師思維。所以你看我們也是很講究效益的喲，不過我們不是算計你們算計的利益，我們算計的是以心靈快速提升頻率、自由度、幸福度、平安度、豐盛度、滿足度等作為我們投資收益的指標為利益，去衡量方案的優劣，這就是我們的利益觀，與你們的是不是大不相同啊？你們的利益觀是以身體是否比其他人更占有資源為衡量的，占有資源是你們價值的體現，占有的資源多，體現出你們更有價值，占有的資源少，相對的你們覺得自己的價值就小。不同的利益觀作出的投資方案就不一樣，以身體為核心的利益觀足以使你們拼盡全力圍繞著身體轉，投資更多的時間精力物力財力，再為你們掙回更多的以身體為核心建立的需求的資源，不是以心靈為核心做出你們的投資決策，以心靈為成長的投資決策是不被你們重視的，你們視身體為主人，心靈也是用來服務於身體的，不停的用心靈的造物能力為身體造出更多的物質幻相來滿足「身體核心」的價值體系。為身體價值核心濫用心靈造物的能力這一習慣的思路，使你們沉迷在物質層面的不斷推陳出新中，滿足以身體為核心的價值體系，使得你們白白的浪費時間精力財力物力在根本不存在的事物上。

虛幻的世界資源不是用來不停的更新物質幻相的，而是轉向心靈層面的改變成長，實質層面的改變不但不使幻相物質變得更糟糕，而且實質層面的改變提升，卽使對幻相物質層面起到的也是積極正向的作用，不需要死氣白咧的在物質幻相層面拼命。心靈的改變提升自然的會反映在物質幻相層面的積極改善，問題的根處理掉了，顯像出來的問題自然也就沒有，不是你們不去解決問題而是要眞正的解決問題，在問題所在之處解決問題，眞正的解決問題，操練聖師思維就是在眞正的解決問題。不是說停下手頭的工作，生活形式上什麼也不做，就待在那兒心裡鼓搗聖師思維（這也是不可能做到的事情），而是利用好工作生活中大大小小的具體事件操練聖師思維；不是說整天躺在床上不吃不喝口中念念有詞聖師思維，而是說正常生活工作如同以往一樣工作生活，只是在心裡就著工作生活等，你作爲人的層面發生的一切讓你煩惱不安的事情，操練聖師思維，就是這樣。

　　並不是所有的人都準備好了接受這本書的全部內容，至少「世界不是眞實的，身體不存在，唯整體生命實存」，是不會被許多人接受的，他們無需責怪自己不能接受這樣的觀點，他們在某一天會接受的。整體生命無須誰來認可接受始終如是永恆如是，誰認可不認可，接受不接受，祂都始終如是永恆如是，無論有沒有人相信祂，祂都不受影響，祂不與人們是否相信認可而存在。祂就是唯一的眞實，祂之外沒有眞實，祂卽是一切的眞實，眞實的一切，始終如是永恆如是，沒有任何可以影響到祂改變了祂，祂自身卽是一切的眞實，不會改變的眞

實，如此，你的眞實始終都不會改變，無需擔心你的眞實會改變，祂始終難以言傳的神聖偉大妙不可言，無需任何改變使祂變得更完美，祂就是完美本身，無需任何改變使祂更完美，祂就是完美本身，你卽是完美本身一無所需。改變本不是什麼不好的事情，只是眞實完美的根本無需改變，從你們的想法總想改變自己使自己更完美，這是因爲你們對自己不滿意，身體不可能是完美的，世界不可能是完美的，一切虛幻皆出自不完美，與眞實生命不同的卽是不完美的。虛幻來自於分裂之念，不是來自於整體生命的一體延伸，是與整體生命完全不同的，虛幻不可能完美。整體生命卽是完美本身，不與祂相同者卽不存在也不可能完美，假的都是不完美的，整體生命卽是完美本身，你，眞實的你卽是完美本身，你無需改變自己讓自己更完美。眞實的你就是完美本身，你需要的是接受眞實的你爲你，而不是接受虛假的你爲你。接受眞實的你爲你，則不會生起要改變自己的想法，則不會對自己不滿意，否定自己，厭惡自己，不認可自己，不視自己爲無能無力、卑微、一無是處的；接受眞實的你爲你，則不會對自己生出任何評判，唯有感恩讚美，唯有喜悅滿足，唯有舒適安寧，無任何恐懼，自在無礙安適愜意，無任何束縛感，一切都安住在祥和美好至福裡。

一切的眞實始終無比的完美，什麼都不需要，浮在眞實之上的虛幻影像只是錯覺。眞實難以用任何幻相表達分毫；眞實無任何幻相可比擬；眞實不能借用任何幻相窺視其分毫；眞實不是感官所能觸及的；眞實不能用任何幻相來展現。幻相與眞實無任何相似之處，無任何共同點，呈現於此書中的語言文

蜜兒的故事

字只是「路標」式的，其作用是帶領你憶起真實，語言文字只是個工具而已，正確的路標才能帶你到達目的地，南轅北轍的路標只會讓你離目的地越來越遠。真實的記憶始終存留於你心裡不會消失，真實的記憶存留於你心底，成為你隨時可以返鄉的「指示牌」，開啟返鄉程式後真實的記憶便會浮現於外在，通過你能接收到的途徑呈現在你的世界裡，外在的路標只不過以你能接受的方式呈現出來，實際上它真正所在之地是你的心底，一如其他事物的呈現看起來是外在的，實則真正所在之地是心裡。不論外在呈現出什麼發生什麼，實則只不過是內在心靈裡的發生而已，一切呈現於外的呈現發生，只不過反映出內在心靈層面的發生罷了，借由外在的呈現發生，回到內在心靈的發生，外指向於內，外在呈現的實際意義是讓你轉向內在心靈，看到內在心靈裡的存在發生。你如果不想再繼續現有心靈層面的發生，你實際上是隨時可以停止它的，只要你真心想停止它，隨時都可以做到停止它。你真的具備這個能力，不要小看自己，你真的能夠隨時做到，停止內在心靈層面你不想要的發生，停止它，不要再讓它繼續下去。你才是心靈程式的切換「主人」、「操控者」，唯有你有權隨時終止某個發生的程式指令的繼續運作，唯有你隨時可以切換不同的運行程式，你是你心靈真正的主人，你有權指揮心靈運作什麼停止什麼，這是你能夠真正做到的唯一有價值的事情，停止某個你不想它發生的程式，切換到你真正想讓它發生的程式，這是你唯一能真正意義上做出改變的，就是如此。

在此必須要說明的一點是，一體心靈不是指「萬物一

體」，心靈一體和物象沒有關係，物象所在之處的「底蘊」是心靈，具體物象並不是實存，根本不存在。一體心靈指代的是生出分裂一念的、小的幾乎可以忽略不計的那部分真實生命的沉睡狀態，不包括始終如是的整體生命的其他部分，無需考慮其他部分，只針對昏睡的、小的幾乎可以忽略不計的那部分真實生命，考慮到你們會生出這樣的疑問，必須澄清這一點。入睡的部分才需要被喚醒，根本不知睡夢的清醒的部分根本不是需要考慮的，真實的生命完好如初從未改變過，真實的生命始終一體圓滿完美一無所需。入夢的部分不是它失去了圓滿完美，而是它不知道自己始終圓滿完美，它忘記了自己始終與整體生命是一體不分的圓滿完美的生命，一無所需的圓滿完美的生命，因此它只是需要憶起它的真實而不是改變它自己，沒有任何真實的部分需要改變，真實的始終都是圓滿完美的。無論夢境是如何的慘烈混亂不堪入目、心機惡毒抑或溫和平緩，都絲毫不會影響真實的生命，使祂改變哪怕一絲絲一毫毫，真實的生命始終如是永恆如是，祂是，永恆如是。

　　貌似在這裡的你們並不是真有其事（實），夢中人而已，夢境劇情而已，真實的你始終與整體生命一體如初從未改變過，始即終，終即始，永遠不會改變分毫，如你所願的始終享有整體生命的一切，永遠不會失去哪怕分毫。整體生命如如不動的保持其圓滿完美，永不受任何干擾威脅，除其以外絕無真實，除其以外沒有任何真實存在，唯其真實，一無所需，唯其真實，一切真實皆涵蓋其中，無一漏者，唯其真實永恆不易始終如是，自始至終唯其實存，無始無終唯其實存，無始無終即

蜜兒的故事

是永恆。

　　限制根本不存在，無限的自由即是其永恆不變的眞實，沒有任何能限制其無限自由，無限自由本身不會限制自己，無限自由之外無任何能限制無限自由，無限自由之外根本沒有任何眞實存在。唯非眞實才會出現限制，非眞實旣是限制本身，當眞了非眞實就必然會體驗到限制，不當眞非眞實，非眞實的限制便失去了限制的能力，非眞實不是眞實，但是眞實的你可以賦予它眞實的想像。也就是說，眞實的你如果相信它是眞的，它對你而言就如同眞的一樣被你體驗到，像眞的甚至跟眞的一模一樣，對於你而言它就是眞的，因爲你賦予了它「眞實」，它只是因爲你確信它是眞的，才會被你「眞的」體驗到，但是其實它根本不存在，當你不再賦予它「眞實」，它果眞也就「假」了，你也就不再「眞的」體驗到了，撤銷你對它「眞實」的確信，就是不再受它限制的唯一途徑。限制不存在，如果說它存在那麼它僅存於非眞實中，非眞實就是限制，賦予它限制能力的是眞實的你，但是眞實的你永遠不會受限制，只是你賦予了非眞實的屬性，你才像眞的一樣體驗到非眞實體驗到限制，僅此而已。

　　一切的限制皆與限制本身無關，唯獨與眞實的你賦予限制眞實性有關，當你不斷賦予限制眞實性你就會一直受限，並不是說你是眞正受限的，只是說你如果一直賦予限制眞實性的話，你就會貌似眞的體驗到限制。在你們的頻率世界裡，你們無處不體驗到限制，不是限制無處不在，而是你們賦予限制眞實性的緣故。換句話來說是，你們賦予非眞實眞實性的緣故，

去除限制唯一的途徑就是撤銷對它們賦予的眞實性，你便不再感受到限制。如何才能夠眞正的撤銷你對它們賦予的眞實性呢？最簡單有效的方法就是訓練聖師思維，訓練聖師思維是撤銷限制最簡單有效的方法，並不是說此方法是唯一的，但基本上適用於你們的全部人類，基本上是對你們全部的人類來說是最簡單有效的。借助於持之以恆的訓練聖師思維，各種限制就會被聖師思維逐漸瓦解，終有一日沒有任何能再如往常一樣限制你，撤銷了它們的眞實性，它們再也不能限制你，你必會體驗到無任何限制的自由，無限的自由。如此你終於撤銷了任何限制，矗立於時間空間的盡頭與聖師們重聚在一起，成爲了啟迪教導還沉睡在夢裡的心靈部分的一部分，指引並幫助這部分心靈從睡夢中醒來，如同蜜兒被聖師們一步一步指引著從夢中醒來一樣，這就是《蜜兒的故事》呈現出來的必要性之一，夢境裡的教學只爲喚醒沉睡的心靈，不是改造而是喚醒。眞實的你一無所需，眞實的你早已被創造的無與倫比的圓滿完美一無所需，在你的睡夢裡，你忘記了自己的眞實，沉睡不醒的你忘記了自己的眞實，喚醒你體驗到自己的眞實，就是本書的目的所在，沒有其他任何的目的。

在你的時間觀念裡，來世今生以次序展開，在更廣闊的時空現實裡，沒有所謂的來世今生，不同的生世、不同的轉世人生，同時發生一直存在，今生的你、前世的你、來世的你，只是不同的關注焦點而已，前生來世皆存在於現在，此刻你所有的轉世人生都同時存在著，你只是不停的變換著不同的故事，對焦到不同的轉世人生場景裡，流轉的是你關注的焦點，你並

不是先後進入不同的身體體驗不同的轉世劇情，而是在不同的轉世劇情間來回切換著關注焦點，此生與來生不同的關注焦點切換而已。同一心靈單元同時體驗著不同的轉世人生劇情，不是先後體驗著不同的轉世人生劇情，在無數的版本劇情演繹中，心靈從無數個角度提升意識廣度深度，同時性的支撐著心靈意識單元的快速覺悟，這是你們以你們的現有知識難以領會的。此書看似被你看到，其實同時被不同版本的你看到，不分時間的前後，時空限制不了你更廣闊的心靈視角下的其他劇本當中的你，接觸這些教導。你不在劇情的時空體系中，你不在某一個劇本角色中，你只不過專注在某個角色上，你不是某個角色，你只不過是透過某個角色提升心靈意識頻率早日證悟你的真實。不是身體在經歷，是心靈在經歷，劇本角色設定的所謂的「歷程」，實際上是協助心靈成長的歷程，心靈出發到回程是心靈的歷程，入睡到醒來是心靈的歷程，一切服務於心靈快速回程，就是如此。

七、止戰的根本是止住心靈內的戰爭

　　人類世界顯化於深層潛意識中，換句話說，人類世界誕生於潛意識深層，不是誕生在星球，星球也只是潛意識的象徵罷了。人類世界潛意識存續的認知信念是維繫人類世界存在的動力所在，潛意識信念認知持續不變的話，人類世界的複製便不停止。也就是說，人類潛意識信念認知會不斷重複的誕生出相似的顯像世界，不僅僅是儲存在意識顯像層面的世界，而且

還包含了潛意識深層的、廣大的領域，共同複製出基本相似的世界模式，不停地複製下去，不停的複製下去，如同一部老電影不停的播放下去，放映工具可能會有些不同，表象層面可能會有些不同，但實際的劇情還是老一套，因為底片根本沒有改變。人類世界的底片不改變的話，重複放映的劇情就不可能有所改變，停止重複的劇情放映就得改變潛意識底片，從根本上「改天換日」而不是皮毛之功，僅僅是做一些舊作品的虛飾裝潢，看起來好像是新的實則一點也沒有改變。

　　人類世界根本無需把時間浪費在開發高精尖的技術產品上，只需要處理深層潛意識就能夠保證人類世界走出科技這把利刃的昂貴代價。科技消耗大量的世界資源，幫助開發這些科技的智商高的人群，不是被用於幫助處理人們可以更省時省力的獲得身體存續所需要的技術，而是用於開發出攻擊性更強的武器的利刃，最終結果是利刃高懸在全人類的頭上，每一個貌似在這裡的人類都受到不可躲避的危險。人類世界將自己心智功能用於自我毀滅上，而不是用於底片重組上，抹去不想要的底片，拼接真正想要的劇本，顯化於世界現象層面，在存續世界期間，生存環境被改善成更利於身體存續，輔助心靈成長的宜居生存阻力降低到最低的世界顯像，讓身體的維繫根本不再成為人們疲於勞作的重要目標，人們很輕易的就能維護好身體存續，不再是花大量的精力和時間在維繫身體的存續上。這讓人們能有更多的時間返回心靈，更重視心靈的成長，更快速的加快人類心靈整體提升，這不是難以做到的事情，這是只要智力用於正確方向就能做到的事情。

人類世界存續不是我們認為它是真的，而是存續下去是延續繼續心靈成長的，一個虛擬場景的維繫，有利於進入虛擬場景的心靈意識單元順利完成它在這個虛擬場景要完成的功課。意外的終止這個過程，使得還想在這個虛擬場景進行心靈成長的心靈單元不得不被迫終止在這裡的成長機會，在幻相時間層面是不節約時間的。繼續運營這個虛擬場景的話，不至於突然終止開設這個虛擬場景的初始意圖的最終達成，這是更高層面的設計意圖。再說了，就是在你們這個層面，難道你們真心想那把利劍時刻懸在你們頭上嗎？難道你們真的想處於這樣的顯像情境中嗎？難道你們不想處於一個生存阻力更小更容易的環境中嗎？這是你們真心所願嗎？誰會真的想讓自己為了維繫身體的生存而累死累活呢？誰真的只想做一頭繞著磨盤打轉的蒙眼驢子呢？恐怕如果能有選擇的話，沒有人真的願意如此吧！是有選擇的，不只是圍著磨盤轉這一條路，這就需要你們認真思考你們真想要什麼了，想一想吧！

　　不是說你們不該採取相應的防禦，而是說只為了防禦而大量的投入資本這是本末倒置的，負責研發武器的人們其實根本沒有搞明白何為真正的有效防禦，他們專注在更新換代的武器研發上，出於恐懼，他們開發出的一系列他們認為有效的防禦武器，並不能夠展開出他們預想的防禦效果。武器是人類意識的延伸部分，採取武器防禦不過是防禦身體罷了，根本不可能在根源上化解貌似外面的危險，身體層面的防禦如同影子層面的準備，皮毛之力罷了，用在防禦身體層面的攻擊貌似是有效的，然而心靈的戰爭如果不先停止的話根本不可能避免受到攻

擊，操縱武器的人們根本不知道真正的戰爭實際是在心靈裡而不是在身體層面。

　　人類心靈內的戰爭一天不停止，身體層面的戰爭就難以避免，科技武裝起來的武器只能成為身體層面備受打擊的助長者，不停止心靈層面的戰爭，身體層面的戰爭永無真正的停止之日。人們對身體層面的戰爭都負有責任，心靈層面上演的衝突攻擊遲早會映照在顯像時空中，不是誰主動發動戰爭誰才有責任，它只不過是人們集體內在衝突的映射罷了，指責主動發起攻擊的人便如同發動攻擊的人一樣挑起事端。並不是說熟視無睹主動挑起事端的人們的身體層面的攻擊，該採取應對措施的就採取應對措施，躲避不一定是最恰當的，應對攻擊的同時著手從心靈層面下功夫，止戰的根本是止住心靈內的戰爭，心靈停戰了外境顯像才能長久和平，不停止心靈層面的戰爭，外在顯像世界的戰爭便不時的冒出頭來。這並不是說戰爭是真的而是說卽使人類自身要處在一個他們定義裡的和平世界的話，不從心靈層面止戰，阻止攻擊分裂，也是根本不可能的。操練聖師思維卽使對世界和平也是唯一有效的途徑，儘管我們來這裡的目標並不是把焦點放在世界和平上，我們的目標是把你們從夢中喚醒再也不受任何幻相的束縛，但是操練聖師思維的的確確對你們呼籲的世界和平真正起到促進的作用。

　　操練聖師思維消除了心靈內在的衝突攻擊，有效的化解了衝突攻擊的根源，內在衝突攻擊的化解必然會導致身體層面攻擊衝突的化解，這是簡單的心是因、世界是果的因果關係，也是《蜜兒的故事》裡一再闡明的一個事實。至於你們想不想

蜜兒的故事

真的迎來世界和平也不是我們關注的重點，我們來此純粹是因為你們的其中有些人內心熱切的渴望早日結束苦難輪迴，早日證悟真實，憶起真實真正的徹悟，但同時不可能我們的教導只有利於向我們發出熱切呼求的人，同樣有利於那些還沒有發出熱切呼求的人，一體心靈對此部分有益的必然也是對其他所有部分有益的。在這個視角上你也可以認為我們是為了全體而來，事實也是如此，時間根本不存在，我們的教導你現在聽不進去，但是若干世之後你很可能就熱切的渴望了。在此視角下每一個人都必將會接受我們的教導，如同你們中的曾經聽不進去我們教導的，現在則熱切的呼求我們的幫助是一個道理。因此從這個視角我們來此是為了你們全體，因為不曾有一個人被我們遺忘，我們知道你們每一個，我們知道你們每一個的真實身分，幻相世界的你的每一個虛假身分，都被我們了了分明的「知道」著。不管你身處何種虛擬世界，我們隨時都能接受到你的呼求，隨時向你施予援手，時間空間根本不是你我之間的障礙，唯有願心是否真切才是阻隔我們的幻相因素，你願的必會被給予，你還沒有準備好願的，也必會被尊重，我們的世界並不在你們的世界之外，我們的世界一直在你們的世界之內，容許不容許我們的世界進入你們的世界，取代你們混亂肆虐的世界，是你們始終被尊重的權利。

　　至此，我們結束我們透過《蜜兒的故事》帶來的我們的教導。再見了！依著你們的問候語，但實際上我們一直都在你的心靈深處，你曾經記得但又遺忘的心靈世界的深處，我們一直在等你的呼喚，一直一直一直，直到你同意我們向你伸出援

手，讓我們的世界進入你一直駐守的世界，取代你分裂思維的錯誤信念。

至此，我們說等待的也必將是完成的，我們終於等到你了，也將是我們自身的完成，少了你，我們算不上真正的完成。

至此，我們終於可以「復歸」，我們始終都是無與倫比的圓滿完美，「復歸」並非復歸，只是憶起我們始終都是無與倫比的圓滿完美。

此書到此結束，再無需任何多言。

附錄　真寬恕技術課程

課程簡介

　　真寬恕技術是一門訓練心靈正確的去想去看的技術。僅僅是訓練你的心靈用正確的思想去看待你所經歷的一切。當你能夠用正確的思想去看待你所有經歷的時候，你的心靈就幸福平安了。這門技術的訓練要達到的目的就是讓你的心靈真正的幸福平安。這不是讓你一定會改善你的金錢名氣地位的技術，但它的確是能夠讓你實實在在的在心裡感受到自由幸福平安的技術。它不要求你改變外在的生活狀況，不要求你改變你原有的生活習慣。它只是透過訓練心靈正確思考而獲得內心平安幸福的感受。它就是這麼單純的目的，至於是否會引起你外部環境的改善，這不是這門技術所承諾的，儘管那是很有可能的。

　　先不說這門技術是如何進行的，因為任何一門技術首先都要有正確的道理理論來作為指導，關於這門技術的理論部分，作為一個十分重要的開篇，將在下一節開始給大家講解。這一節的內容就算是一個真寬恕技術課程的簡介來讓大家知道，以後的課程內容才是正式的真寬恕技術課程。

蜜兒的故事

理論部分

第一節：真寬恕技術的一個核心論點是關於「你是誰」的問題

　　從這一小節開始，我們正式介入到真寬恕技術所需要的理論中來，來給大家介紹真寬恕技術的理論部分。

　　真寬恕技術的理論在歷史上已經有人提出過，那些悟道的人、那些真正透徹的哲學家們，他們對此理論的一些論述在歷史中早有記載。但是值得注意的是：真寬恕技術的理論與宗教的說法是不同的，真寬恕技術的一些觀點雖然曾被那些透徹了悟的人提出過，但真正明白的人很少，還有就是這些理論在流傳的過程中被扭曲、誤解、誤傳，使得人們根本不能真正理解透徹了悟的人們所要告訴他們的。

　　真寬恕技術理論的一個核心論點是關於「你是誰」的問題，古來的哲學家們、參悟「道」的修行人，他們都要思考的一個問題是「我是誰」，「你是誰」，「我們是誰」，他們試圖找到「我是誰」的正確答案。這個關於「我是誰」的正確答案，也就是真寬恕技術理論的核心之一，那麼你或者是我到底是誰呢？

第二節：眞實的你不是身體、不是靈魂、也不是精神體

　　上面一小節提到眞寬恕技術的核心理論之一，就是「你是誰」的正確答案，那麼眞正的你到底是誰呢？是你肉眼可見的這具身體嗎？是非主流意識所說的靈魂嗎？亦或是更高層次的精神體？這是你們目前能夠涉獵到的一些說法，在這些說法中，你是一具身體被大多數人認同的，也有不多的一部分人能夠接受：身體只是暫時的一個呈現形式，靈魂才是眞實存在的，相信靈魂不停地在身體裡輪迴、流轉，至於精神體，這很少有人能接受，但是還是有這樣的說法流傳在人類的文獻資料中。身體的你、靈魂的你、精神體的你，這都不是關於「你是誰」的正確答案，那麼正確的關於「你是誰」的正確答案是什麼呢？

第三節：關於「你是誰」的正確答案

　　眞寬恕技術所依據的核心理論之一，關於「你是誰」的正確答案是：眞正的你始終是圓滿完美的永恆的整體生命的一部分，它既不是你們勉強能接受的靈魂，也不是你們基本不能接受的精神體；它無法用任何語言來表述，無任何形狀，也不是任何思想意識、能量狀態，它不是你們所知的和未知的宇宙的任何形式的存在；它不是任何儀器可探測到的，它不是任何語言能描繪的，它只能被體驗到，無法借助於任何儀器、繪畫、文字符號來呈現，但它的的確確是唯一眞實的存在。它就是你

蜜兒的故事

們歷史上真正的悟道者們體驗到的那真正的「是」，那也是你真正的「是」，這一真正的「是」就是你，真實的你。

它始終都是無與倫比、妙不可言的、無上神聖的，始終都是處於一無所需的完美圓滿之中，美妙的你無法想像，真實的你，真的是你再有一百個頭腦也無法想像到的美妙。真實的你始終都是無限永恆的整體生命的一部分，雖然是整體生命的一部分，但它始終是體驗著整體生命的全部。也就是說，它始終享有整體生命的全部，而不是比整體生命少，整體生命的一切就是你的一切，在這個意義上，你是同整體生命一樣的。整體生命的一切就是你的一切，部分也是整體，因部分享有整體的一切。

總之，真實的你是神祕且難以形容的美妙，真正的圓滿完美一無所需的，始終都安享整體生命的一切，始終難以言傳的、難以描繪的、無與倫比的美妙。這就是關於「你是誰」的正確答案，是勉強落到文字上的表達，但是已足以讓你大感震驚了吧。是的，這是極少極少有人能接受的關於「你是誰」的答案，但這確實是關於你是誰的唯一正確的答案。

第四節：一切形式層面的事物都自心靈而出並依附心靈而存在

在上面一小節裡給出了真寬恕技術的核心理論之一：關於「你是誰」的正確答案。你既不是身體，不是身體死之後的靈魂，也不是更高層面的精神體。你無法用任何語言形容表達，任何世界乃至全宇宙的事物都不是你，這裡指的你是真實

的你。眞實的你不在任何形體裡，眞實的你在一切事物所在之處，但並不是說它在形式的層面，它不在任何形式之物裡面。眞實的你無任何實質的可測量的東西，但它才是眞實的你。它只有一種方法才可以觸碰到一絲絲，那不是任何形式層面的方法，那是用心才可以觸碰到的。唯有用心才可以去觸碰到眞實的你，這裡所說的心並不是指肉體的心臟，它是指形體所依存的，並不具有任何實質性的結構、物質的更接近你的眞實的存在面，它爲了區別於你們所理解的心臟而被稱爲心靈。

　　一切形式層面的事物都依附於心靈而呈現出來。也就是說，所有的形式層面的事物，它們的根源是形體背後的心靈，一切形式層面的事物依附在心靈這個實存的幕布上，形體、精神體都依附在心靈之上。並不是說形體、精神體是眞實的，而是說它們都是自心靈而出，依附心靈而呈現。這與你們所以爲的心靈依附形體、精神而存在恰恰是相反的。形體、精神都自心靈而出，心靈是因，形體、精神是果，正與你們所聽到的「相由心生，境隨心轉」的道理是一樣的。

　　在這裡，我們又提出了一個眞寬恕技術的核心理論之一：一切形式層面的事物包括精神體都依附心靈而存在，形體層面的所有事物包括精神體全都自心靈而出。在這個論點裡，指出了形體背後的眞實是心靈，它同樣是看不見摸不著的，但是你能夠感受到它，你們經常說「我的心很不舒服」、「我很開心」，這指的就是心靈的體驗感受，是心靈體驗感受到不舒服或者是舒服開心，這很明顯不是身體的感受，也不是心臟的感受，它就是雖然看不見摸不著，但可以藉由心舒服還是不舒服

蜜兒的故事

來得知它的的確確是存在的。

第五節：唯有眞實的你才能讓你滿足

上面那一小節提出了心靈的概念，唯有透過心靈才能去觸碰眞實的你。眞實的你不在任何形式事物中，唯有你的心靈才能觸摸到它。心靈是一切形式事物的根本所在，在心靈裡沒有的，在形式層面不會找到，在心靈裡有的，不一定在形式層面找到。比如眞實的你位於你的心靈內，它不會以任何外在形式呈現，除此之外，你心靈裡有的都是可以以外在的形式呈現的。因爲眞實的你不具任何形式，它只能被體驗到，也就是透過心靈體驗到那種勉強可以用語言來表達的幸福、平安、自由、滿足、一無所需，這些你們一直想擁有的體驗，只有透過心靈深入到你眞實的層面才能被心靈體驗到。

眞實的你其實就是你一直想要的。你一直渴望著能有一天不再有任何的苦難、任何的焦慮煩惱，不再有任何的擔憂顧慮，不再有任何的匱乏不滿足，你努力的想從外面的世界找到這種感受體驗，你一直沒有達到目的。並不是你努力不夠，而是你在他們不在的地方尋找，你越努力，實際上離它們眞正所在之地越遠。你想要的一直在你心靈裡，在你的眞實裡，那就是眞正的你，眞實的你就是你一直想體驗到的幸福、自由、一無所需、無任何不足、無任何憂慮本身，唯有眞實的你才是眞正能讓你滿足的。

你辛苦追尋的幸福、平安、無任何欠缺、眞正的滿足，其

實就是你、真實的你所是的，唯有真實的你才能真正的讓你體驗到你一直追尋的幸福、平安、真正的滿足。

第六節：透過心靈訓練可以觸碰到真實的你

上一小節繼續講了「心靈」這個概念的存在意義，它是你體驗到真實的你的平臺、介面，只有在這個層面，你才能體驗到真實的你，身體的這個層面是根本體驗不到真實的你的。真實的你透過你的心靈在一定的訓練之後是可以被你觸碰到一絲絲一點點的。這裡觸碰的意思是：透過心靈訓練，隱藏在心靈深處的真實的你，會被你隱隱的體會到那麼一點點的感覺，心靈會體驗到非外在事物引起的充實感、滿足感，平安感。非外在因素帶給你的這一點點感受，其實就是你對你的真實的觸碰而體驗到的，輕微的觸碰到那個真實的你與你認為的你之間的介面上，這很難用語言來描述，你真正體驗過了會明白上面的描述試圖要帶給你的。僅僅是靠近你的真實一點點，平安的感覺就已經能夠讓你舒服很多了。真實的你，僅僅是你向它靠近一點點，你就會感覺安心多了。

第七節：強化「心靈才是現象世界的主宰」的觀念

從前面的學習，大家知道了「你是誰」的正確答案，還學習到你必須藉由心靈這個層面才能觸摸到真實的你；從前面的學習，你還知道了世間的一切呈現都來自於心靈依附於心靈而

存在。世間的一切無不是心靈製作出來的，世間一切的根是心靈，世間的一切事物，不管是宏觀的還是微觀的，都出自心靈依附在心靈之上，如同影視畫面依附在螢幕上。表面上看起來形體在那裡運作，實際上形體層面的運作都取決於心靈層面的程式設置，如同電腦螢幕上各式各樣變來變去的畫面，背後真正起作用的是提前設定好的程式編碼，是程式編碼在起作用。形式層面的一切都取決於心靈層面的信念、意識是什麼，不同的是電腦的程式可以很容易給它重新編碼，但是心靈的程式編碼不是那麼容易可以被擦除或者改變的。

　　這裡你需要逐步強化的理念就是：世間的一切事物，不管是宏觀的還是微觀的，都是由心靈製造出來的，由心靈來決定的。你需要強化：心靈層面才是現象世界的主宰層面這個觀念，這讓你從一直在外面努力轉向到從心靈層面著手改變。

第八節：整體生命的創造模式

　　前面一小節總結了以前的內容，這一小節我們引入新的內容。

　　在前面的論述裡，「真實的你」被作為一個重點強調過，它是不能被身體層面觸碰到的，但是可以在心靈層面去觸碰的。真實的你不會介入任何幻相層面，它不會出現在任何幻相世界。它始終如是，永恆的安住在永恆的整體生命裡。永恆的整體生命即是真實的全部，涵蓋所有的真實，沒有真實不被包含在其中。你的真實也完全被涵蓋在其中，享受著整體生命所

有的一切，部分享受全部的一切。在這個意義上你雖然是整體生命的一部分，但是你等同於整體生命，你雖然只是整體生命的一部分，但享有整體生命的全部，你是享有整體生命全部的整體生命的一部分。

　　真實的生命的創造模式是一體生命的不斷延伸、擴展，擴展延伸出來的部分自然是原有一體生命不可分割的一部分。一體生命不斷地延伸、擴展自身至無窮、無限。「一體」是整體生命永不改變的特徵，始終一體永遠不會遭到分割，整體生命的所有部分是一體的，永無分割的可能。因此，真實的你始終安居在整體生命裡，永遠不可能從其中脫離出來，這是絕對的事實，沒有任何其他可能性。真實的你始終安享整體生命的一切，真實的你始終與整體生命一體不分，始終如是，永恆如是。

第九節：真實的你就是無限自由本身

　　在上一節裡，我們提到真實生命的創造法則，一體延伸、擴展，擴展、延伸出來的部分與原來的還是一體不分的。整體生命就是這樣無限延伸擴展，始終一體，無任何差錯的永恆如是、始終如是。允許生命的每一部分有出軌的幻覺，允許整體生命的每一部分出現虛妄的想像，僅此而已。

　　整體生命對它的任何一部分沒有任何限制。整體生命是無限自由的，這意味著整體生命的每一部分也是無限自由的。這個無限自由，真的是無限的自由，無任何哪怕一絲絲的限制感，這種感覺是你再怎麼開動腦筋想像也無法想像其幾百萬分

之一的，那就是真實的你一直體驗著的。真正的自由不可能出現在形式層面。真正的自由，你，真實的你就是。你不可能在形式世界找到自由，形式世界的本質就是限制。你一直想要的真正的自由，根本無法在形式世界裡找到，但真實的你可以讓你體驗到。

第十節：夢幻宇宙的起源出處

　　整體生命指生命的全部，涵容所有的真實，任何真實的都被涵蓋在其中，真實的你自然也包括在內。真實的始終是一體的，絕無可能被分割。真實的始終都是真實的，任何真實的絕不可能變成非真實。但是，真實的有想像自己成為非真實的權利，這也是真實的生命無限自由的體現。真實生命的無限自由包括了它可以想像自己變成非真實的自由。但是，如果它是無限自由的，就不可能變成非真實，真實的生命才具有無限的自由，無限自由是真實生命的另一個特徵，除此之外不可能有無限自由存在。

　　真實的生命只能是真實的生命時，才是無限自由的，真實生命的無限自由只能是不能更改其真實的特徵時才是無限自由的。這看起來是矛盾的，但事實是，真實的生命真的是無限自由的話，它還可能真的想改變自己嗎？有誰想要次等之物呢？有誰真的想要比無限自由少一點的自由呢？沒有誰真正想要少一點的自由，因此，真實的生命不能改變自己成為非真實，正是保證其無限自由的體現。

眞實生命的無限自由始終是被保證的，它不可能改變自己成爲非眞實之物，正是爲了保證它始終不變的無限自由的權利。眞實的生命是眞正的無限自由的，它的無限自由是永遠被保證的。正是基於此，整體生命中極小極小的一小部分，才會不知所以然的成爲了織夢者，編織出自己成爲非眞實生命的宇宙大夢，非眞實的宇宙大夢，就是整體生命中小的幾乎可以忽略不計的一小部分編織出的自己變成了非眞實之物的宇宙之夢。

　　也就是說，非眞實的宇宙出自極小極小的一部分眞實生命的一個想像之夢。夢裡，眞實的生命變得與以前的自己不一樣了，自己離開了整體生命獨自生活，處於孤立無援的狀態，失去了整體生命的一切，不再擁有整體生命所具有的幸福、平安、自由、一無所需，失去了整體生命的所有特徵，成爲了與整體生命截然相反之物。這就是宇宙之夢或者說夢幻宇宙的起源出處。

第十一節：宇宙來自眞實，但它本身並不是眞實的

　　整體生命是所有眞實生命的總和之稱。整體生命涵容一切眞實的生命，這是永恆不易的眞實，唯此眞實，也涵蓋了一切的眞實，除此之外，不存在眞實。宇宙不管它對於你們來講是多麼的眞實，它也不是整體生命所涵蓋的眞實，只是對你們而言它是非常眞實的。「一體」是眞實生命永恆不易的特徵之一，一體的始終一體，永遠不可能被分割。正如上一節所說的，眞實的生命始終是一體的，不可能被眞的分割變成非一

體。真實的生命的另一個特徵之一就是無限的自由，整體生命的任何一部分都是無限自由的，無任何一部分可能發生意外變成不是無限自由的。但是無限自由的某一部分真實的生命可以想像自己是非無限自由的，只能是想像，絕無可能真的變成非無限自由的。正是整體生命中很小很小的一部分，想像了自己變成了非無限自由的、不同於真實生命的，宇宙因此而生成。不是真的在真實的生命之外，出現了其他的真實，那僅僅是一個幻想，純粹的無厘頭的想像而已，這就是你們所說的宇宙的真相、起源。這是需要你們必須首先在頭腦層面明白的道理。

　　這一小節再次強調了宇宙的起源、真相，它來自於整體生命中很小很小的一部分真實生命的想像，這是它的起源，但僅僅只是一個想像而已，並不是真的存在，這就是它的真相。宇宙起源於真實，但它本身並不是真實的，它僅僅是整體生命中極少極少的部分生命的一個無厘頭的想像而已。

第十二節：唯有憶起真實的你，你才會真正的平安、滿足、一無所需

　　在前面兩節裡重點強調了：宇宙自真實的生命而出，但它並不是真的，它是整體生命中極小極小的一部分真實生命的想像，或者說是錯覺，它只能出現在不真實的想像中，又可以說成是它只是整體生命中極小極小的一部分睡著了做的夢，它僅僅只是個虛幻不實的夢而已。這個虛幻不實的夢境就是你們現在所在的現實，你們一直認為它是特別真實的現實。你一直以

爲的身體的你，或者靈魂的你，再或者精神體的你都是眞實的你想像出來的，或者說夢出來的，它看似非常眞實，但它們的實質就是如夢境一般的虛幻。

眞實的你始終安居在整體生命裡，始終是無限永恆的，始終是無限自由的，始終是圓滿完美、一無所需的，眞實的你無法用任何語言來形容，但它眞實的存在於一體的整體生命裡。它就是你一直尋找的「你是誰」的答案，它就是你一直尋求的幸福、平安、無任何欠缺、無限豐盛富足本身。

你唯有憶起眞實的你，才會眞正的平安、滿足、一無所需。你唯有在你眞實的體驗裡才會眞正的滿足，再無任何欲望、痛苦。眞實的你，就是你的「度」者，惟有回憶起眞實的你，取代虛假的你，幸福才會眞正的降臨，你才會眞正的平安滿足，再無任何哪怕極小極小的還想再得到點什麼的念頭、欲求，你眞正的自由了，再也不會被許多的貪念、欲求困擾了，你眞正的從你夢出的宇宙大夢裡出來了，再也不會受制於你的夢了，這也是眞寬恕技術這門課程要指導你去往的目的地。

第十三節：千萬不要把眞實的與虛幻的混爲一談

前面不斷地強調眞實的你與身體的你、靈魂的你、精神體的你根本沒有什麼關聯。眞實的與虛妄的沒有任何相似之處，眞實的始終如是的在整體生命之內，始終都是整體生命擴展延伸出來的整體生命的一部分，與整體生命始終相同，且永遠一體，始終無法形容的美妙，無任何不足、欠缺，只能在文字層

蜜兒的故事

面這樣勉強形容的無限無限的美好。眞實的你始終都是如是的無法形容的無限的美好。

身體的你、靈魂的你、精神體的你的本質都是虛幻的，不同層次的虛幻而已。眞實的、均勻的、無任何差別的同樣無法形容的無限美好，整體生命的任何一部分無任何差別的同樣無法形容的無限美好，沒有任何不同。而幻相世界的本質就是非一體、分別、不同。幻相世界的定義都是透過相互比較得出來的。不同、分別是幻相世界的存在法則，不同的形體，不同的靈魂等級，不同的精神世界，不同的能量頻率，不同的時空維度，不同的起源、分支等等，處處都充滿了不同、差異、等級，這與眞實的生命恰恰是相反的。因此，一定不要弄混了眞實與虛幻的，千萬不要把眞實的與虛幻的混爲一談。

這就是這一小節提醒你們注意的。

第十四節：虛幻的從未涉足眞實

整體生命是所有眞實生命的總和，涵蓋所有的眞實，無一眞實不被涵蓋在其中。身體不是眞實的，靈魂也不是眞實的，精神體也不是眞實的。宇宙你們已經知道的和還沒有知道的一切都不是眞實的，它們只是整體生命中小的幾乎可以忽略不計的一部分眞實生命沉睡時的夢境，從未涉足眞實，從未從虛妄變成眞實。它們對於你們而言非常眞實，那只不過是你們太把它們當眞的緣故，僅此而已。

心靈的認知決定了你們在這裡的一切體驗。身體被心靈

認爲很眞實的時候，你們就會覺得身體就如同眞的一樣被感受到，高一些維度的其他生物體不把身體當眞，他們很容易製造出一個能夠被他們使用的生物體。但，在他們的認知裡靈魂才是眞的，他們就體驗到靈魂層面的對他們而言的眞實。精神世界更是去物質化的，但是他們所具有的精神意識仍然只是對於他們而言才顯得很眞實，僅此而已，不同心靈認知層面的生物體，持有的對於他們而言什麼才是眞的分界是不同的，然而這些都是相對而言被認爲的不同層次的眞實，但是，這些眞的都不是眞實的。

第十五節：眞實的你才是眞正的救贖，才是你眞正的希望所在

前面的內容反覆強調眞實的你與虛假的你。眞實的你，始終是整體生命的一部分，享有整體生命的全部，無限的自由幸福，永恆的平安，無限的富足豐盛，一無所需，無與倫比的完美圓滿，無法形容的美妙，無法用任何溢美之詞描繪其哪怕是幾百萬分之一。

眞實的你才是眞正的救贖，才是你眞正的希望所在。虛假的你，也就是你夢出來的你，如前面所說的根本不存在，只是因爲你相信了虛假的你是眞的，他才對你而言顯得特別眞實。認出虛假的你是假的，去相信存在一個眞實的你，無限自由幸福，無以倫比，完美的無法形容的你。不斷地練習認出虛假的你是假的，有一個眞實的你始終存在，難以用任何溢美之詞描

繪其幾百萬分之一的美好，無任何不足瑕疵，真的有這麼一個真實的你存在，真的存在你所認為的你之外的一個真實的你，那就是你真正幸福所在，幸福平安、自由豐盛，只能出自真實的你。世間的任何都不能帶給你真正的平安幸福，那根本不存在的怎麼可能真的讓你幸福滿足？那根本不存在的怎麼可能配得上真實的你！唯有整體生命難以言傳的，無與倫比的神聖完美才能配得上你，唯有整體生命才是你真正想要的，能讓你永恆的滿足、一無所需的。

真寬恕技術正是要帶你去觸碰真實的你，帶你去靠近真實的你，帶你去體驗對接真實的你，唯有真實的你才能真的帶給你再無他求的滿足幸福。

第十六節：真寬恕技術要訓練的內容

根據上一節提到的思路，認出假的你是假的，信任真實的你始終與整體生命一體不分，始終是圓滿完美、無限豐盛富足自由平安的、一無所需的。當你轉變你的認知成這樣的認知時，你體驗到的才是真正的幸福、平安，才是真正屬於你的寶藏，誰也奪不走拿不去的保障，永遠不會失去的寶藏。

真正的幸福來自於你心靈深處對自己真實的篤定，對真實自己始終是整體生命不可或缺的一部分的認可、篤定，對自己始終享有所有真實的一切、一無所需的真實的信任。去除對假像的認同，在生活中不斷地練習認同真實而不是認同假相。這得以讓你心靈深處逐漸樹立關於你是誰的「正確答案」。這就是真寬恕

技術要訓練的內容。這是從道理上講很簡單、明瞭的，但是對你的心靈逐漸的不受外境所擾，保持平安真正有效的。如果你不想被外界干擾你的心靈狀態的話，試一試這個訓練是至少不會有什麼損失的。具體的練習方法會在幾個小節之後講述。

第十七節：身體是整體生命昏睡的那一部分夢出來的，不是真的

　　整體生命中極小極小的一部分處於昏睡時，進入了與整體生命不同的夢境，夢出了宇宙的一切，包括你認為的身體的你，抑或靈魂的你，亦或精神體的你。

　　這裡就以你認為你是身體為例來展開敘述。身體是整體生命昏睡的那一部分夢出來的，不是真的，身體被心靈認為是真的，因此你感覺到身體很真實。沉睡的你才是真實的你，這裡指整體生命中沉睡的極小極小的一部分生命。睡著的真實生命忘記了自己的真實，它陷入了一個非真實生命的夢裡。

　　正如當你睡著的時候做夢，身體在你做夢時被你遺忘了，睡著的身體被你遺忘了，夢出來的身體顯得特別逼真。夢裡的你受到威脅時，你如同沒睡著時一樣，在夢裡驚慌失措，也就是說，你不知道你在做夢，不知道夢裡的你並不是真的你，你才會在夢裡大喊大叫，但實際上身體躺在溫暖舒適的房間裡，始終安全無虞。夢裡你被人追殺，你使勁的逃跑，驚恐著、奔跑著，還是被殺死了，可你醒來之後發現你毫髮無傷。這與整體生命中沉睡的你做出個宇宙大夢是一個道理，只不過整體生

蜜兒的故事

命中沉睡的你做出的這個宇宙大夢在你看來十分的複雜、浩瀚而已。

第十八節：物質顯像世界都是自心靈而出

在進入練習之前，必須得給大家談一談「一體心靈」。前面曾經提出了心靈這個概念，你必須藉由心靈這個層面才能觸碰到真實的你。世界物理顯像的背後是心靈在運作，宇宙的一切物質顯像都取決於心靈，如同電腦螢幕上紛繁複雜的畫面呈現，都是由電腦程式決定的。人類意識編程電腦程式，它被呈現在電腦螢幕上，心靈意識製造宇宙顯像的原理是這樣的。呈現出來的被大腦轉譯成各種形式的物質，實際上底層程式就是二進位編碼0、1的不同排列組合。人類意識附著在心靈之中，意識從心靈的層面轉移到人類的頭腦中，成為了可識別運作的程式代碼，再去整合出顯像世界。從心靈層面轉移到頭腦層次，再從頭腦層次指揮身體落實在世界的方方面面。

這是你們能夠理解的心靈意識決定物質顯像的非常粗陋的一個比喻，借此讓你們試著去理解物質顯像世界都是自心靈而出，身體層面的一切事物呈現的背後都是心靈在運作的結果。

第十九節：心靈編碼了宇宙所有的一切

接上一節，心靈編碼了宇宙所有的一切。在心靈的語言裡，分裂與一體是基礎語言（意識）。分裂占據心靈的部分是

假我操縱的部分，「一體」是心靈裡真實生命的代言人，是清晰記得真實生命的那部分心靈。宇宙的一切取決於心靈這兩種意識的運行，在身體層面的一切顯現都基於身體背後的編碼程式，感受層面也是一樣的，都取決於它背後的程式編碼。

從一體為主宰的心靈部分引起平安的體驗，從分裂為主宰的心靈部分引起的體驗在本質上都是起伏波動的，表現出來的可能是喜也可能是悲，可能是喜歡也可能是排斥，可能是自大也可能是自卑，可能是愛慕也可能是厭惡，總之，它們看似是對立的感受，實則是一體的兩面，都是基於分裂出現的體驗感受。

以電腦運行的原理來比喻整體生命中昏睡入夢的那一部分真實生命，在夢境裡製作浩瀚宇宙的過程。電腦是以1和0進行編碼的，1代表通電，0代表斷電，通電、斷電是機器能夠識別的。通電、斷電的指令是在心靈層面控制的，不同的是通電斷電被識別為1和0，1和0就是輸入給機器的指令，不同的1和0組合就代表了不同的指令。指令是心靈在發出的，指令在物質世界呈現出大腦可以轉譯的形式。大腦是指令的轉譯器，它如同電腦的CPU，透過它對指令的處理分析，轉變成電腦螢幕上呈現的各種畫面、聲音、色彩，這就是身體層面的世界形成的原理。

心靈世界，其實根本上來講，指令代碼分為真實生命的正確記憶代碼和真實生命的非正確代碼。真實生命的正確代碼是對真實生命的真實記憶，是真正知道真實生命的，非正確代碼是指一個對真實生命的錯誤記憶，是根本不知道真實生命的，是被一個想像出來的設計充滿的，也就是說，真實生命想像自己離開了整體生命所造成的一系列的錯誤記憶。

整體生命中小的幾乎可以忽略不計的一部分真實生命想像了一個離開整體生命以後的世界，這就是宇宙身體世界，是心靈裡擁有錯誤記憶的那部分心靈，如同電腦成像的原理一樣製造出來的。

錯誤記憶的根記憶，就是分裂的記憶與整體生命分裂的記憶，在這個根記憶的基礎上分裂出接近無限級次的基於分裂的不同排列組合，如同電腦編碼的基本語言0和1，可以以此為基礎，編碼出許許多多看似不同的指令組合，演繹出貌似活靈活現的螢幕上的世界。分裂如同：0和1，斷電、通電，正好相反，如同道家所說的陰和陽，斷電、通電，0和1演繹出了宇宙這個如同電腦螢幕上一樣活靈活現的世界。

第二十節：分裂之念產生陰陽對立產生宇宙的基本機制

上一小節提到了，宇宙是0、1這一基本的又是對立的，實質上來自於分裂意識的思想演繹構建出來的。陰和陽對應0和1。分裂意識中孕化出陰和陽，陰和陽的相互作用演化出接近無窮的宇宙。

宇宙從分裂意識中孕化誕生，分裂意識則來自於整體生命中極小極小的一部分真實生命的假設、想像，也就是說，整體生命中極小極小的一部分進入了昏沉的狀態，恍惚中產生了一個假設：假設我離開整體生命，假設我從整體生命分裂出來，假設著，假設著，昏沉的這部分真實生命居然忘了與整體生命

的分裂只是個假設，居然以為和整體生命分裂是真的，這就是它造出宇宙之夢的邏輯。

整體生命中小的幾乎可以忽略不計的這部分真實生命昏沉中出現了分裂的幻覺，演繹出你們已知和未知的宇宙。基於分裂產生的宇宙，處處都是分裂的相。一生二，二生三，三生萬物，即是描繪了宇宙的形成過程，一個分裂之念產生陰、陽對立，陰陽對立屬於同一個分裂之念，在陰陽互動中不斷地組合成更多的陰陽排列，更多的陰陽排列如同電腦代碼一樣，足夠的編碼支撐一定的形式，於是乎，形式化的層面逐漸呈現，如同一個點不斷地數量變多就可以組成一個圖形，然後更多的編碼序列組成更多的複雜圖形，這就是分裂之念產生陰陽對立，產生宇宙的基本機制。

第二十一節：一體心靈

前面講了，分裂之念產生對立的陰陽，陰陽相互作用演化出宇宙的各個層面。宇宙始於分裂之念，分裂之念僅僅是整體生命中小的幾乎可以忽略不計的一部分真實生命的一個想像、假設、恍惚中的夢境。總之，這些說法都是在強調分裂之念不可能是真的，由分裂之念為根意識建立起來的宇宙怎麼可能是真的呢？這裡用你們能夠理解的比喻讓你們明白，你們認為的很真實的宇宙的根意識「分裂之念」的本質。既然根意識都是假的，編碼出來的程式也不可能是真的，想像出來的世界怎麼可能是真的呢？虛假只能產生虛假，前提不成立結果怎麼可能

會成立呢？分裂之念根本不是真的，由此演化出的一切怎麼可能是真的呢？

在前面的一節中，我們提到了一體心靈，這個一體心靈指的是整體生命中昏睡的這一部分真實生命的一種狀態。昏睡的這部分真實生命做了一個分裂之夢，夢到自己與整體生命分裂了，不再是整體生命的一部分，失去了整體生命所有的一切，成為了與整體生命對立、相反之物，本質特徵與整體生命都是相反的，因此它處處都彰顯出與整體生命恰恰相反的特質。整體生命無限的自由，它則是處處受限的；整體生命無限的豐盛富足，它則是永遠不夠、永遠匱乏的；整體生命始終都是平安幸福的，它則是時刻處於不安、痛苦中的；整體生命始終一體不分，各部分完全相同，享有整體生命的全部，它則是分裂成幾乎無數部分的，每一部分與其他部分都是彼此利益不會完全相同的，此部分多了彼部分必會在某種程度上減少，部分只能是部分，根本談不上共用整體的一切；整體生命始終圓滿完美、永恆不易，它則是不斷在變動當中，不可能永遠是一種狀態，不變的唯有變。

宇宙從各個層次上來看，都是不斷地在變動當中，沒有什麼是永恆的。只不過在你們看來，一些天體層級的事物相對於你們短暫的一生而言壽命很長很長罷了，但它終究會消失無蹤的，宇宙在你們眼裡仿佛是亙古長存的，但其實它只是被比較出來的存在的時間長而已，在更廣闊的範圍內你們眼裡亙古長存的宇宙，其實也不過是彈指一揮間的事情。唯有真實的生命才算得上是亙古長存，永恆不易的。

前面說到一體心靈指的是昏睡的那部分眞實生命的一個狀態，這一昏睡的部分夢出了自己從整體生命分裂出來了，它不再享有整體生命的一切，失去了整體生命所有特徵，與整體生命正好相反、對立。它以爲分裂是眞的，以分裂爲根意識造出了宇宙的一切，因此，宇宙一切的起因都是這分裂之念，一個虛妄之念，一個對眞實生命的錯誤解讀，一個從未眞的存在過的想像罷了。

昏睡的眞實生命以爲自己分裂成了幾乎無數的部分，各個部分各自獨立互不相關，實則看似各自獨立的部分都源自同一個，也就是一體心靈，各自獨立的部分背後是同一個一體心靈。

第二十二節：回到眞實的記憶就是「悟道」了

整體生命中極小極小的一部分昏睡入夢，夢出了宇宙，在夢裡編織了一個自己獨立於整體生命之外，與整體生命對立的故事。分裂是夢的本質，分裂貫穿著整個夢境，與整體生命始終一體相背離。正是因爲夢出的是分裂之夢，夢裡才會充斥著對抗、痛苦、暴力，分裂的本質就是孤立無援、排斥對立、以自我爲中心，處處中心的自我，處處提防著自己的利益是否受損，自己的利益是否被保證，自己是否被攻擊威脅，終日惶惶不安。因爲對立，不能不使它防著自己的對立面，處在時時提防對立面陷害它的恐懼裡，這就是宇宙的實際情況，只不過地球這個地方表現得更爲突出而已。

分裂之念演化出對立、抵抗、防禦的宇宙宏大場景，因

此，是分裂之念在支撐著整個宇宙的運行。夢裡的天體運行、自然法則等等的呈現都是分裂之念在支撐，整個宇宙夢幻泡泡都是因分裂之念維持。在個體意識單元層面，也就是個人這個層面的命運劇情也都是由分裂之念支撐的，整個劇本的編寫都是基於分裂，這指的是形式層面的劇本。也就是說，形式層面的一切都來自於分裂之念。但是前面提到過，沉睡的那一部分真實生命在入夢以後始終保留著對真實的記憶，如同你即使睡著了，做了非常逼真的夢，暫時忘記了你醒時的狀況，但是你並不是真的忘記了，如果你真的忘記了，你就不可能醒來，你之所以能睡醒，是因為你即使在做夢時仍然保留著對醒時的記憶，否則你就一睡不醒了。

這一部分記憶埋藏得很深，但並不是它消失了，它只是被覆蓋住了，被基於分裂造出的種種幻相掩蓋住了。因此，憶起真實的你，就要破除種種幻相。要破除種種幻相就是真寬恕技術要達到的目的。破幻立真，讓假的不再遮蔽真的，讓真實的記憶顯現，就是你們所說的「悟道」，「道」這裡代表真實記憶——對真實的記憶，回到這個真實的記憶就是「悟道」了。

第二十三節：你僅剩的權利——選擇權

一體心靈指整體生命中昏睡的那一部分的一個狀態。前面說過，陷入昏睡的那部分真實生命仍然保留著對整體生命的記憶，記著醒時的狀態，這裡暫且這樣表述吧。也就是說，昏睡入夢的那部分真實生命雖然陷入了分裂的夢境，但仍然保留著

對整體生命的真實記憶，只是這部分記憶對於睡得特別深的一部分心靈而言，記憶很不容易被觸及到，這就需要透過心靈的訓練來碰觸。

前面講過，你必須經由心靈這個層面才能觸碰真實的你。這個觸碰在夢境的層次就是要去觸碰這個真實的記憶，觸碰到這個真實的記憶，就是對接你真實的必經之路，也是不需要經過複雜的路徑，對接真實的你快速有效的路徑。回憶起你的真實，也就是與你這部分真實的記憶接通，完全的無任何障礙的接通，這樣你就能夠觸碰真實的你。雖然你並不是可以直接觸碰真實的你，但是你可以直接觸碰對你真實的記憶，因為真實的記憶是隨著你的夢境的升起入夢的。正如上一節舉的例子，你睡著之後之所以能醒來，是因為即使你在睡著的時候，仍然保留著對醒著的時候的記憶，這個記憶就是你醒來的保證。因此，你要想從宇宙大夢中醒來，你就必須得憑藉心靈中保有對你真實記憶的那部分心靈，我們把它稱為聖靈或醒覺，也就是說，它是入夢的你中清醒的部分，清楚地知道你真實的那一部分，知道你沒睡著時狀況的那一部分。醒覺可以理解為知道你真實的心靈部分，稱呼醒覺也是為了避開宗教的一些辭彙，這方便傳播在一些無宗教信仰的人中。總之，稱呼並不重要，重要的是要明白稱呼所指代的是什麼即可。

再次的在這裡做一個強調，一體心靈是指整體生命中昏睡的那一部分真實生命的一個狀態，它是對入睡的真實生命的一個稱呼。一體心靈包含了對真實生命清晰記憶的部分，也包含了相信了夢境為真的部分。這兩部分同時共存於一體心靈中，

但是它們是彼此不相連通的，也就是說，它們不會成為彼此的一部分。對真實記憶的部分知道真實的生命的真相，如實的記錄著真實生命的真相，而相信夢境為真實的那一部分，根本不知道什麼才是真實的，它錯把假的當成了真實，也就是把分裂以及分裂演化出來的一切都當真了，它只知假不知真。具有真實記憶的那一部分，既知道真實也知道假的，它只是知道假的，並不是說它和假的摻和到了一起。它知道你的真實，也知道真實的你做的夢，僅此而已。

　　入睡的真實生命在夢境中仍然具有選擇的權利，選擇聽從哪一部分心靈關於「你是誰」的說辭。而這個選擇的權利就是你被賦予的無限自由權利的表現之一，它也是你能夠在昏沉的睡夢中醒來的主權所在，你其實在昏睡狀態時僅剩的一個可使用的整體生命賦予你的權利就是這個選擇權，選擇聽從哪一部分的心靈關於你是誰的答案，聽從醒覺部分的答案的話，你便醒來，聽從相信了分裂的或者說被分裂意識占據的那一部分的話，你便繼續深陷於夢中。這就是你在睡眠狀態時僅剩的權利——選擇權的功用所在，唯有利用僅剩的選擇權，你才能夠出離夢境，但是你必須得選對所聽從的對象，是醒覺的部分還是被分裂意識占據的部分。

第二十四節：你受苦純粹是因為你選錯了關於「你是誰」的答案

　　一體心靈是指整體生命中極小極小的沉睡的那一部分的一

個方便的稱呼，指出它是對於透徹的掌握真寬恕技術非常有必要的。它包含了對真實生命有清晰記憶的部分與把分裂當真的部分，前者既知道真實的生命又知道真實生命想像出來的分裂夢境。

在前面我們強調過，一體心靈始終保有的權利就是選擇權，是在對真實生命的記憶與分裂之念之間做選擇，也就是在對真實生命的正確解讀與虛假的所謂的生命之間做選擇。「你是誰」的答案在心靈裡有兩個，一個是正確的，一個是錯誤的，你有權在正確的答案和錯誤的答案之間做選擇，這就是你僅剩的選擇權的作用，你實際上要學習的就是選擇關於「你是誰」的正確答案。你一直都選錯了答案，選擇了一個虛妄的分裂之念作為你是誰的答案，你相信了你從整體生命中分裂出來了，所以你才會一直過著苦難、焦慮的生活，你才會一直在匱乏、恐懼中勉強度日。你受苦純粹是因為你選錯了關於「你是誰」的答案。把一個錯誤的關於「你是誰」的說法當真了。因此，解決的方法就是：重新做個選擇。選擇關於「你是誰」的正確答案，去信任正確答案所說的真實的你，拋棄關於「你是誰」錯誤虛假的答案，這就是你獲得真正的幸福要在心靈裡用功的地方。

幸福的方法就是這麼簡單，但並不容易。道理、方法都很簡單，但是你操練起來並不容易，慢慢地你就體會到了。

前面提到過宇宙的形成就是分裂之念產生的。分裂之念產生對立的兩個方面：1和0或陽和陰，就是表示對立的意思，然後逐步的組合演畫出宇宙。但是在心靈層面，前面提到過，它分

蜜兒的故事

為含有對真實記憶的部分和昏睡的那部分真實生命假設出來的分裂之念的部分，也就是說一體心靈的一部分是對真實生命的清晰記憶，一部分被一個虛妄的念頭占據，也即分裂之念占據。這兩部分也是對立的，互不相容的，不會相互作用的，它們誰在做主取決於你選擇讓誰做主。不同的部分作主的話，你的感受會是不同的，選擇讓對生命有真實記憶的部分做主的話，你感受到的必是平安、幸福的；選擇被分裂之念占據的部分做主的話，你的感受就會是恐懼不安的，情緒起伏波動的，情緒的兩極不是喜就是悲，不是愛就是恨，不是貪戀就是厭惡。看起來是不同的情緒，實則是一體的兩面罷了。只要是純粹外境引起的情緒的變化，都是被分裂之念占據的那部分在做主，情緒不是在這一極，就是在另一極，都是選擇了錯誤答案的結果。

第二十五節：真寬恕技術的目的，就是要訓練心靈正確選擇

真寬恕技術的目的，就是要訓練心靈正確選擇，以心靈中保留著對整體生命真實記憶的那一部分心靈為師。

前面說了，我們可以稱呼它為醒覺。以你心靈中醒覺的那一部分為師，這一部分的心靈是清楚的知道你真實的部分，它能指導你回憶起你的真實，它能指導你在這個處處充滿分裂象徵的夢裡也能平安幸福。不管你身處什麼樣的環境中，你的心是平安無虞的，你身外的境遇也不會影響你內心的平安。當你的內心真正平安的時候，外面對你來說就沒有什麼需要改變和

解決的事情了。

　　對眞實的你的記憶，是你在夢境中平安的保證，也就是說，還在夢中遊歷的你不會苦的保證，是你對你眞實的記憶。一切問題都是因爲你忘了眞實的自己，你經歷的種種苦難，你的各種煩惱，你所認爲的各種問題都是因爲你忘了自己的眞實。眞寬恕技術的目的，就是幫你透過心靈練習回憶起你的眞實。

第二十六節：需求就是苦

　　一體心靈做出個宇宙大夢，宇宙大夢裡的一切都象徵著一體心靈的認知信念。一體心靈對它做出的這個夢如何看待決定了它的感受體驗。一體心靈若把夢當眞，認爲身體很眞實，宇宙的一切都很眞實，那麼它的體驗就是苦，苦的各種表現。雖然有些體驗可能讓你覺得還算舒適，但那實質上也是苦，因爲你根本不知道眞正的平安幸福是什麼，眞正的妙不可言的體驗是什麼，你只能是在所有的苦中體驗到比較不苦的你所謂的舒適，不過是相對比較而言不是太苦罷了，僅此而已。讓你此時感到舒適、滿足的，彼時必會帶給你更深的痛苦和不適。眞寬恕技術的目的，就是要訓練心靈正確選擇，唯有眞實才能眞的讓你眞正的滿足，再無所需，無所需即平安幸福。

　　只要你還認爲自己有所需要，你不可能眞的幸福平安的，一體心靈只要把它做出的夢當眞，就不可能沒有需求，需求就是苦，需求就是不安、不幸福。唯眞實的生命始終圓滿完美、一無所需，唯有眞實的你才能讓你體驗到眞正的幸福平安。

蜜兒的故事

第二十七節：專注在眞實而不是虛幻

　　一體心靈，再次的強調，它指的是整體生命中極小極小的一部分眞實生命昏睡時的狀態。它始終是整體生命不可或缺的一部分，始終享有整體生命的全部。它只是專注在了一個不眞實的分裂之夢上，撤回到它眞正所在之處，就是它醒來的時候，也是你悟道的時候。

　　專注在眞實而不是虛幻，一直專注在眞實而不是虛幻，就是你宇宙大夢之旅的旅程結束的時候，也是你眞正從宇宙大夢中解脫的時候。你終於眞正明白了你始終都是整體生命的一部分，始終是整體生命從未失去過的一部分，你始終享有眞實生命的一切，你始終是眞實生命的一切，一無所需。你就是難以言傳的唯一，也是全部的眞實本身。這就是你所有經歷的唯一目的，你所有的經歷都服務於這個目的，你體驗到的所有一切最終都是服務於對於你來說眞正有意義的目的。現在的你唯一眞正有意義的事情就是服務於此目的。其他的旅途只不過是在空耗時間罷了，在你的心靈旅途上利用好形式層面的一切事物操練眞寬恕，才是你不白生而爲人的意義所在！

實操應用部分

第二十八節：真寬恕基礎練習範本

經由前面的理論學習，已經明白，真實的你不在這個世界、宇宙中，但是你必須藉由你當前所見的世界的經歷，去練習真寬恕才能對接到真實的你，明白你真正所是的。

真寬恕技術理論告訴你，真實的你與虛假的你的不同，虛假的你是真實的你夢出來的，世界是你夢出來的。你只有不再把假的當真，而是把真的當真，才能夠真正的幸福平安。要做到不再把假的當真，而是把真的當真，你需要持之以恆的借著你在日常生活、工作學習中經歷的一切去練習真寬恕思維，也就是理論部分的這些認知信念。下面給出一個基礎學習者方便練習的範本：

如果你遇到一個人欺負你，如何利用這個事情練習真寬恕呢？

一、停止你慣有的思考，你慣有的思考不外乎是：他在欺負我，他實在可惡，你心裡感到憤憤不平，攻擊他，甚至想賞他一巴掌，但是你忍住了沒有做等等。

二、停止類似這樣的慣有思維，重新按真寬恕技術理論去思考：這個人這樣對待我不是真的，這個這樣對待我的人和身體的這個我都是真實的我夢出來的，都不是真的，既然這都不是真的，我還生什麼氣呀。真實的

我始終安居在整體生命裡，安然無恙，根本不會受到任何傷害。

三、我願意不再把假的當真，而是把真的當真。我始終都是安全無虞的，我相信真實的我始終都是安全無虞的，我願意回憶起真實的我，我祈請我真實的記憶浮現。

第二十九節：熟練後可簡化思維流程

真寬恕技術的基本練習方法前面已經給出了。這個思維流程是可以應用在所有你感覺到讓你不舒服的事物上的，不管這個引起你不舒服的事物具體是什麼。一句話、一個眼神、一個動作、一個場景等等，都可以按照這個真寬恕思維流程來做練習。基本的思維熟練了以後，是可以再繼續簡化這個思維流程的。

比如說：你一看到有人攻擊你，立馬想到：「那不是真的，那只是我夢出來的一個場景而已，攻擊我的和我這個身體都是我夢出來的，不是真的，真實的始終都是與整體生命一體不分的圓滿完美永不受威脅的永恆生命。我選擇認同我的真實身分，而不是與虛假的身分認同。」

再比如說：一有人攻擊你，你更加熟練的話，馬上想到：「那兒真實的始終是與整體生命一體不分，永不受威脅的真實生命。真實的你根本不可能受到任何威脅。」你熟練到一有貌似威脅你的狀況發生時，馬上轉到你的真實上去，而不是專注

在你夢出的場景上，時間長了，你越來越熟練了，你就能夠做到習慣性的在有狀況升起時，馬上與你的真實認同。這就是訓練你心靈層面逐漸的回憶起你真實的快速且有效地操練方法。

第三十節：早學早練早幸福平安

　　真寬恕技術的操練方法前面已經給出。具體應用的時候，你必然會遇到一些困惑，在面對一些讓你不舒服的事情的時候，不知道該如何練習真寬恕，如何應用真寬恕技術理論來解你遇到的日常生活的問題，是的，這是很正常的。基礎的應用首先要有一定程度的熟練和掌握，先去應用於對於你來說容易操練上手的日常生活問題，先透過對於你來說簡單的「作業題」的操練，熟悉最基本的使用方法。在你想進一步的解比較難的生活作業題的時候，你自然會遇到能夠給你指點的人，只要你願意把真寬恕思維用於日常生活的困境上，你是不會被照顧不到的。就是這樣。

　　真寬恕技術這門課程是你遲早都要學習的，早學早練早幸福平安。在平安夜來臨之際，祝願你們早日踏上幸福之旅。（本課程內容於2023年12月24號傍晚完成）

　　這門課程的基本教授內容到此為止，你不會在真心想練的時候找不到指導你的老師，一體心靈知道你是否真的準備好了，你的尋求幫助的呼聲不會被聽不到。

蜜兒的故事

國家圖書館出版品預行編目資料

蜜兒的故事／安安著. --初版.--臺中市：白象文
化事業有限公司，2024.7
　　面；　公分
ISBN 978-626-364-353-6（平裝）
1.CST: 生命哲學 2.CST: 通俗作品
191.91　　　　　　　　　　　113006050

蜜兒的故事

作　　者　安安
校　　對　光明
發 行 人　張輝潭
出版發行　白象文化事業有限公司
　　　　　412台中市大里區科技路1號8樓之2（台中軟體園區）
　　　　　出版專線：（04）2496-5995　　傳真：（04）2496-9901
　　　　　401台中市東區和平街228巷44號（經銷部）
　　　　　購書專線：（04）2220-8589　　傳真：（04）2220-8505
出版編印　林榮威、陳逸儒、黃麗穎、水邊、陳媁婷、李婕、林金郎
設計創意　張禮南、何佳諠
經紀企劃　張輝潭、徐錦淳、林尉儒
經銷推廣　李莉吟、莊博亞、劉育姍、林政泓
行銷宣傳　黃姿虹、沈若瑜
營運管理　曾千熏、羅禎琳
印　　刷　基盛印刷工場
初版一刷　2024年7月
定　　價　NT$1313；CNY300

白象文化　印書小舖 PressStore 出版經銷

www.ElephantWhite.com.tw　自費出版的領導者　購書 白象文化生活館

出版 · 經銷 · 宣傳 · 設計